Revelações ou a luz fluente da divindade

Dados Internacionais de Catalogação na Publicação (CIP)
(Câmara Brasileira do Livro, SP, Brasil)

Magdeburg, Matilde de
  Revelações ou A luz fluente da divindade / Matilde de Magdeburg ; tradução Markus A. Hediger. – Petrópolis, RJ : Vozes, 2021. – (Série Clássicos da Espiritualidade)

  Título original: Offenbarungen der Schwester Mechthild von Magdeburg, oder das fliessende Licht der Gottheit

  Bibliografia.
  ISBN 978-65-571-3042-1
  1. Cristianismo místico 2. Espiritualidade 3. Misticismo 4. Trindade I. Título II. Série.

20-46600   CDD-248.22

Índices para catálogo sistemático:
1. Espiritualidade : Mística cristã   248.22

Maria Alice Ferreira – Bibliotecária – CRB-8/7964

Matilde de Magdeburg

Revelações ou A luz fluente da divindade

Traduzido do alto alemão médio
por Markus A. Hediger

Petrópolis

Título do original em alemão: *Offenbarungen der Schwester Mechthild von Magdeburg, oder das fliessende Licht der Gottheit.* Editado por P. Gall Morel a partir do manuscrito da Abadia de Einsiedeln, Regensburg, em 1869.

© desta tradução:
2021, Editora Vozes Ltda.
Rua Frei Luís, 100
25689-900 Petrópolis, RJ
Brasil

Todos os direitos reservados. Nenhuma parte desta obra poderá ser reproduzida ou transmitida por qualquer forma e/ou quaisquer meios (eletrônico ou mecânico, incluindo fotocópia e gravação) ou arquivada em qualquer sistema ou banco de dados sem permissão escrita da editora.

CONSELHO EDITORIAL

Diretor
Gilberto Gonçalves Garcia

Editores
Aline dos Santos Carneiro
Edrian Josué Pasini
Marilac Loraine Oleniki
Welder Lancieri Marchini

Conselheiros
Francisco Morás
Ludovico Garmus
Teobaldo Heidemann
Volney J. Berkenbrock

Secretário executivo
João Batista Kreuch

Editoração: Maria da Conceição B. de Sousa
Diagramação: Sheilandre Desenv. Gráfico
Revisão gráfica: Nilton Braz da Rocha
Capa: Editora Vozes
Ilustração de capa: Lúcio Américo de Oliveira

ISBN 978-65-571-3042-1

Editado conforme o novo acordo ortográfico.

Este livro foi composto e impresso pela Editora Vozes Ltda.

Sumário

Prefácio e introdução, 7

Primeira parte, 9

Segunda parte, 42

Terceira parte, 80

Quarta parte, 124

Quinta parte, 173

Sexta parte, 226

Sétima parte, 282

Adendo sobre as sete horas – Da mesma mão e ao mesmo tempo, 367

Fragmento sobre a vida mística de um desconhecido, 369

Índice, 371

Prefácio e introdução

A partir do ano do Senhor de 1250, este livro foi misericordiosamente revelado por Deus a uma beguina em língua alemã no decorrer de 15 anos. Ela foi uma virgem santa em sua vida e pensamento. Em humilde simplicidade, pobreza impotente, em opressão e vergonha e em visão celestial – como revela o escrito presente – ela serviu a Deus por mais de 40 anos com a maior devoção. Inabalável, seguiu o exemplo dos frades da Ordem dos Pregadores e, dia após dia, fez progressos constantes, aperfeiçoando com persistência. Porém, ele foi redigido por um frade da referida ordem, contendo muitas coisas proveitosas, como indica de antemão o sumário:

- Sobre a Trindade: Segunda parte, capítulo III; Terceira parte, capítulo IX; Quarta parte, capítulos XII e XIV; Quinta parte, capítulo XXVI.
- Sobre Cristo: Segunda parte, capítulo III; Quarta parte, capítulo XIV; Quinta parte, capítulos XXIII e XXVII.
- Sobre Nossa Senhora: Primeira parte, capítulo XXII; Segunda parte, capítulo III; Quinta parte, capítulo XXIII.
- Sobre os nove coros dos anjos: Primeira parte, capítulo VI; Terceira parte, capítulo I; Quinta parte, capítulo I.
- Sobre a posição destacada de determinados santos: Quarta parte, capítulos XX, XXII e XXIII.

- Sobre a maldade dos demônios: Segunda parte, capítulo XXIV; Quarta parte, capítulos II e XVII; Quinta parte, capítulos I e XXIX.
- Sobre a dignidade do homem: Primeira parte, capítulo XLIV; Quarta parte, capítulo XIV.
- Sobre o êxtase da alma e sua separação do corpo: Primeira parte, capítulo V.
- Sobre a descrição do céu: Quarta parte, capítulo I.
- Sobre a descrição do inferno: Terceira parte, capítulo XXI.
- Sobre o purgatório multiforme: Segunda parte, capítulo VIII; Terceira parte, capítulos XV e XVII; Quinta parte, capítulos XIV e XV.
- Sobre as muitas virtudes e vícios: Primeira parte, capítulos XXII e XXXV; Terceira parte, capítulos VII e XIV; Quarta parte, capítulo IV.
- Sobre o amor: especialmente na Terceira parte, capítulo XIII.
- Sobre os pregadores dos últimos tempos na era do anticristo: Quarta parte, capítulo XXVII.

Também são mencionadas muitas coisas ainda inauditas, que tu entenderás se leres este livro nove vezes com uma postura humilde e devota. Igualmente podem ser encontradas declarações proféticas sobre coisas passadas, atuais e futuras. Há até uma definição das Três Pessoas: Quinta parte, capítulo XXVI.

P. Gall Morel

Primeira parte

ESTE LIVRO DEVE SER ACOLHIDO DE BOA VONTADE, POIS O PRÓPRIO DEUS FALA AS PALAVRAS

Envio agora este livro como mensageiro a todas as pessoas de estamento espiritual, boas e ruins, pois quando as colunas caem o edifício não pode permanecer. E não é nada além da expressão de mim mesma ao revelar, com louvor, o meu íntimo mais secreto. Todos que desejam compreender este livro devem lê-lo nove vezes.

ESTE LIVRO SE CHAMA "A LUZ FLUENTE DA DIVINDADE"

"Ó, Senhor e Deus, quem fez este livro?" "Eu o fiz em minha incapacidade de me conter com meu dom da graça."

"Ó, Senhor, como deve se chamar este livro para que ele sirva para a tua glorificação?" "Deve se chamar: A luz da minha deidade, fluente em todos os corações que vivem sem falsidade."

I – Como conversaram o Amor e a Rainha

A Alma foi até o Amor, saudou-o com profunda humildade:

> "Que Deus te dê saúde, nobre Amor!"
> "Que Deus te pague, nobre Rainha!"

> "Nobre Amor, és de grande perfeição!"
> "Nobre Rainha, por isso sou superior a tudo."

"Nobre Amor, durante muitos anos, tu te esforçaste para convencer a sublime Trindade a se derramar por completo na humilde virgindade de Maria."
"Nobre Rainha, nisto se apoia tua honra e tua salvação."

"Nobre Amor, tudo me tiraste, que me foi concedido na Terra."
"Nobre Rainha, fizeste uma troca bem-aventurada."

"Nobre Amor, tiraste de mim a minha infância!"
"Nobre Rainha, em troca te dei liberdade celestial."

"Nobre Amor, tiraste de mim a minha juventude!"
"Nobre Rainha, em troca te dei muitas virtudes santas."

"Nobre Amor, tiraste de mim bens, amigos e parentes!"
"Ai, nobre Rainha, isto é um lamento deplorável!"

"Nobre Amor, tiraste de mim a vida mundana, a honra mundana e toda riqueza mundana!"
"Nobre Rainha, por isso te recompensarei na Terra, bem como desejas, com o Espírito Santo."

"Nobre Amor, tu me assediaste tanto que meu corpo foi acometido por uma doença inexplicável."
"Nobre Rainha, em troca te dei muitos conhecimentos sublimes."

"Nobre Amor, consumiste minha carne e o meu sangue."
"Nobre Rainha, assim foste purificada e inserida em Deus."

"Nobre Amor, és um ladrão; mesmo assim insisto que me recompenses!"
"Nobre Rainha, então tomes simplesmente a mim!"

"Nobre Amor, agora me recompensaste cem vezes nesta Terra."
"Nobre Rainha, além disso tens direito a Deus e a todo o seu reino."

II – Sobre Três Pessoas e três dons

A verdadeira saudação de Deus que, no fluxo celestial, provém do poço da Trindade que se emana, possui tamanha força que rouba ao corpo todo o seu poder e permite que a alma reconheça a si mesma, de modo que ela se vê como santa e lhe é concedido brilho divino. Assim, a alma se separa do corpo com toda sua força, sabedoria, amor e anseio; apenas uma parte muito pequena de sua força de vida permanece no corpo como que num sono revigorante.

Assim, ela reconhece um único Deus nas Três Pessoas e reconhece as Três Pessoas indivisas no Deus Uno. Então Ele a saúda na língua da corte, que nesta cozinha jamais se ouve, e a veste com as roupas que se usam num palácio e se rende ao seu poder. Ela pode pedir e perguntar tudo o que quiser – tudo lhe é concedido e ela recebe uma resposta a tudo. Àquilo que ainda não recebe uma resposta, isso lhe será concedido em breve. Essa é a primeira de três dádivas. Então Ele a conduz para um lugar isolado. Lá ela não pode fazer pedidos para ninguém e nada perguntar, pois Ele deseja fazer um jogo só com ela, um jogo que o corpo não conhece, nem o camponês com o arado, nem o cavaleiro no torneio, nem sua amável Mãe Maria – esse jogo ela não pode jogar ali. Assim flutuam para um lugar majestoso, sobre o qual não posso nem quero dizer muito. É magnífico demais; não ouso fazê-lo, pois sou uma pessoa muito pecaminosa. Apenas isto: quando o Deus infinito eleva a alma sem fundamento para as alturas, através desse milagre ela se desprende do terreno, e ela não sabe que em algum momento veio para a terra. Quando o jogo está em seu auge de beleza é preciso deixá-lo. Então diz o Deus florescente: "Virgem, deves despedir-te". Então ela se assusta: "Senhor, agora me arrebataste tanto aqui que, em meu corpo, de forma alguma consigo te louvar – senão atravessando o sofrimento do meu desterro e lutando contra o meu corpo". Ao que Ele responde: "Ó querido pombo, tua voz é música de cordas para mim, tuas palavras são ervas de tempero para a minha boca, teu anseio é a dádiva da minha misericórdia". Então ela diz: "Amado Senhor, deve acontecer como ordena o dono da casa". Ela suspira com toda força, de modo que seu corpo se abala. Então o corpo diz: "Ai, senhora, onde estiveste? Retornas tão amável, bela e cheia de força, livre e repleta de espírito! Tua ausência me roubou meu prazer, minha tranquilidade, minha beleza e toda a minha força!" Ao que ela responde: "Cala-te, assassino, deixa de lamuriar! Sempre suspeitarei de ti! Mesmo que meu inimigo esteja ferido, isso não nos incomoda; eu me alegro diante disso!"

Esta é uma saudação que possui muitas veias; ela flui do Deus fluente a cada momento para a pobre alma ressecada com novo conhecimento, nova contemplação e no prazer especial da nova atualidade. Ah, bondoso Deus, fogoso por dentro, florescente em teu exterior, ao conceder isso aos teus menores – quisesse eu conhecer também a vida que Tu doaste àqueles que são grandes diante de ti! Para isso quero torturar-me ainda mais.

Esta saudação não pode receber nem receberá ninguém, a não ser que tenha sido dominado e aniquilado.

> Nesta saudação desejo morrer viva!
> Isso os santos cegos não poderão me estragar.
> São aqueles que amam e não reconhecem.

III – Sobre as servas da Alma e o golpe do Amor

Todas as santas virtudes cristãs são servas da alma. A alma confessa com amável amuo o seu sofrimento ao amor:

> *A Alma*: "Ah, amável Virgem, por muito tempo tens sido minha camareira. Agora, dize-me: Como estou? Tu me caçaste, prendeste, amarraste e feriste tão profundamente que jamais recuperarei a minha saúde. Feriste-me muitas vezes com sua clava. Dize-me: Pretendes deixar-me viver no fim? Se não for morta por tua mão seria melhor jamais ter te conhecido".
>
> *O Amor*: "Caçar-te foi meu prazer; capturar-te, meu anseio; amarrar-te, minha alegria. Quando te feri, uni-me a ti; quando te golpeio, adquiro poder sobre ti. Expulsei o Deus todo-poderoso do reino celestial, tirei dele sua vida humana e o devolvi com honras ao seu Pai celestial – como tu, verme miserável, pudesses pensar que eu te deixaria viver?"

A Alma: "Minha Imperatriz, tenho um remédio familiar e precioso que Deus me deu muitas vezes para que, através dele, eu permanecesse viva".
O Amor: "Quando não querem que os presos morram, dão a eles água e pão. O remédio que Deus tem te dado muitas vezes só serve para preservar esta tua vida humana. Quando, porém, vier o dia da Páscoa e teu corpo receber o golpe fatal, eu te abraçarei e te penetrarei por completo, e te sequestrarei de teu corpo e te entregarei ao teu Amado".

A Alma: "Ó amor, escrevi esta carta segundo o teu ditado. Agora, Senhora, dá-me o teu selo!"
O Amor: "Aquele que, em algum momento, se propôs a amar a Deus mais do que a si mesmo sabe exatamente onde pode encontrar o selo: ele está entre nós dois".

Diz a Alma: "Cala-te, Amor, não fales mais! Sê saudada, mais querida de todas as virgens, por todas as criaturas e por mim. Diz ao meu amado, sua cama está preparada, e eu estou doente de amor por Ele". Se esta carta for longa demais, a razão é esta: estive no campo onde encontrei diversas flores. Este é um doce lamento de anseio: aquele que morre de amor deve ser enterrado em Deus.

IV – Sobre a viagem da Alma para a corte, durante a qual Deus se revela

Quando a pobre Alma chega à corte, ela é sábia e bem-educada. Então contempla o seu Deus cheia de alegria. Oh, com que cordialidade ela é recebida! Ela se cala e deseja sobretudo o seu elogio. E Ele lhe mostra com grande desejo o seu coração divino. Este se parece com ouro vermelho que arde em um grande fogo de carvão. Então Ele a coloca em seu coração ardente. Quando o príncipe sublime e a pobre moça se abraçam desse modo e se unem como água e vinho, ela é aniquilada e não sabe mais nada sobre si mesma. E quando ela está exausta Ele está doente de amor por ela, assim como sempre foi, pois Ele nada ganha e nada perde. Então ela diz: "Senhor, Tu és meu amante, meu desejo, minha fonte fluente, meu sol, e eu sou teu espelho".

Assim transcorre uma viagem para a corte feita pela Alma que ama, que não pode ser sem Deus.

V – Sobre a tortura e o elogio do inferno

Meu Corpo vive em constante tortura, minha Alma vive em grande felicidade, pois ela contemplou seu amado e o abraçou completamente com seus braços. Dele vem a sua tortura, a mais lamentável de todas. Quando Ele a puxa para si, ela escorre; ela não tem onde se segurar até Ele acolhê-la em si. Então ela gostaria de falar, mas não consegue. Assim, ela é totalmente inserida no milagre da Trindade em sublime união. Então Ele a solta um pouco para que ela possa desejar. Ela deseja sua glorificação; mas ela não a consegue encontrar como deseja. Sim, ela deseja que Ele a mande para o inferno, para que Ele seja glorificado sem medida por todas as criaturas. Então ela olha para Ele e lhe diz: "Senhor, dá-me a tua bênção!" Ele olha para ela e novamente a puxa para si e lhe dá uma saudação, que o Corpo não deve expressar. Então diz o Corpo para a Alma: "Onde estiveste? Não aguento mais!" Diz a Alma: "Calado! És um tolo! Desejo estar com meu amado, mesmo que pereças. Sou a alegria dele, Ele é a minha tortura". O Corpo: "Que essa tortura te assole, que jamais escapes dela!"

VI – Sobre o canto dos nove coros

Ouve agora, Amor, ouve com ouvidos espirituais! Assim cantam os nove coros:

> "Nós te louvamos, Senhor, por teres nos procurado em tua humildade!"

> "Nós te louvamos, Senhor, por teres nos preservado em tua misericórdia!"

> "Nós te louvamos, Senhor, por teres nos glorificado através de tua humilhação!"

> "Nós te louvamos, Senhor, por teres nos saciado em tua generosidade!"

> "Nós te louvamos, Senhor, por teres nos dado uma Ordem segundo a tua sabedoria!"

> "Nós te louvamos, Senhor, por teres nos protegido com o teu poder!"

> "Nós te louvamos, Senhor, por teres nos santificado através da tua nobreza!"

> "Nós te louvamos, Senhor, por teres nos iniciado em teu mistério!"

> "Nós te louvamos, Senhor, por teres nos exaltado através do teu amor!"

VII – Sobre a maldição óctupla de Deus

Eu te amaldiçoo:

> Teu corpo morrerá,
> tuas palavras se calarão,
> teus olhos se fecharão,
> teu coração derramará,
> tua alma se levantará,
> teu corpo ficará para trás,
> teus sentidos humanos serão destruídos,
> teu espírito se colocará diante da Santíssima Trindade!

VIII – O louvor décuplo do menor a Deus

> Ó Monte ardente,
> ó Sol eleito,
> ó Lua cheia,
> ó Poço inesgotável,
> ó Altura incompreensível
> ó Clareza imensurável,
> ó Sabedoria insondável,
> ó Misericórdia, que é impedida por nada
> ó Força, à qual nada resiste,
> ó Coroa de todas as honras,
> louva-te o menor daqueles que Tu criaste.

IX – Com três coisas habitas tu nas alturas

Aqueles que ardem no amor verdadeiro, constroem sobre o fundo sólido da verdade e produzem fruto com a rica colheita do fim bem-aventurado, estes habitam nas alturas.

Glosa: Isto é acima dos serafins.

X – Aquele que ama a Deus vence triplamente

Sempre que uma pessoa vence o mundo e expulsa de seu corpo toda vontade inútil e derrota o diabo, esta é uma alma que Deus ama.
Quando o mundo a golpeia,
ela pouco sofre;
quando sua carne tropeça,
disso o espírito não adoece;
quando o diabo lhe dá uma picada,
a alma a ignora.
Ela ama e ama,
e outra coisa ela não sabe fazer.

XI – Quatro participam da luta por Deus

Ó pombo sem bílis,
ó virgem sem mácula,
ó cavaleiro ileso,
ó escudeiro destemido.
Esses são os quatro que Deus gosta de ver lutar por Ele.

XII – O louvor quíntuplo da alma a Deus

Ó Imperador de todas as honras,
ó Coroa de todos os príncipes
ó Sabedoria de todos os estudiosos
ó Doador de todas as dádivas
ó Soltador de todas as amarras!

XIII – Como Deus entra na alma

Venho até a minha Amada
como o orvalho chega à flor.

XIV – Como a Alma acolhe e louva a Deus

Ó visão cheia de alegria,
ó saudação cordial,
ó abraço amoroso!
Senhor, teu milagre me feriu,
tua graça me esmagou!
Ó Pedra sublime, és tão lindamente escavada;
ninguém em ti se aninha senão pombos e rouxinóis!

XV – Como Deus acolhe a alma

Sê bem-vinda, querida pomba!
Na terra tens voado sob tamanhas dores,
que tuas penas cresceram até o Reino dos Céus!

XVI – Deus compara a alma com quatro coisas

Teu sabor é igual à uva,
teu perfume é igual ao bálsamo,
tu brilhas como o sol,
meu amor mais sublime cresce em ti.

XVII – O louvor quíntuplo da alma a Deus

Ó Deus, que derramas em tua dádiva,
ó Deus, que fluis em teu amor,
ó Deus, que ardes em teu desejo,
ó Deus, que derretes na união com tua Amada,
ó Deus, que descansas em meus seios,
  sem ti não posso ser!

XVIII – Deus compara a alma com cinco coisas

Ó linda Rosa no espinheiro,
ó Abelha voadora no mel,
ó Pomba, pura em teu ser,
ó Sol, belo em teus raios,
ó Lua em tua posição cheia,
não posso deixar de olhar para ti!

XIX – Deus acaricia a alma em seis coisas

Tu és meu travesseiro,
meu leito mais doce;
meu descanso mais oculto;
meu desejo mais profundo;
minha honra mais sublime!
És um deleite para minha deidade,
um consolo para minha natureza humana;
um riacho para as minhas brasas!

XX – Em resposta, a alma louva a Deus em seis coisas

Tu és o meu monte de espelhos,
o deleite para os meus olhos,
a perda de mim mesmo,
a tempestade do meu coração,
o colapso e o esvaecimento da minha força,
minha mais alta segurança!

XXI – Sobre o conhecimento e o prazer

Amor sem conhecimento é escuridão para
a alma sábia;

para ela, conhecimento sem prazer é tortura infernal;

e ela jamais se cansa de lamentar o prazer sem morte.

XXII – Sobre a mensagem de Santa Maria; como uma virtude segue à outra; como a alma foi criada no júbilo da Trindade; e como Santa Maria amamentou e ainda amamenta todos os santos

O doce orvalho da Trindade sem início respinga do poço da eterna deidade sobre a flor da Virgem eleita, e o fruto da flor é um Deus imortal e um homem mortal, e a certeza viva da vida eterna.

E nosso Redentor se tornou Noivo! A Noiva se embriaga com a visão do nobre rosto: na maior força ela perde a si mesma, na luz mais linda ela é cega para si mesma, e na maior cegueira ela enxerga com a maior clareza. Na maior clareza ela está morta e viva ao mesmo tempo.

Quanto mais tempo estiver morta, mais feliz viverá;

quanto mais feliz a sua vida, mais experimentará;

quanto mais enfraquecer, mais fluirá para ela;

quanto mais temer, […];

quanto mais enriquecer, mais pobre ficará;

quanto mais profunda a sua vida, mais ampla será;

quanto mais poderosa for, […];

quanto mais se aprofundarem suas feridas, mais tempestuosa será;

quanto maior a amabilidade com que Deus se voltar para ela, mais alto ela flutuará;

quanto mais linda brilhar no reflexo da deidade, mais ela se aproximará dele;

quanto mais se esforçar, mais suave descansará;

quanto mais compreender, [...];

quanto mais se calar, mais alto gritará;

[...] maiores milagres ela operará com a força dele segundo a capacidade dela;

quanto mais crescer o desejo dele, mais glorioso será o seu casamento;

quanto mais estreito ficar o leito de amor, mais íntimo será o abraço;

quanto mais doce for o sabor dos beijos, maior será o amor com que se contemplam;

quanto maior a dor de sua separação, mais ele dará a ela;

quanto mais ela gastar, mais ela possuirá;

quanto maior a humildade de sua despedida, mais rápido será seu retorno;

quanto mais quente permanecer, mais cedo se incendiará;

quanto mais arder, mais lindo será o seu brilho;

quanto mais o louvor a Deus for propagado, maior permanecerá o seu desejo.

Ó, onde nosso Redentor se transformou em Noivo? No cântico de júbilo da Santíssima Trindade, quando Deus não conseguiu mais se conter em si mesmo, Ele criou a Alma e se doou a ela em grande amor.

"De que foste feita, Alma, para te elevares tanto acima de todas as criaturas e te misturares à Santíssima Trindade, mesmo assim permanecendo intocada tu mesma?"
"Tu falaste da minha origem; agora te digo em verdade: Eu fui criada de amor neste exato lugar. Por isso, nenhuma criatura pode me consolar ou libertar, como corresponderia à minha nobre natureza, senão o amor."

"Senhora Virgem Maria, tu és a mãe desse milagre. Quando isto te ocorreu?"
"Quando o júbilo do nosso Pai foi perturbado pela queda de Adão, de modo que precisou se irar, a sabedoria eterna da deidade eterna pôs um fim à ira através de mim. O Pai me elegeu como noiva para que Ele tivesse algo que pudesse amar, pois a sua noiva amada, a nobre Alma, estava morta; e então o Filho me escolheu como mãe e o Espírito Santo me tomou como amante. Era eu, então, noiva da Santíssima Trindade e mãe dos órfãos, e os levei para diante dos olhos de Deus para que não perecessem todos juntos, como acabou acontecendo com alguns. Quando era mãe de tantas crianças órfãs, os meus seios se encheram tanto do leite puro e inocente da verdadeira misericórdia caridosa, que amamentei os profetas e videntes antes mesmo do meu nascimento. Depois, em meus anos de juventude, amamentei Jesus. Mais tarde, já adulta, amamentei a noiva de Deus, a sagrada Cristandade, ao lado

> da cruz, onde toda vida saiu de mim e eu me enchi de pranto, quando a espada da tortura corporal de Jesus perfurou espiritualmente a minha alma."

As feridas dele se abriram, e os seios dela estavam abertos; as feridas corriam, os seios fluíam, de modo que a Alma se tornou viva e sarou completamente quando Ele derramou o vermelho vinho cintilante em sua boca vermelha. Quando, destarte, ela nasceu das feridas abertas e se tornou viva, ela era inexperiente e muito nova. Agora, quando, após sua morte e seu nascimento, ela quis se recuperar completamente, a Mãe de Deus teve que ser sua mãe e sua ama. Isso correspondia e corresponde à vontade de Deus: Deus é seu pai legítimo, ela é sua noiva legítima e lhe é igual em todos os seus membros.

> "Senhora, em tua idade amamentaste os santos apóstolos com tua doutrina materna e com tua oração poderosa, para que Deus efetuasse neles a sua glória e a sua vontade. Senhora, igualmente amamentaste e ainda amamentas os mártires em seu coração com uma fé forte, os confessores com o cobrimento sagrado de seus ouvidos, as virgens com a tua castidade, as viúvas com persistência, os cônjuges com mansidão, os pecadores com paciência. Senhora, deves continuar a nos amamentar, pois teus seios ainda estão tão cheios, de modo que não podes esgotar. Se desistires de amamentar, o leite te causará grande dor, pois vi teus seios tão cheios, que sete jatos de um só seio se derramaram simultaneamente sobre o meu corpo e a minha alma. Naquele

momento, tu me libertaste de uma labuta, que nenhum amigo de Deus suporta sem grande sofrimento no coração. Assim, amamentarás ainda até o Juízo Final; então poderás secar, pois naquele dia os filhos de Deus e os teus filhos estarão desmamados e adultos num corpo imperecível."

Oh, depois disso reconheceremos e contemplaremos com prazer indizível o leite e também o seio que Jesus beijou tantas vezes.

XXIII – Deves rogar que Deus te ame com paixão, com frequência e por muito tempo; então serás puro, belo e santo

"Ó Senhor, ama-me com paixão e ama-me com frequência e por muito tempo! Pois quanto maior a frequência com que me amares, mais puro serei; quanto maior a paixão com que me amares, mais belo serei; quanto maior o tempo em que me amares, mais serei santificado aqui na terra."

XXIV – Como Deus responde à Alma

"Amar-te com frequência, isso corresponde à minha natureza, pois eu mesmo sou o Amor; amar-te com paixão, isso corresponde ao meu desejo, pois desejo ser amado com paixão; amar-te por muito tempo, isso corresponde à minha eternidade, pois eu sou sem fim."

XXV – Sobre o caminho no qual aceitamos sofrer agonia em nome de Deus

Deus guia seus filhos, que Ele escolheu, por caminhos maravilhosos. É este um caminho maravilhoso, e um caminho nobre, e um caminho sagrado – o próprio Deus o percorreu – para que um homem sofra agonia sem pecado e sem culpa. Neste caminho, a alma se alegra, que dolorosamente anseia por Deus; pois, por natureza, sua alegria está voltada para o Senhor, que, para o bem da nossa salvação, sofreu muitas torturas. Nosso Senhor amado, o Pai celestial, entregou seu Filho amado para que Ele, sem culpa, fosse atormentado pelos pagãos e torturado pelos judeus. Agora chegou a hora em que muitas pessoas que aparentam ser piedosas torturam o corpo dos filhos de Deus e atormentam seu espírito, pois Ele quer torná-las semelhantes ao seu Filho amado, que foi torturado em corpo e alma.

XXVI – Neste caminho a Alma conduz os seus sentidos e está livre, sem sofrimento no coração

É este um caminho extraordinário e sublime. A Alma fiel prossegue nele e vai à frente dos sentidos, como faz com o cego aquele que enxerga. Nesse caminho, a Alma está livre e vive sem sofrimento no coração, pois sua vontade concorda com a vontade de seu Senhor, cujo agir é sempre perfeito.

XXVII – Como podes ser digno deste caminho; como podes mantê-lo e ser perfeito

Três coisas tornam uma pessoa digna deste caminho, de modo que ela possa reconhecê-lo e seguir por ele. A primeira, que a pessoa se confie a Deus sem qualquer instrução externa, guarde fielmente a graça de Deus e a suporte prontamente, desistindo voluntariamente de tudo. A segunda não permite que a pessoa se desvie do caminho; que todas as coisas lhe sejam bem--vindas, exceto o pecado. A terceira aperfeiçoa a pessoa nesse caminho; que ela faça todas as coisas igualmente para a glória de Deus; pois Ele considerará o mais insignificante cumprimento de obrigação tão alto quanto a contemplação mais sublime que um ser humano possa alcançar. Por quê? Se eu o fizer com alegria para a glória de Deus, tudo terá o mesmo valor. Mas assim que eu pecar, não estarei mais nesse caminho.

XXVIII – O amor deve ser mortal, desmedido e incessante; para os loucos, isso é loucura

> "Alegro-me por poder amar aquele que me ama, e desejo amá-lo de modo mortal, desmedido e incessante."

> "Alegra-te, minha alma, pois teu Amado morreu por amor a ti! Ama-o tanto a ponto de desejares morrer por Ele; então arderás para sempre sem apagar, como centelha viva no poderoso fogo da majestade sublime; então ficarás cheia do fogo do amor, através do qual és tão bem-aventurada aqui."

> "Não precisas mais me instruir; não posso largar o amor, devo ser sua prisioneira, não consigo viver de outra maneira. Onde ele estiver em casa, lá deverei permanecer – na morte e também na vida."

Esta é a loucura dos loucos: vivem sem sofrimento no coração.

XXIX – Sobre a beleza do Noivo e como a Noiva deve segui-lo em XXIII graus da cruz

Vide mea sponsa! Vê quão belos são os meus olhos, quão formosa é a minha boca; quão fogoso é o meu coração; quão destras são as minhas mãos e rápidos os meus pés, e segue-me! Deves ser torturada comigo, traída na inveja, perseguida no ardil, presa no ódio, amarrada na obediência; teus olhos serão vedados quando contestarem a tua veracidade, serás esbofeteada pela raiva do mundo, levada à corte na confissão, estapeada na penitência, enviada a Herodes na zombaria, despida na miséria, açoitada na pobreza, coroada com a tentação, cuspida na humilhação; carregarás tua cruz no ódio contra os pecados, serás crucificada na abdicação voluntária a todas as coisas, pregada à cruz com as virtudes santas, ferida no amor, morrerás na cruz em santa firmeza, teu coração será perfurado em união indissolúvel, serás retirada da cruz na vitória verídica sobre todos os teus inimigos e, sepultada no menosprezo, ressuscitarás da morte num final sagrado, ascenderás ao céu num sopro de Deus!

XXX – Sobre as sete horas do dia

> Para as Matinas: realização do amor – uma doce bem-aventurança.
>
> Para as Laudes: anseio do amor – um doce fardo.
>
> Para a Terça: prazer do amor – uma doce sede.
>
> Para a Sexta: sentimento do amor – um doce refresco.

Para a Nona: morte do amor – uma doce tortura.

Para as Vésperas: emanação do amor – um doce despejar.

Para as Completas: descanso do amor – uma doce alegria.

XXXI – Não deves considerar a humilhação

Eu fui muito desprezada. Então disse Nosso Senhor:
"Não te admires sobremaneira! Uma vez que já o sublime frasco de almíscar foi tão desprezado e cuspido, o que sofrerá o vaso de vinagre, que nada contém de bom?"

XXXII – Não deves considerar honra, tormento e propriedade; entristece-te quando pecar

Quando te prestarem honra deves envergonhar-te; quando te torturarem deves alegrar-te; quando te fizerem bem deves temer; quando me contrariares deves entristecer-te no fundo do coração. Se não conseguires entristecer-te, vê o quanto eu me entristeci por tua causa.

XXXIII – Sobre a sinecura, o consolo e o amor

Minha alma falou assim ao seu amado:
"Senhor, teu apoio sustenta maravilhosamente o meu corpo, tua misericórdia consola gloriosamente a minha alma, teu amor permite que meu ser se acalme para sempre".

XXXIV – Na tortura deves ser um cordeiro, um pombo, uma noiva

Tu és meu cordeiro em tua tortura,
tu és meu pombo em teu suspiro,
tu és minha noiva em tua perseverança.

XXXV – O deserto possui doze coisas

Amarás o nada,
fugirás do algo,
estarás a sós
e não te voltarás para ninguém,
trabalharás incansavelmente,
mas estarás livre de todas as coisas,
desamarrarás os presos
e dominarás os tiranos,
avivarás os enfermos
e nada possuirás,
beberás a água do tormento
e acenderás o fogo do amor com a lenha das virtudes!
Assim estarás em casa no deserto verdadeiro.

XXXVI – Sobre maldade, boas obras e o milagre

Com a maldade de teus inimigos serás adornada,
as virtudes de teu coração te glorificarão,
serás coroada com tuas boas obras,
através do nosso amor serás exaltada,
meu milagre bem-aventurado te santificará.

XXXVII – A Alma responde a Deus que ela é indigna da graça

> Ó, amante abundante, vergonha desmerecida me alegra,
> anseio as virtudes do coração,
> não tenho boas obras,
> profano o nosso amor,
> sou completamente indigna de teu milagre maravilhoso.

XXXVIII – Deus se vangloria da Alma que superou quatro pecados

Nosso Senhor se vangloria no céu de sua Alma amante que ele possui na terra e diz:

> "Vede como vem subindo aquela que me feriu! Ela se livrou do macaco do mundo, derrotou o urso da promiscuidade, pisoteou o leão da arrogância, arrancou a goela do lobo do desejo e, como um cervo perseguido, vem correndo para o poço, que sou eu. Como uma águia, ela se eleva das profundezas às alturas".

XXXIX – Deus pergunta à Alma o que ela traz

> "Tu és uma caçadora assídua em teu amor. Diz-me: O que me trazes, minha rainha?"

XL – Então ela lhe responde: Aquilo que é melhor do que sete coisas

"Senhor, trago-te minha joia. Ela é maior do que as montanhas, mais larga do que o mundo, mais profunda do que o mar, mais alta do que as nuvens, mais bela do que o sol, mais variada do que as estrelas, ela pesa mais do que o mundo inteiro."

XLI – Com um elogio, Deus pergunta pelo nome da joia

"Ó imagem da minha deidade, glorificada através da minha natureza humana, adornada com meu Santo Espírito, como se chama a tua joia?"

XLII – A joia se chama "O prazer do coração"

"Senhor, ela se chama 'O prazer do meu coração'! Eu o retirei do mundo, o guardei em mim mesma e dele privei todas as criaturas; agora, não posso mais carregá-lo! Senhor, onde devo colocá-lo?"

XLIII – Coloca teu prazer na Trindade

"Não deves colocar o prazer do teu coração em nenhum outro lugar senão no meu coração divino e junto ao meu seio humano. Apenas ali serás consolada e beijada pelo meu Espírito."

XLIV – Sobre o caminho do amor por sete coisas, sobre três vestidos da Noiva e sobre a dança

"Ó Alma amante, queres saber de que natureza é o teu caminho?"
"Sim, amado Espírito Santo, instrui-me sobre isso!"

"Se tu te elevares acima da dor do arrependimento e acima do amor ao mundo e acima da tentação do diabo e acima da insaciabilidade da carne e acima da vontade própria amaldiçoada, que violentamente puxa tantas almas para trás a ponto de jamais encontrarem o amor verdadeiro, e se tu derrotares todos os teus piores inimigos, então estarás tão cansada que dirás: 'Belo rapaz, eu te desejo; onde te encontrarei?' Então o rapaz responderá: 'Ouço uma voz na qual ressoa o amor! Eu a cortejei por tantos dias sem ouvir este som. Agora estou inquieto, preciso ir ao seu encontro! É ele que consegue suportar o entrelaçamento de amor e sofrimento.'"

De manhã, no doce orvalho – que é a familiaridade secreta, a primeira a tocar a Alma – dizem os seus tesoureiros; isto é, os cinco sentidos:

"Senhora, deves vestir-te!"
"Queridos, para onde irei?"

"Ouvimos claramente o sussurro secreto: o Príncipe deseja vir a teu encontro no orvalho e no lindo canto dos pássaros. Ó Senhor, não demora!"

Então ela veste a camisa da mansa humildade; tão humilde que não permite que algo seja inferior a ela. Por cima dela, o vestido branco da castidade; tão pura que não consegue suportar nenhum pensamento, nenhuma palavra e nenhum toque que a maculasse. Então se cobre com o manto da santa reputação, que ela conquistou com todas as virtudes. Depois disso, ela vai até a floresta da sociedade de pessoas santas; lá cantam dia e noite os rouxinóis mais doces à harmoniosa união com Deus, e lá ouve muitas vozes doces dos pássaros do conhecimento sagrado. O rapaz ainda não veio. Agora, ela envia mensageiros, pois deseja dançar. Mandou chamar a fé de Abraão, o anseio dos profetas, a casta humildade de Nossa Senhora, Santa Maria, todas as santas virtudes de Jesus Cristo e toda a excelência de seus eleitos. Assim se reúnem em uma bela dança de louvor.

> Então vem o rapaz e diz a ela: "Virgem, deves continuar a dança com a mesma excelência que meus eleitos têm apresentado até agora!" E ela diz: "Não posso dançar, Senhor, sem que tu me guies! Se quiseres que eu salte com vontade, tu mesmo precisas ser o cantor. Então saltarei para o amor, do amor para o conhecimento, do conhecimento para o deleite, do deleite saltarei mais alto do que todo pensamento humano. Lá permanecerei e continuarei a lutar".
>
> E o rapaz cantará assim: "Através de mim em ti, através de ti separado de mim!" "Com alegria em ti, contrariado separado de ti!"
>
> Então diz o rapaz: "Virgem, foste bem-sucedida nesta dança de louvor; satisfará teu anseio com o Filho da Virgem, pois agora estás cansada. Por volta do meio-dia vá para o leito do amor às sombras do poço; lá te refrescarás com Ele".

Diz a Virgem: "Ó Senhor, isto é maravilhoso: é a tua companheira aquela que não tem amor se antes ela não for cativada por ti".

Então diz a Alma para os sentidos, que são seus tesoureiros: "Agora desejo descansar da dança. Deixai-me! Desejo ir para onde possa me refrescar".
Respondem os sentidos à Alma: "Senhora, pretendes refrescar-te nas lágrimas de amor de Santa Maria Madalena? Lá encontrarás abundância".

A Alma: "Calados, senhores, não sabeis ao que me refiro! Não me detendes! Desejo, por algum tempo, beber do vinho não misturado!"
"Senhora, o amor está pronto na castidade das virgens!"

"Que seja – essa não é a coisa mais preciosa em mim."

"Podes refrescar-te no sangue dos mártires!"

"Sou torturada tantas vezes que, agora, este não é um caminho para mim."
"Segundo o conselho dos confessores, as pessoas piedosas gostam de viver."

"Sempre seguirei ordens, tanto na ação quanto na omissão, mas este não é, agora, um caminho para mim."
"Na sabedoria dos apóstolos encontras grande segurança!"

"Tenho a sabedoria aqui comigo; com a sua ajuda sempre decidirei o melhor!"
"Senhora, os anjos brilham e são lindos na cor do amor; se quiseres te refrescar, vai até lá!"

"A bem-aventurança dos anjos me causa dor amorosa quando não vejo seu Senhor e o meu Noivo."
"Então deves te refrescar na vida dura e santa que Deus deu a João Batista!"

"Estou pronta para a tortura, mas o poder do amor supera qualquer mortificação."
"Senhora, se quiseres te refrescar agradavelmente, então curva-te sobre o ventre da Virgem e a Criancinha, e vê e saboreia como a alegria dos anjos bebeu o leite sobrenatural da Virgem eterna."

"É um amor adequado à infância amamentar uma criança e balançá-la nos braços. Eu sou uma noiva adulta, seguirei o meu Noivo!"
"Ó Senhora, quando chegar àquele lugar ficaremos totalmente cegos, pois a deidade é de tamanho calor ardente, como bem o sabes. Todo fogo e toda brasa, tudo que faz brilhar e arder o céu e todos os santos, tudo isso fluiu de seu sopro divino e de sua boca humana segundo o conselho do Espírito Santo! Como podes permanecer ali por um momento sequer?"

"O peixe não pode se afogar na água, o pássaro não cai do céu, o ouro não é destruído pelo fogo, pois lá ele adquire sua pureza e seu brilho. Deus criou todas as criaturas de tal modo que possam viver segundo a sua natureza; como poderia eu, então, resistir à minha natureza? Abandonando todas as coisas, eu devo entrar em Deus, que é meu Pai por natureza, meu Irmão devido à sua humanidade, meu Noivo através do amor, e eu sempre já fui dele! Quereis que eu não o sinta claramente? Ele pode arder poderosamente, mas pode também refrescar de modo consolador. Não vos preocupeis demais! Vós ainda me instruireis: quando eu retornar, necessitarei do vosso ensinamento, pois este mundo está cheio de armadilhas!"

Então a mais amável procura o mais belo no aposento oculto da deidade inocente. Lá ela encontra o leito e o lugar do amor, que Deus prepara não segundo o modo das pessoas.

Então diz o Nosso Senhor: "Fica parada, nobre Alma!"
"O que ordenas, Senhor?"

"Deves despir-te!"
"Senhor, o que acontecerá comigo?"

"Nobre Alma, estás tão intimamente ligada à minha natureza que nada pode estar entre ti e mim. Jamais um anjo foi tão elevado que, por um momento sequer, ele tenha recebido o que será teu eternamente. Por isso, dispa-te de medo e vergonha e de toda virtude externa. Antes deves sentir eternamente apenas aquela que, por natureza, tens em teu interior. Esse é teu desejo nobre e teu anseio infinito que satisfarei com minha graça infinita por toda a eternidade."
"Senhor, agora sou uma alma nua, e Tu és em ti mesmo um Deus em grande glória. Nossa comunhão é a vida eterna sem morte."

Então ocorre um silêncio bem-aventurado, como ambos o desejam. Ele se doa a ela, e ela se doa a Ele. Ela sabe o que acontece consigo agora, e este é seu consolo. Isso não pode durar muito tempo; quando dois amantes se encontram secretamente eles devem se separar novamente, mas sem se separarem.

Querido amigo de Deus, para ti escrevi este caminho do amor; que Deus o coloque em teu coração! Amém.

XLV – Sobre oito dias nos quais o anseio dos profetas foi satisfeito

> Este é um dia do anseio e da alegria bem-aventurada: a proclamação de Cristo.
>
> Este é um dia de descanso e da amorosa intimidade: o nascimento de Cristo.
>
> Este é um dia da fidelidade e da união bem-aventurada: a Quinta-feira Santa.
>
> Este é um dia da bondade e do amor cordial: a Sexta-feira Santa.
>
> Este é um dia do poder e da alegria feliz: a ressurreição.
>
> Este é um dia da fé e do lamento solitário: o Dia da Ascensão.
>
> Este é um dia da verdade e do consolo ardente: o dia de Pentecostes.
>
> Este é um dia da justiça e da hora da verdade: o Juízo Final.

Esta é uma semana cujos sete dias devemos celebrar em lealdade; o oitavo será celebrado pelo Nosso Senhor conosco no Juízo Final.

XLVI – Sobre o adorno múltiplo da Noiva e como ela encontra seu Noivo, e de que tipo são os seus servos; ele é nônuplo

O sol é o vestido da Noiva, a lua está sob seus pés e sua coroa é a união.

Ela tem um capelão, que é o temor. Em sua mão ele tem uma vara dourada, que é a sabedoria. A roupa do capelão é o sangue do Cordeiro, e sua coroa é a honra. A roupa da sabedoria é o comprazimento, e sua coroa é a eternidade.

A Noiva tem quatro servas. O Amor conduz a Noiva; o Amor está vestido de castidade e coroado de dignidade. A segunda é a Humildade, que apoia a Noiva; ela está vestida de menosprezo e coroada de sublimidade. A terceira serva é o Arrependimento; ela está vestida de uvas e coroada de alegria. A quarta serva é a Misericórdia; ela está vestida de óleo de unção e coroada de alegria, impedindo que o manto da Noiva, que é o chamado da santidade, toque o chão.

Ela tem um Bispo, que é a fé, que leva a Noiva até a presença do Noivo. O Bispo veste pedras preciosas, e sua coroa é o Espírito Santo. O Bispo tem dois cavaleiros. Um é a Força; seu vestido é a Força e sua coroa é a vitória. O outro é a Audácia; ele veste a coragem e sua coroa é a bem-aventurança.

Ela tem um Tesoureiro, que é a vigilância; seu vestido é a constância e sua coroa é a permanência. Ele carrega a luz à frente da Noiva e leva para ela também o tapete. A luz é a Razão; seu vestido é a esperteza e sua coroa é a bondade. O tapete é a Consciência piedosa; ela veste a boa vontade e sua coroa é o comprazimento de Deus.

Ela tem um Copeiro, que é o desejo; sua roupa é a avidez e sua coroa é a paz.

Ela tem um Músico, que é a amabilidade; sua harpa é a intimidade. Ele está vestido de benevolência e sua coroa é a ajuda.

A Noiva possui cinco reinos. O primeiro são os olhos; eles foram construídos com as lágrimas e adornados de apuro. O segundo são os pensamentos; construídos com a luta e adornados de conselho. O terceiro é a fala; ela foi construída com a necessidade e adornada de confiabilidade. O quarto é a audição; construída com a palavra de Deus e adornada de consolo. O quinto reino é o toque; ele foi construído com o poder e adornado de hábito piedoso. Estes cinco reinos têm um alcaide, que é a culpa. Ele veste a confissão e sua coroa é a penitência.

Ela também tem um Juiz; sua roupa é a disciplina espiritual e sua coroa é a paciência.

A Noiva possui um Animal de carga, que é o corpo. Seus arreios são a humildade; sua comida é a vergonha e seu estábulo é a confissão. A mala que carrega é a inocência.

A Noiva caminha sob um baldaquim de seda, que é a esperança; a esperança veste a verdade e sua coroa é o canto.

Em uma mão ela segura um ramo de palmeira, que é a vitória sobre o pecado; na outra segura uma caixa cheia de desejo e amor. Ela pretende entregá-la ao seu amado.

Ela tem um chapéu de penas de pavão, que é a boa reputação na terra e grande honra no céu.

Assim ela segue um caminho, que é a mansidão. Sua roupa é o mel fluente e sua coroa é a segurança.

> E assim ela canta: "Amor eleito, eu te desejo; tomas de mim e me dás inúmeras torturas do coração. Preparas-me invisível sofrimento! Se tu, Senhor, o ordenares, eu serei salva de mim mesma".
>
> Então ele diz: "Amiga amável, lembra-te do momento em que recebeste toda satisfação, e não fica impaciente! Pois sempre te segurarei firmemente em meus braços".
>
> Então Nosso Senhor diz à sua Noiva eleita: "*Veni, dilecta mea, veni coronaberis*!"

Então ele lhe dá a coroa da verdade, que ninguém pode usar senão pessoas da ordem espiritual. Na coroa vemos quatro virtudes: sabedoria e sofrimento, desejo e proteção.

Que Deus dê a todos nós a coroa! Amém.

Segunda parte

I – O amor, e não o esforço desumano que resulta da vontade própria, eleva a alma

A elevação do amor ocorre no amor, e o adereço do corpo ocorre no sagrado batismo cristão, pois nada é mais alto do que o amor, e fora da Igreja não existe adereço. Por isso, enganam-se muito a si mesmos aqueles que acreditam que, com flagelações terríveis e desumanas, podem escalar a altura, apesar de terem um coração raivoso. Pois falta-lhes a virtude sagrada e humilde que pode levar a alma para Deus. E lá a falsa santidade gosta de erguer o seu trono, no qual a vontade própria exerce o domínio no coração.

II – Dois cânticos de amor daquele que foi vislumbrado no amor

Eu gostaria de morrer de amor,
se assim me fosse concedido;
aquele que eu amo –
com meus olhos claros
eu o vi de pé em minha alma.
Uma Noiva que abrigou o seu amado
não precisa ir longe.
O amor não tem como cessar
quando as virgens seguem o jovem com persistência.

Sua natureza nobre está completamente preparada
para acolhê-las sempre de novo
e deitá-las próximo ao seu coração.
As tolas facilmente perdem isso
quando, sem zelo, exigem o amor.

Ó nobre águia, ó doce cordeiro, ó brasa ardente, inflama-me!
Quanto tempo devo permanecer nesta aridez?
Uma hora me pesaria demais,
um dia significaria para mim um milênio,
se tu permaneceste longe de mim.
Caso durasse oito dias,
eu preferiria ir ao inferno –
onde já estou de qualquer forma!
Pois quando Deus se afasta da alma amante,
isso é tortura maior do que a morte corporal
e maior do que toda tortura, acreditai em mim!
O rouxinol precisa sempre cantar,
pois sua natureza vive totalmente no amor;
se alguém lhe retirasse isso, ele estaria morto.
Ai, grande Senhor, contempla a minha aflição!

Então disse o Espírito Santo para a Alma:

"Ó nobre virgem, prepara-te; teu amado deseja vir!"

Ela se assustou, internamente se alegrou e disse:

"Ah, querido mensageiro, queria que assim fosse! Sou tão desprezível e não tenho nenhum apoio. Não existe lugar em que possa encontrar tranquilidade sem o meu amado.

Assim que percebo que esfrio um pouco em meu amor por ele, sinto-me miserável por completo e penso comigo mesma que, lamentando, devo partir em busca dele".

Disse-lhe o mensageiro:

"Lava-te e derrama água sobre ti, prepara o leito e espalha flores".

Então disse a alma solitária:

"Quando me lavo, devo me envergonhar; quando derramo água sobre mim, devo chorar; quando preparo o leito, devo esperar; quando arranco flores, devo amar. Quando vem o meu Senhor, eu me perco, pois ele me traz tanta música de cordas, que expulsa toda fraqueza da minha carne, e sua música é cheia de doçura – com ela ele espanta toda a aflição do meu coração".

III – Sobre a fala da deidade e a luz da verdade; sobre as quatro flechas de Deus atiradas para dentro dos nove coros; sobre a Trindade e Santa Maria

A divindade dirigiu muitas palavras poderosas para mim; eu as recebi com os ouvidos fracos da minha baixeza, e a maior luz se revelou aos olhos de minha alma. Vi a harmonia inexprimível e reconheci a dignidade indizível, o milagre incompreensível e a forma especial do amor com suas diferenças, a maior satisfação e a grande disciplina no conhecimento, o deleite em sua limitação de acordo com o poder de percepção dos sentidos, a alegria pura na união da comunhão familiar e a vida viva da eternidade, como é agora e sempre será.

Também foram vistas quatro flechas, atiradas simultaneamente pela besta mais nobre da Santíssima Trindade, que, partindo do trono divino, acertaram os nove coros. Ninguém é tão rico ou tão pobre para que elas não o acertassem cheias de amor. A flecha da divindade os acertou com uma luz inimaginável; a natureza amorosa do homem os saudou com amizade fraternal; o Espírito Santo se apoderou deles, fluindo através deles e provocando, assim, de modo maravilhoso, alegria eterna; o Deus trino os alimentou com a visão de sua face nobre e os preencheu com o sopro agradável de sua boca transbordante. Como flutuaram sem esforço como os pássaros no ar sem bater as asas; como foram para onde queriam, com corpo e alma e, mesmo assim, permaneceram em sua ordem preestabelecida; como soaram a divindade; como cantaram a natureza do homem; como o Espírito Santo tocou o alaúde do Reino dos Céus, de modo que todas as cordas vibraram, esticadas em amor!

Então foi visto também aquele nobre recipiente de almíscar no qual Cristo também esteve durante nove meses com corpo e alma – assim, como ela sempre será, mas sem o adorno maravilhoso que o Pai celestial conferirá no Dia Final a todos os ressurretos benditos; ele ainda falta a Nossa Senhora enquanto esta terra ainda flutuar no mar. Então foi visto também quão linda estava Nossa Senhora ao lado do trono à esquerda do Pai celestial, visível em toda a sua criação virgem, e como todo o seu corpo humano era penetrado e formado pelo brilho nobre da alma de Nossa Senhora; como os seios bem-aventurados estavam cheios de doce leite, de modo que escoavam as gotas, para a honra do Pai celestial e para a alegria do homem; assim, o homem se apresenta como a mais perfeita de todas as criaturas. Admiram-se os príncipes nobres, os arcanjos, do fato de que outros, os príncipes humanos, alcançaram uma posição ainda mais alta do que eles. Portanto, é bom que a nossa testemunha perfeita esteja presente.

À direita de Nosso Senhor está Jesus, nosso Redentor, com feridas abertas, sangrentas, sem curativos, para apaziguar a justiça do Pai, que ameaça duramente muitos pecadores. Pois enquanto houver pecado na terra, as feridas de Cristo permanecerão abertas, sangrentas, sem dor. Mas após o Juízo Cristo vestirá uma roupa jamais vista, a não ser que Deus a mostre antes de Ele usá-la. Então as doces feridas se curarão, como se uma pétala de rosas ficasse no lugar das feridas; serão vistas as cicatrizes, que jamais desaparecerão, na cor alegre do amor; o Deus não criado fará novo tudo o que foi criado, tão novo que jamais poderá envelhecer.

Agora, a língua alemã me abandona e não domino o latim. Portanto, o que este livro contém de útil não é mérito meu, pois jamais existiu um cão tão inútil que não viesse quando seu senhor lhe oferece um pãozinho branco.

IV – Sobre a serva pobre, sobre a Missa de João Batista, sobre a transformação da hóstia no Cordeiro, sobre a beleza dos anjos, sobre os quatro tipos de pessoas santificadas e sobre o centavo dourado

Como é importante um homem ter boa vontade, mesmo que não consiga pô-la em prática; foi isso que o nosso amado Senhor mostrou a uma menina pobre que não pôde ir à missa. Em sua tristeza por não conseguir participar da celebração, ela disse a Deus: "Ai, meu amado Senhor, devo ficar sem missa no dia de hoje?"

Enquanto ela estava tomada desse sentimento, Deus retirou dela todos os seus sentidos terrenos e a levou maravilhosamente a uma linda igreja. Mas lá não encontrou ninguém e pensou: "Eu, a mais miserável na lentidão, cheguei tarde demais! Nada adiantou ter vindo até aqui".

Então viu um mancebo se aproximar, trazendo um feixe de flores brancas; ele as espalhou junto à torre e se retirou. Em seguida, outro trouxe um feixe de violetas, que as espalhou no centro da igreja. Um terceiro espalhou as lindas rosas que trazia em frente ao altar. E o quarto espalhou o feixe de lírios brancos no púlpito. Após terem feito isso, eles se curvaram graciosamente e foram embora. Esses mancebos eram tão nobres e tão vistosos que, mesmo que um homem sofresse tamanha tortura, toda sua dor desapareceria se os visse.

A seguir, dois jovens em vestes brancas trouxeram duas luzes e as colocaram sobre o altar; deram alguns passos para o lado, mas permaneceram no púlpito. Surgiu então um homem de altura impressionante, magro e de meia-idade. Suas roupas eram curtas, não cobrindo braços e pernas. Carregava um cordeiro branco em seu peito e de seus dedos pendiam dois sinais. Deitando o cordeiro sobre o altar, curvou-se diante dele cheio de amor. Era João Batista, que celebraria a missa. Depois se aproximou um jovem com impressões muito suaves, trazendo uma águia em seu peito; era João Evangelista. A seguir veio São Pedro e depois um jovem forte, trazendo algumas roupas. Aqueles três senhores se vestiram. Por último veio uma grande multidão, a comunidade do Reino dos Céus. Ela encheu completamente a

Igreja, de modo que a pobre serva não encontrou lugar no qual pudesse ficar.

Então ela procurou um lugar ao fundo, na torre. Lá, encontrou um grupo de pessoas em roupas brancas; não tinham cabelo, mas uma coroa simples sobre a cabeça. Eram aqueles que não tinham vivido segundo os mandamentos. Não tinham cabelo – isto é, boas obras – que os adornassem. Como, então, tinham merecido o Reino dos Céus? Com arrependimento e boa vontade em sua morte. Então, encontrou pessoas ainda mais belas em roupas coloridas; estavam adornadas do lindo cabelo da virtude e coroadas com a lei de Deus. Ela encontrou pessoas cada vez mais lindas; vestindo roupas cor-de-rosa, elas traziam o lindo símbolo das viúvas e a coroa da castidade pela qual tinham optado.

A pobre serva estava fraca e vestida miseravelmente, e não encontrou lugar entre os três grupos. Então procurou um lugar na frente do coro e olhou para ele, onde Nossa Senhora ocupava um lugar de honra, e junto a ela estavam Santa Catarina, Santa Cecília e muitos bispos, mártires, anjos e virgens. Quando a pobre viu essa grande glória, perguntou a si mesma se poderia ousar ficar ali devido à sua miséria. Ela vestia um manto marrom-avermelhado; ele era feito de amor e de anseio ardente por Deus e todo bem. O manto era adornado de ouro e também a frase: "Eu gostaria de morrer de amor". Então ela também passou a se ver como virgem sublime e tinha sobre sua cabeça uma guirlanda maravilhosa de ouro. Nela estava gravado a frase: "Seus olhos em meus olhos, seu coração em meu coração, sua alma em minha alma, incessantemente abraçada". E seu rosto lhe parecia angelical.

Ai, sou lamaçal amaldiçoado, o que aconteceu comigo? Ah, eu não sou tão bem-aventurada quanto me vi ali!

Todos que estavam no coro a olharam com um sorriso amoroso. Então Nosso Senhor fez um gesto e a chamou para ficar acima de Catarina. Ela se colocou ao lado de Nossa Amada Senhora, pois raramente teve o privilégio de ver e falar com a Mãe de Deus.

Oh, o amor, Magnânima! Ela considerou justo que o corvo comum ficasse ao lado da pomba nobre!

Todos os que estavam no coro vestiam ouro brilhante e estavam imersos num brilho de alegria, mais claro do que o sol.

Então iniciaram a missa com: "Gaudeamus omnes in domino", e sempre que Nossa Senhora era mencionada ela se ajoelhava e os outros se curvavam, pois Deus lhe concedeu a mais alta honra. Então disse a miserável que tinha vindo para a missa: "Ah, Senhora, se eu pudesse receber aqui o Corpo do Senhor, pois aqui ninguém me olha com desprezo". Então disse a Mãe de Deus: "Sim, querida, faz a tua confissão". A Rainha Celestial chamou João Evangelista; ele saiu e ouviu a confissão da pecadora. Ela pediu que ele lhe dissesse até quando ela viveria. Então João disse: "Eu não posso te dizer, pois Deus não permite. Pois se fosse muito tempo, tu, que suportas tamanho fardo, poderias ficar amargurada; se fosse pouco tempo, o medo do teu coração poderia levar-te a querer viver por muito tempo".

Então João começou a ler a passagem do evangelho "Liber generationis". Então a pobre disse à Nossa Senhora: "Devo fazer oferta?" Nossa Senhora disse: "Sim, se tu não o cobrares dele mais tarde!" Então disse a pobre: "Ai, Senhora, esta graça deves pedir de Deus para mim!" Nossa Senhora respondeu: "Toma esta moeda dourada, isto é, tua própria vontade, e a oferece ao meu Filho enaltecido em todas as situações de vida!" Em postura comedida e santo temor, ela, uma pessoa baixa, aceitou a moeda preciosa. Quando contemplou o cunho da moeda, viu que este representava como Cristo era retirado da cruz; o outro lado representava todo o Reino dos Céus com os nove coros e, acima deles, o trono de Deus. Então ouviu de Deus: "Se tu me ofereceres esta moeda sem jamais pedi-la de volta, eu te retirarei da cruz e te levarei para o meu reino".

Depois disso, aquele sacerdote que tinha sido santificado pelo Espírito Santo no ventre materno celebrou uma missa em voz baixa. Quando ele segurou em suas mãos a hóstia branca, elevou-se o cordeiro que estava sobre o altar e, com as palavras e os sinais de sua mão, uniu-se à hóstia, e a hóstia uniu-se ao cordeiro, de modo que deixaram de ver a hóstia, mas, em seu lugar, um cordeiro sangrento pendurado numa cruz vermelha. Ele nos olhou com olhos tão cheios de amor que jamais poderão ser esquecidos. Então, a menina pobre pediu à Nossa Amada Senhora: "Ai, querida Mãe, pede ao teu Filho sublime que Ele mesmo se doe a esta pobre".

Então ela viu que um feixe de luz brilhante saiu da boca da Nossa Senhora e caiu sobre o altar, alcançando o cordeiro com sua oração, de modo que o próprio Deus falou pela boca do cordeiro: "Mãe, eu me deitarei onde desejas". Então, a pobre serva foi até o altar, cheia de grande amor e com alma aberta. São João tomou o cordeiro branco com suas feridas vermelhas e o colocou na boca da serva. O cordeiro puro se deitou em sua própria imagem no estábulo dela e, com sua boca doce, mamou em seu coração. Quanto mais ele mamava, mais ela se doava.

[Agora, aquela que recebeu esta visão está morta. Que Deus nos ajude a vê-la na multidão dos anjos! Amém.]

V – A alma canta a Deus cinco cânticos de louvor; Deus é um vestido da alma e a alma um vestido de Deus

"Tu brilhas em minha alma
como o sol brilha no ouro.
Se eu puder descansar em ti, ó Senhor,
será grande a minha felicidade.
Tu te revestes com minha alma
e és também seu vestido mais íntimo.
Que devemos nos separar –
não conheço dor maior!
Se quisesses me amar ainda mais,
certamente alcançaria o lugar
em que poderia te amar sem cessar segundo
o meu desejo."
Agora cantei para ti –
ainda não consegui.
Se cantasses para mim,
eu conseguiria!

VI – Um cântico de resposta quíntuplo à alma

"Quando brilho, tu deves reluzir,
Quando fluo, deves umedecer.
Quando suspiras, atrais meu coração divino
para ti.

Quando choras por mim, eu te abraço.
Mas quando amas, nós dois nos tornamos um,
e quando nós dois estamos assim unidos
jamais poderemos ser separados.
Há entre nós dois uma alegre expectativa."

"Senhor, aguardo então com fome e sede,
Com caça e com prazer,
O momento bem-aventurado
No qual, da tua boca divina,
Fluirão as palavras eleitas,
Que ninguém consegue ouvir
Além da alma
Que se despe do mundo
E aproxima o seu ouvido de tua boca.
Sim, ela encontra o amor e o segura!"

VII – Glorifica a Deus no tormento, então Ele aparecerá a ti; sobre dois cálices dourados, a agonia e o consolo

Eu, pecaminosa e indolente, deveria orar em determinada hora; então Deus fingiu que não queria me dar graça alguma. Eu estava prestes a cair em melancolia miserável por causa da fraqueza do meu corpo, que me parecia ser um obstáculo para a satisfação espiritual. "Não", disse a minha alma, "lembra-te agora de todas as provas de fidelidade de teu Senhor e louva-o desta forma: 'Gloria in excelsis Deo'".

Durante esse louvor apareceu à minha alma uma grande luz, e nela Deus se mostrou em grande glória e clareza indizível. O Nosso Senhor levantou em suas mãos dois cálices dourados; ambos estavam cheios de vinho vivo. Na mão esquerda estava o vinho tinto da dor, e na direita o vinho brando do consolo mais sublime. Então disse Nosso Senhor: "Bem-aventurados são aqueles que bebem este vinho! Pois mesmo que eu ofereça ambos em amor divino, o brando é mais nobre por natureza. Naturalmente, porém, os mais nobres são aqueles que bebem não só o vinho brando, mas também o vinho tinto".

VIII – Sobre o purgatório em geral; dele uma pessoa livrou mil através das lágrimas do amor

Um homem intercedeu, como se deve fazer, com grande insistência e simplicidade de coração junto a Deus no céu pelas pobres almas. Então Deus lhe mostrou todo o terrível purgatório e suas torturas tão diversas quanto aos pecados que lhes aderiam.

O espírito do homem se encheu de tamanha ira que ele abraçou todo o purgatório com seus braços. Ele o fez abatido e com desejo amoroso. Então Deus falou dos céus: "Deixa isso, não te machuques! Isso é difícil demais para ti!" Então lamentou o espírito: "Ah, Tu que amas muito, liberta pelo menos alguns!" Perguntou o Nosso Senhor: "Quantos deles queres?" O espírito do homem respondeu: "Senhor, tantos quantos eu consiga redimir com a ajuda da tua bondade!" Disse Nosso Senhor: "Toma então mil e leva-os para onde quiseres!" E eles se levantaram do tormento – pretos, em chamas, cobertos de fezes, ardentes, sanguinolentos, fétidos. Então o espírito do homem voltou a dizer: "Ai, amado Senhor, o que acontecerá agora com estes miseráveis? Apavorantes como estão jamais poderão entrar em teu reino!" Então Deus se curvou desmedidamente sob sua sublimidade e disse uma palavra que muito pode consolar nós pecadores: "Banha-os nas lágrimas do amor que agora fluem dos olhos de teu corpo!" Então viu-se ali um grande lago redondo. Num único salto todos pularam naquela água e se banharam no amor claro como o sol. Isso despertou uma alegria indizível no espírito do homem, e ele disse: "Louvado sejas Tu que amas muito e eternamente todas as criaturas! Agora eles te agradam em teu reino". Então Nosso Senhor se curvou das alturas sobre eles e lhes deu a coroa do amor que os libertara, e disse: "Esta coroa usareis para sempre como sinal para todos em meu Reino de que fostes remidos pelas lágrimas do amor nove anos antes do prazo estabelecido para vós!"

IX – Deus louva sua noiva cinco vezes

Tu és uma luz do mundo.
Tu és uma coroa das virgens.
Tu és um bálsamo para os feridos.
Tu és a sinceridade diante dos falsos.
Tu és uma noiva da Santíssima Trindade.

X – A Noiva responde com um louvor quíntuplo a Deus

Tu és a luz em todas as luzes.
Tu és o adorno de flores em todas as coroas.
Tu és o bálsamo, mais forte do que todas as feridas.
Tu és a fidelidade imutável sem falsidade.
Tu és o anfitrião em todos os albergues.

XI – Sobre sete formas do amor de Deus

De modo sétuplo começa o verdadeiro amor de Deus:
>O amor alegre parte em seu caminho.
>O amor temeroso suporta as dificuldades.
>O amor forte realiza muito.
>O amor amoroso não deseja fama.
>O amor sábio possui conhecimento.
>O amor livre vive sem dor de coração.
>O amor poderoso é sempre alegre.

XII – Sobre sete formas da perfeição

>Sem honra, sem medo, sem companhia.
>Em silêncio, em humildade, em altura, em comunhão.
>Tudo isso com prazer.

XIII – Entre Deus e a alma só pode haver amor

>Entre Deus e ti sempre dominará o amor.
>Entre ti e as coisas mundanas dominarão o medo e o temor.
>Entre ti e o pecado dominarão luta e inimizade.
>Entre ti e o Reino dos Céus dominará constante esperança.

XIV – De onde vêm a amargura, o peso, a doença, o espanto, a agilidade do espírito, a miséria inevitável e o desconsolo

>A amargura do coração provém da existência humana.

A fadiga física provém exclusivamente da carne.
A agilidade do espírito provém da nobreza da alma.
O terror diante da tortura provém da culpa.
A doença do corpo provém da natureza.
A miséria inevitável provém da teimosia.
A desconsolo provém da inquietação.

XV – Como recupera a saúde aquele que foi ferido pelo amor

Nenhum homem que alguma vez
foi ferido profundamente pelo amor verdadeiro
volta a ser totalmente saudável.
A não ser que volte a beijar a boca
que ferira a sua alma.

XVI – Sobre as sete dádivas de um irmão

A alma é inesgotável no desejo,
ardente em amor,
amorosa no convívio,
um espelho para o mundo,
de pouco tamanho,
confiável em sua ajuda,
unida com Deus.

XVII – Como Deus corteja a alma e a torna sábia em seu amor

Assim Deus corteja a alma simples e a torna sábia em seu amor:

"Ó amada pomba, tuas patas são vermelhas,
tuas penas são lisas,
tua boca é formosa,
teus olhos são lindos,
tua cabeça é simétrica,
teu andar provoca prazer,
teu voo é rápido,
e rapidamente retornas para a terra!"

XVIII – Como a alma interpreta de oito formas o cortejo de Deus

Senhor, meus pés estão tingidos com o sangue de tua verdadeira redenção.

Minhas penas foram alisadas por tua nobre eleição.

As palavras de minha boca são formadas por teu Santo Espírito.

Meus olhos foram esclarecidos por tua luz flamejante.

Minha cabeça se tornou simétrica mediante tua proteção confiável.

Minha vida é prazerosa por meio de tua ajuda generosa.

Meu voo é rápido por causa de teu anseio inquieto.

Minha queda para a terra provém da minha prisão ao meu corpo.

Quanto mais me concedes libertar-me dele, mais tempo posso flutuar em ti.

XIX – Como conversam o conhecimento e a alma, e como aquele diz que é trino; sobre três céus; o conhecimento fala primeiro

[O conhecimento fala primeiro:]

"Ó alma amante, eu tenho te contemplado: és figurada maravilhosamente de modo muito amável. Uma luz me foi dada para poder te contemplar – de outra forma isso nunca teria sido possível. Tu és trina em ti mesma, creio que sejas a imagem de Deus: és uma lutadora corajosa em tua luta, és uma virgem lindamente adornada no palácio diante do teu Senhor, tu és uma noiva prazerosa em teu leito de amor junto a Deus. Alma que ama, em tua luta estás armada com força imensurável e com tamanha concentração de teu interior, que nem mesmo a plenitude do mundo, fortemente apoiada por teu corpo, nem todas as multidões dos diabos nem o poder do inferno podem te afastar de Deus e te empurrar para as profundezas; disso realmente ninguém pode se gabar. Tu te defendes exclusivamente com flores; tua espada é a nobre rosa Jesus Cristo, com a qual te defendes; teu escudo é o lírio branco Maria. De nada lhes serve atacar-te – eles só te distinguem e multiplicam infinitamente por meio de ti a glória de Deus. Todos que perseveram puros nesta luta receberão rica recompensa do Imperador. Ó alma que suscita admiração, que honra te será concedida em teu palácio da Santíssima Trindade, onde ficarás maravilhosamente adornada diante de teu Senhor?"

"Nobre conhecimento, és mais sábio do que eu; por que perguntas a mim?"
"Nobre alma, Deus te escolheu dentre tudo que é; és minha senhora e rainha."

"Nobre conhecimento, nasci nobre e livre. Não permanecerei sem honra, pois tudo em mim é amor. Assim, conseguirei que a Santíssima Trindade me ame, acaricie e honre, e tudo o que está nos céus e na terra haverá de ser eternamente submisso a mim. Se eu permitir que o amor me domine destarte que eu lhe permita prender-me através da santa paciência para que eu não aumente a minha culpa, a nobre mansidão me levará a estar pronta para todo o bem, e ela colocará em mim as rédeas da obediência rígida, de modo que devo ser submissa a Deus e a todas as criaturas em amor."
"Ó nobre noiva, queres me dizer ainda uma palavra sobre a intimidade indescritível que existe entre ti e Deus?"

"Nobre conhecimento, não faço isso. As noivas não podem dizer tudo que lhes acontece. Ouvirás algo sobre a visão sagrada e a intimidade muito preciosa, mas a experiência singular de Deus deve permanecer oculta a ti e a todas as criaturas para sempre."
"Nobre alma, tua visão maravilhosa e tuas palavras sublimes que viste e ouviste em Deus – se me obrigares a comunicar mesmo que apenas um pouco disso, colocarei a luz do Imperador num estábulo escuro e apodrecido. O gado come obedientemente a sua ração, com exceção de alguns que parecem ser filhos de Deus, mas que, mesmo assim, esbarram no estábulo escuro como

bois que se soltaram de suas amarras. Eles perguntam para que serve tal enganação? Tudo seria inventado e apresentado em falsa santidade."

"Nobre conhecimento, dizem as Escrituras que São Paulo foi arrebatado para o terceiro céu. Isso nunca teria lhe acontecido se tivesse permanecido Saulo. Se ele tivesse encontrado a verdade no primeiro e no segundo céus, jamais teria subido ao terceiro céu! Existe um céu que foi criado pelo diabo com suas belas artes enganosas. Nele os pensamentos vagueiam com sentidos tristes e a alma permanece totalmente em silêncio, pois ela não experimenta o amor que condiz à sua natureza. A alma permanece sem consolo e o diabo engana os sentidos simplórios. Nesse céu o diabo se apresenta como um anjo brilhante, sim, até mesmo igual a Deus através de suas cinco feridas. Alma simplória, cuidado! O segundo céu se deve ao anseio sagrado dos sentidos e ao primeiro nível do amor. Não há luz nesse céu; lá, a alma não contempla a Deus, mas percebe uma doçura incompreensível que penetra todos os seus membros. Ela ouve também o clamor de várias coisas que gostaria de ter, pois ela ainda não está livre dos sentidos terrenos. Se a humildade não estiver presente em toda a sua profundeza o diabo oferece a sua luz; então, o que passa a acontecer não vem de Deus. Mas quando a humildade perfeita estiver presente a alma poderá subir até o terceiro céu, onde receberá a verdadeira luz. Então dirão os sentidos: 'Nossa senhora, a alma dormiu desde a infância; agora ela despertou na luz do amor revelado'. Nessa luz ela olha em sua volta para ver de que tipo é aquele que se mostra a ela e para ver o que isso significa e o que estão lhe dizendo. Assim, ela vê e reconhece verdadeiramente que Deus é tudo em tudo". Agora, dispo-me de todo fardo e ascendo com São Paulo até o terceiro céu, quando Deus dominar com amor o meu corpo pecaminoso. Este terceiro céu é lindamente arqueado, ordenado e iluminado pelas três pessoas.

XX – Como a Irmã Hildegund é adornada no Reino dos Céus com três mantos, com sete coroas, e como os nove coros a louvam

No feriado de uma virgem santa, Santa Bárbara, uma honra foi concedida à Irmã Hildegund. Deus revelou isso a um cão manco, que ainda lambe as suas feridas. Ocorreu durante a minha oração, de tal modo que eu não posso dizer se o Reino dos Céus se curvou até mim ou se eu fui elevada até a casa maravilhosa de Deus. Hildegund estava diante do trono do Pai celestial, adornada como uma recém-casada que o rei levou para a sua casa. Ela está envolta em três mantos e carrega sobre a cabeça sete coroas, e os nove coros a louvam, cada um de seu modo.

Quando a vi em tudo o que ela tinha recebido como dádiva de Deus, eu a reconheci. Mas queria conversar com ela e, assim, perguntei-lhe no arrebatamento, para poder ficar mais tempo com ela: "Ó, como mereceste

este manto cor-de-rosa?" Então Hildegund respondeu: "Eu era uma mártir no amor ardente, de modo que, com frequência, o sangue do meu coração escorria sobre a minha cabeça". Então continuei a perguntar-lhe: "Como mereceste este manto dourado, que brilha tão lindamente?" Ela disse: "Com boas obras exemplares". Perguntei-lhe: "Como mereceste este manto branco coberto de flores?" Ela respondeu: "Com o amor imenso que eu carregava comigo escondido em minha alma e em meus sentidos". Estas eram as sete coroas: uma coroa da perseverança, uma coroa dá fé sagrada, uma coroa da fidelidade, uma coroa da misericórdia generosa, uma coroa do bom-senso sagrado, uma coroa do amor, uma coroa da virgindade. Então lhe perguntei: "Amor? Onde está tua coroa da humildade, que convém às pessoas espirituais?" Hildegund: "Esta eu não possuo de modo especial e nunca a possuí, mas apenas na medida em que Deus a usou para me proteger da altivez".

Estas sete coroas estão todas adornadas com a guirlanda da nobreza da castidade pura e sublime. Assim, os coros a louvam pelas virtudes: "Nós te louvamos por teu arrependimento, por tua boa vontade, por tua veracidade, por tua sabedoria, por tua doce dor, por tua pobreza voluntária, por tua força, por tua justiça". Assim a louvam os serafins, que são seus companheiros: "Nós te louvamos por teu amor, rainha de Deus!" Os tronos a louvam destarte: "Nós louvamos o noivo pela beleza da noiva!"

Eu lhe perguntei muitas coisas sobre as quais agora me calarei. Pois mesmo que o Reino dos Céus seja lindo através do amor, o mundo demonstra sua inconstância em mim e em tantas pessoas que jamais alcançaram o céu, onde vislumbramos a verdade.

XXI – Se quiseres vislumbrar a montanha precisas satisfazer sete precondições

Eu vi uma montanha.
Isso aconteceu num instante,
pois nenhum corpo suportaria
se a alma permanecesse ali por uma hora.
Na parte inferior, a montanha era branca como nuvens,
e no alto, no cume, era flamejante, clara como o sol.
Não consegui encontrar em lugar algum
seu início e seu fim,
e, no interior, ela cintilava em si mesma
e fluía dourada em amor indizível.
Então eu disse: "Senhor, bem-aventurados os olhos
que contemplam eternamente esse movimento do amor
e reconhecem este milagre;
jamais poderei expressá-lo em palavras!"
Então disse a montanha: "Os olhos que me veem assim
devem estar adornados de sete coisas; caso contrário jamais poderão receber este privilégio".

Estas são: não gostar de fazer dívidas, gostar de pagá-las, não guardar nada para si mesmo, ser benevolente diante da inveja, ser amoroso diante da maldade, estar livre de culpa e preparado para receber [a Deus].

XXII – Como a contemplação pergunta à alma amante pelos serafins e o homem mais humilde

"Nobre alma, preferias ser um anjo entre os serafins ou uma pessoa com corpo e alma no coro mais baixo dos anjos?"

Diz a alma à contemplação: "Nobre contemplação, vistes que os serafins são príncipes sublimes e que são um no amor, no fogo, no sopro e na luz de Deus".

Diz a contemplação à alma: "Nobre alma, vistes que os anjos são seres simples e que eles não louvam, amam ou reconhecem a Deus mais do que lhes é concedido através da criação e que o mais baixo dos seres humanos pode alcançar isso da mesma forma: com a fé cristã, com o arrependimento, com o anseio e a boa vontade. Mas sua alma não pode arder na deidade com a mesma intensidade".

"Nobre contemplação, vistes que os serafins são filhos de Deus e que, mesmo assim, são seus servos. A alma mais baixa é uma filha do Pai, uma irmã do Filho, uma amiga do Espírito Santo e verdadeiramente uma noiva da Santíssima Trindade. Se levares a comparação a cabo, vê o que pesa mais! O mais nobre anjo Jesus Cristo, que flutua acima dos serafins, que é Deus indiviso com o seu Pai, este eu, esta alma ordinária, abraço. Eu o como, bebo e faço com Ele o que quero. Isso jamais é possível aos anjos. Embora esteja muitíssimo acima de mim, sua divindade jamais me será tão inalcançável que todos os meus membros não possam estar sempre totalmente preenchidos por Ele; assim, jamais poderei esfriar. O que me importa então o que os anjos vivenciam?"

XXIII – Como o amor interroga e instrui a alma cega; como gostaria de levá-la até o seu amado, sendo o primeiro a falar, e a alma cega responde

"Ah, alma tola, onde estás ou de que tipo é tua morada, e para que vives? Onde podes descansar, visto que não amas teu Deus amável acima de tua própria vontade e acima de tua própria capacidade?"
"Não me despertes! Não sei o que queres me dizer."

"É preciso despertar a rainha quando seu rei pretende vir!"
"Estou numa ordem sagrada; eu jejuo, vigio, estou livre de pecados graves. Estou suficientemente cingida."

"De que adianta cingir várias vezes um barril inútil se, mesmo assim, o vinho escoar? Nesse caso, será preciso enchê-lo com as pedras do trabalho físico e com as cinzas da transitoriedade."
"Estou cheia de alegria juntamente com meus parentes e meus queridos amigos espirituais; mas como eu poderia amar com alegria alguém que eu não conheço?"

"Ai, é possível que não conheças o Senhor, de cujo amor se fala tanto em tua presença? Tu te preocupas mais com o teu corpo, este cão, do que com Jesus, teu amado Senhor. Isso jamais trará honra aos olhos dele."
"Vivo segundo a minha própria vontade, que cumpro com prazer."

"Se quiseres demonstrar verdadeira lealdade a Deus deves seguir o seu Espírito em amor."
"Descanso no mundo do meu corpo."

"Por isso, deves te envergonhar hoje diante de Deus, por fazeres parte do estamento religioso e mesmo assim estares totalmente ocupada com o teu corpo."
"Como eu me manteria viva se me preocupasse contigo?"

"Ah, infiel. Ele que criou a alma com tanta nobreza, de modo que apenas Deus pode ser o seu alimento, também não permitirá que teu corpo sofra necessidade!"
"Tu me repreendes duramente. Se eu soubesse onde Ele está, talvez eu me convertesse."

"Se quiseres viver com Ele em nobre liberdade deves primeiramente sair dessa casa dos maus hábitos."
"Ai, até muitos que são inteligentes em virtude de estudos e talentos naturais não se arriscam a se entregar ao poder do amor desvelado!"

"Mas os simples, puros, que orientam todo o seu fazer incondicionalmente por Deus, é a esses que Deus se curva por sua natureza."
"Eu acreditava que se eu optasse por uma vida religiosa para o bem de Deus alcançaria grandes alturas."

"Que sentido faz vestir lindamente um homem adormecido e lhe oferecer comidas preciosas? Enquanto ele dormir não poderá comer. Ah, amor, desperta!"
"Ó, dize-me agora onde está a sua morada!"

"Não existe outro Senhor senão Ele que vive ao mesmo tempo em todas as suas casas. Ele reside na paz do amor sagrado e cochicha

com sua amante na íntima solidão da alma; ele também a abraça na nobre alegria de seu amor; ele a saúda com seus olhos amorosos, quando os amantes se contemplam sem fingimento; ele a beija intensamente com sua boca divina; ele a ama com toda a força no leito do amor. Assim ela experimenta o mais alto bem quando o percebe do modo certo. Ah, amor, permite que Ele te ame, e não te recusas com teimosia!"
"Quem são aqueles que se recusam com teimosia?"

"São aqueles cuja maldade é um fardo para outros e para si mesmos. Agora eu te digo quem Ele é: o Alto mais alto, e esse Altíssimo desceu para o vale mais profundo, e esse vale mais profundo encontrou seu lugar no alto mais alto. Alma insensível, olha em tua volta e abre teus olhos cegos".
"Ele desceu da maior altura por amor a mim e se doou totalmente a mim e a todas as criaturas – sim, se Ele tivesse me negado sua bondade eu me envergonharia para sempre diante de seus olhos por jamais ter trocado o meu cobre sem valor por seu precioso ouro! Ai, onde tenho estado, cega infeliz que sou, pois tenho vivido tanto tempo sem o amor forte com o qual supero toda a minha necessidade para a infelicidade dos meus inimigos? Mesmo que eu, coitada, tenha deixado de fazer muitas coisas boas, ainda assim deixarei tudo para trás para entrar em Deus. Ó amor, ainda me acolherás?"

"Sim, Deus jamais se negou a ninguém. No entanto, é necessário certo equilíbrio: se quiseres ganhar amor, deves abrir mão do amor."

XXIV – Como a alma amante se une a Deus, como ela será igual aos seus amigos eleitos e a todos os santos, e como o diabo e a alma conversam um com o outro

Ó Senhor Jesus Cristo, teu tormento imerecido é o meu consolo, pois eu mereci todos os tormentos; tua morte salvadora mantém viva em mim a lembrança de ti e teu sangue puro fluiu através da minha alma. Maria, amada Mãe, estou contigo ao pé da cruz com toda a minha fé cristã, e a espada da dor sagrada penetra a minha alma, porque tantos daqueles que parecem levar uma vida religiosa são inconstantes.

João Batista, estou presa contigo, pois a meretriz traiçoeira da falsidade matou a palavra de Deus em minha boca.

João Evangelista, adormeci contigo em amor cordial no peito de Jesus Cristo, e então vi e ouvi ali milagres tão maravilhosos que, muitas vezes, meu corpo se esqueceu de si mesmo.

Pedro, contigo estou crucificada, pois jamais me sinto humanamente bem e muitas vezes anseio espiritualmente pelo elogio de Jesus Cristo.

Paulo, estou arrebatada contigo de modo maravilhoso e vi uma casa, de tal modo que nenhuma outra coisa jamais me surpreendeu quanto ao fato de que, depois, ainda pude ser uma pessoa viva. Quando imagino que lá o Pai celestial é o copeiro dos bem-aventurados, Jesus é o cálice e o Espírito Santo é o vinho puro, que toda a Trindade é o cálice cheio e que o amor é a poderosa garçonete, eu adoraria aceitar o convite se o Amor pedisse que eu entrasse na casa. Aqui, ainda me disponho a beber o fel. Ó amado Jesus, retribui com amabilidade a todos aqueles que aqui distribuem amargura, pois eles me tornam rica em graça. Recebi um copo de fel; era tão forte que penetrou completamente o meu corpo e a minha alma. Pedi então a Deus especialmente por meu copeiro, para que ele lhe oferecesse o vinho celestial. E vê, Ele o fez e disse: "Tu, virgem, anima-te! Meu milagre virá sobre ti em todo o seu poder; os leões te temerão, os ursos te darão proteção, os lobos fugirão de ti, o cordeiro será teu companheiro". Depois de tudo que me aconteceu tenho certeza de que ainda terei de beber muitos copos de fel, pois infelizmente o diabo possui entre as pessoas de estamento religioso ainda muitos copeiros tão cheios de veneno, que eles não conseguem bebê-lo sozinhos; precisam dá-lo aos filhos de Deus cheios de amargura.

Estêvão, ajoelho-me do teu lado diante do Alto Conselho dos judeus sob as pedras pontiagudas, pois elas caem sobre mim, grandes e pequenas. Aqueles que parecem ser homens íntegros lançam pedras em mim pelas minhas costas. Depois, saem correndo e não querem que eu saiba que aquilo foi cometido por eles. Mesmo assim, Deus viu.

Lourenço, por mais de vinte anos estive amarrada contigo numa grelha terrível, mas Deus me protegeu de queimaduras, e há mais de sete anos foram apagadas para mim.

Martinho, vivo contigo na humilhação, e o verdadeiro amor por Deus me atormentou mais do que toda tortura.

Domingos, meu querido pai, partilho um pouco de ti, pois durante muitos dias tenho ansiado que o sangue pecaminoso do meu coração flua aos pés dos hereges incrédulos.

Catarina, vou contigo à batalha, pois os mestres infernais querem muito me derrubar. Um deles veio até mim, lindo como o brilho do sol, para que eu pensasse que é um anjo; ele trouxe um livro luminoso e disse: "Toma o ostensório, mesmo que não possa ir à missa". Então a alma, sóbria e sábia, disse: "Aquele que não tem paz não pode me dar paz. Então ele se afastou e se transformou, retornando na forma de um homem enfermo e miserável, do qual saíam os intestinos, e disse: "Ó, tu és santa. Cura-me!" Então a alma disse novamente: "Aquele que é doente não pode curar ninguém". "Está escrito: 'Quem pode deve ajudar o outro". "Também está escrito: Não se deve ajudar contra Deus". "O bem que se faz não é contra Deus." "Onde nada há de bom ninguém pode fazer o bem. Tu tens uma doença eterna. Se quiseres ser curado, apresenta-te a um padre, a um bispo, a um arcebispo ou ao papa. Não tenho poder algum senão aquele de ser capaz de pecar". Então ele disse, furibundo: "Jamais farei isso!" Então se transformou em fumaça preta, comportou-se de forma inapropriada e se foi. Eu, porém, não o temi.

Maria Madalena, vivo contigo no deserto, pois todas as coisas me são alheias, com exceção de Deus.

Senhor, Pai celestial, entre ti e mim vibra sem cessar um respirar incompreensível, no qual reconheço e vejo muitas maravilhas e coisas indizíveis – infelizmente, não aproveito isso, pois sou um recipiente tão indigno, que não consigo suportar a menor centelha tua.

O amor sem amarras habita nos sentidos, mas eles ainda estão impregnados de coisas terrenas, de modo que o homem pode exclamar: "O amor recebido na graça adormeceu nos sentidos e ainda não ascendeu para a alma". Muitas pessoas caíram porque sua alma permaneceu ilesa. Salomão e Davi receberam o Espírito Santo em seus sentidos humanos, e estes, ao se transformarem, renderam-se ao amor falso. Por Deus, sua alma não se afundou na mais profunda das profundezas sob toda criatura e não foi ferida pela forma mais forte do amor; pois aquele que nunca provou do melhor vinho costuma gritar mais alto. O amor amarrado habita na alma e se eleva acima dos sentidos humanos, não permitindo que o corpo tenha a sua vontade satisfeita. Ele é de comedimento humilde e totalmente calado; não abre suas asas; ouve a voz indescritível; olha para a luz incompreensível; e busca satisfazer com grande desejo a vontade de seu Senhor. Pois quando o corpo bate as asas a alma jamais poderá experimentar o mais sublime que pode ser concedido ao homem. Nesse amor amarrado a alma ferida se torna rica e os sentidos externos se tornam totalmente pobres, pois quanto maior a riqueza que Deus nela encontra, mais ela se humilha na verdadeira nobreza do amor. Não consigo imaginar que o homem assim amarrado pelo toque mais íntimo do amor poderoso caia num dos pecados capitais; por estar amarrada, a alma sempre deverá amar.

Que Deus nos amarre todos desse modo!

XXV – Sobre o lamento da alma amante quando Deus a poupa e a priva de sua dádiva; sobre a sabedoria com a qual a alma pergunta a Deus como ela está e onde Ele está; sobre o jardim de árvores, as flores e o canto das virgens

"Ó tesouro imensurável em tua plenitude! Ó milagre incompreensível em tua diversidade!

Ó honra infinita no poder de tua glória!
Como anseio por ti
quando queres me poupar.
Nem mesmo todas as criaturas poderiam dizer-te
se apresentassem o meu lamento,
pois sofro necessidade desumana;
a morte física seria muito mais bem-vinda.
Procuro-te com pensamentos
como uma virgem busca timidamente o seu amado.
Por isso devo suportar doença grave,
pois Tu me manténs amarrada.
Este laço é mais forte do que eu,
por isso não posso me libertar do amor.
Clamo por ti com anseio imenso
e voz miserável;
eu te aguardo com coração pesado;
não posso descansar;
eu ardo inapagavelmente em teu quente amor.
Eu te caço com todo poder.
Se eu tivesse a força de um gigante
eu a usaria até a rápida exaustão,
se, assim, encontrasse sem desvios os teus rastros.
Ai, Amado, não te antecedas demais
e faze amorosamente uma pausa
para que eu possa te alcançar.
Ai, Senhor, visto que me negaste tudo que tenho de ti,
deixa-me em tua graça pelo menos aquela dádiva
que, por natureza, deste a todo cão:
que eu permaneça fiel a ti em minha necessidade
sem qualquer rebeldia.
Desejo isso com anseio verdadeiro,
mais do que o teu reino celestial".

"Querida pomba, ouça-me!
Minha sabedoria divina te guarda tão bem,
que eu te concedo todas as minhas dádivas de tal modo,
que tu podes suportá-las em teu corpo miserável.
Tua busca secreta me encontrará,
a miséria de teu coração consegue me obrigar,
tua caça amorosa tanto me cansa,
que eu desejo me refrescar
em tua alma pura,
na qual estou amarrado.
O tremor suspirante de teu coração ferido
afastou de ti a minha justiça.
Isto me é muito bem-vindo:
não posso ser sem ti!
Não importa a distância entre nós,
mas não podemos ser separados.
Não posso tocar-te muito carinhosamente
sem causar-te dor inimaginável em teu pobre corpo!
Se eu me doasse a ti o tanto quanto desejas o tempo todo,
eu perderia o abrigo agradável que tu és para mim na terra,
pois mil corpos não bastariam para satisfazer plenamente o desejo de uma alma amante.
Por isso, quanto maior o amor, mais santo o mártir."

"Ó Senhor, respeitas demais o meu cárcere mofento,
no qual bebo a água do mundo e, em grande miséria,
como o bolo de cinzas da minha perecibilidade.
A flecha de teu amor flamejante
me feriu mortalmente, e

agora, Senhor, Tu me largas
sem bálsamo de cura em grande tormento!"
"Mais amada do meu coração, minha rainha,
por quanto tempo pretendes ser tão
impaciente?
Quando te firo com a dor maior,
no mesmo instante dou-te a unção com
um carinho especial.
A abundância da minha riqueza é exclusivamente tua
e dominarás sobre mim.
Eu quero teu bem de coração;
tu tens a balança, eu tenho o ouro!
Tudo o que fizeste, desististe e sofreste por mim,
tudo isso compensarei
e eternamente me doarei a ti incondicionalmente,
segundo a tua vontade".

"Senhor, quero perguntar-te duas coisas,
e me informa em tua graça:
'Quando meus olhos choram em sua miséria,
minha boca se cala totalmente,
a miséria amarra a minha língua
e meus sentidos me perguntam a cada instante o que me falta,
és Tu que me faltas,
Senhor, apenas Tu?'
'Quando minha carne desfalece,
o meu sangue para,
meus ossos doem,
minhas veias se contraem,
meu coração anseia o teu amor,
e minha alma eleva a sua voz
como o rugido de um leão faminto,
como então me sinto

e onde então estás,
muito amoroso?'
Isto dize-me!"
"És como uma noiva recém-prometida
que, enquanto dormia, foi deixada por seu
único amado,
a quem ela se entregou de todo coração em
fidelidade imutável,
e ela não suporta que ele esteja distante
dela por um único momento.
Quando desperta, ela não pode ter mais dele
do que aquilo que consegue guardar em
seu interior;
isso provoca todo o seu lamento.
Enquanto o jovem não tiver levado sua
noiva para a sua casa,
ela precisa ficar separada dele com frequência.
Eu te visito segundo a minha vontade,
quando eu quiser;
quando te controlas e estás calma
– e esconde tua dor o quanto podes! –
cresce em ti a força do amor.
Agora, dize-me onde eu estou.
Estou em mim mesmo em todos os lugares
e em todas as coisas
como sempre estive, sem início.
Eu te aguardo no jardim das árvores do amor
e colho flores da doce união;
lá preparo um leito para ti feito do capim
prazeroso do conhecimento sagrado;
o sol brilhante da minha deidade eterna
te ilumina com o milagre misterioso da
minha glória,
do qual comunicaste um pouco secretamente;
e curvo até ti a mais alta árvore da minha
Santíssima Trindade.

> Então quebras as maçãs verdes, brancas e
> vermelhas da minha poderosa natureza
> humana,
> e a sombra do meu Espírito Santo te protege
> de toda tristeza terrena,
> de modo que se torna impossível para ti
> pensar na dor do teu coração.
> Quando abraçares a árvore
> eu te ensinarei o canto das virgens,
> a melodia, as palavras, o doce som
> que aqueles que são impregnados de luxúria
> não podem absorver.
> Eles receberão uma doce penitência.
> Amada, agora começa a cantar e deixa
> ouvir o que sabes!"
>
> "Ai, meu muito amado,
> estou rouca na garganta da minha castidade,
> mas o açúcar da tua magnanimidade amo-
> rosa fez minha garganta soar
> de modo que agora posso cantar:
> 'Senhor, teu sangue e o meu são um,
> incorrupto,
> teu amor e o meu são um, indiviso,
> teu vestido e o meu são um, imaculado,
> tua boca e a minha são uma, não beijada etc.'"

Estas são as palavras do cântico. A melodia do amor e o doce som do coração não podem ser expressados, pois nenhuma mão terrena é capaz de anotá-los.

XXVI – Sobre este livro e o seu autor

Pessoas me alertaram sobre este texto dizendo: "Se ele não for retido poderá ser queimado". Então agi como estou acostumada desde a infância: sempre que me causavam pesar eu orava. Assim, inclinei-me para o meu Amado e disse-lhe:

> "Ai, Senhor, agora estou sendo pressionada por causa de tua honra; se eu permanecer sem consolo teu, Tu terás me levado a descaminhos, pois Tu mesmo me ordenaste escrevê-lo!"

Então Deus se revelou imediatamente à minha alma triste; segurando este texto em sua direita, disse-me:

> "Minha Amada, não te entristeces demais; ninguém pode queimar a verdade! Aquele que quiser tirá-la da minha mão precisa ser mais forte do que eu. O livro é trino e aponta exclusivamente para mim. Este pergaminho que o envolve significa minha natureza humana pura, clara e justa, que por ti sofreu a morte. As palavras significam minha deidade maravilhosa; elas fluem de hora em hora da minha boca divina para a tua alma. O som das palavras significa meu Espírito vivo, e Ele efetua a partir de si mesmo a verdade inalterada. Agora olha para todas estas palavras e vê como proclamam os meus mistérios, e não duvida de ti mesma!"

> "Ai, Senhor, se eu fosse um clérigo erudito e se Tu tivesses realizado nele este grande milagre singular, brotaria disso para ti uma honra eterna. Mas quem acreditaria que Tu construíste uma casa dourada neste lamaçal sujo e realmente habitas nele, juntamente com tua Mãe, com todas as criaturas e com todos os teus exércitos celestiais? Senhor, lá, a sabedoria do mundo não pode te encontrar!"

> "Filha, muitos homens inteligentes perdem em uma longa estrada, devido à sua falta de atenção, seu ouro precioso, com o

qual poderiam frequentar uma grande escola; outro o encontrará. Eu, de acordo com minha natureza, faço o seguinte há muito tempo: sempre que concedo graça especial procuro o lugar mais baixo, mais humilde e mais oculto para fazê-lo. As mais altas montanhas não conseguem acolher a revelação da minha graça, pois o rio do meu Espírito Santo flui para baixo. Há muitos mestres cultos que, como homens, são tolos aos meus olhos. E digo-te ainda mais: diante deles cresce minha honra e se fortalece extraordinariamente sua santa fé cristã pelo fato de que a boca inculta instrui a língua culta através do meu Espírito Santo.".

"Ó Senhor, suspiro, desejo e peço para que o escritor deste livro, seguindo a minha instrução, também seja recompensado por ti com uma graça jamais concedida a um homem; pois, Senhor, tuas dádivas são mil vezes mais numerosas do que as tuas criaturas são capazes de recebê-las". "Ele o escreveu com letras douradas; então todas as palavras deste livro devem ser visíveis em seu manto por toda a eternidade em meu reino, escritas com ouro celestial e brilhante sobre todo o seu adorno, pois o amor livremente escolhido sempre será o mais sublime no homem."

Enquanto o Senhor me dizia estas palavras vi a maravilhosa verdade na glória eterna.

"Ó Senhor, peço que protejas este livro dos olhos da imitação, cheios de falsidade, pois ela veio do inferno até nós; ela nunca tem sua origem no céu, mas foi gerada no coração de lúcifer, nasceu da arrogância espiritual, propagou-se no ódio e, em ira poderosa, adquiriu tal tamanho que acredita que nenhuma virtude possa se igualar a ela. Assim, os filhos de Deus cairão na ruína e serão cobertos de vergonha quando quiserem receber a mais alta honra com Jesus. Com zelo sagrado devemos sempre nos vigiar para nos proteger do erro. Devemos conceder zelo amoroso aos nossos irmãos cristãos. Quando cometem uma injustiça, devemos chamar sua atenção com intenção pura. Assim podemos evitar muita fofoca destruidora. Amém".

Terceira parte

I – Sobre o Reino dos Céus; sobre os novos coros; quem deve preencher adequadamente a lacuna; sobre o trono do Apóstolo e de Santa Maria; onde Cristo se encontra; sobre a recompensa dos pregadores, mártires e virgens; e sobre as crianças não batizadas

Assim falou a alma para o desejo: "Bem, agora vai e vê onde está o meu amado; dize-lhe: 'Eu quero amar!'" Então o desejo saiu correndo, pois ele é rápido por natureza; alcançou as alturas e gritou: "Grande Senhor, abre e deixa-me entrar!" Disse o Senhor da casa: "O que queres tanto para fazeres tamanho barulho?" "Senhor, eu te informo: minha senhora não pode viver assim por muito tempo! Se tu fluísses, ela poderia nadar, pois o peixe não pode viver na praia por muito tempo e permanecer saudável." "Volta! Eu não te deixarei entrar, a não ser que me tragas a alma faminta, que desejo mais do que qualquer outra coisa."

Quando o mensageiro voltou e a alma ouviu a vontade de seu Senhor, subitamente uma grande alegria se apoderou dela! Ela se levantou, suavemente puxada para o alto num voo alegre. De repente, dois anjos foram ao seu encontro, enviados por Deus em amor cordial para saudá-la, e lhe disseram: "Nobre alma, o que queres tão distante? Ainda estás vestida com a terra sombria!" Então ela disse: "Senhores, calai-vos e me saudai com mais educação; estou a caminho para amar!

Quanto mais vos cais em direção ao Reino da terra, mais escondeis vosso doce brilho celestial, e quanto mais eu ascendo, mais claro fica o meu brilho!" Então ficaram um a cada lado da alma e a levaram felizes. Quando viu a terra dos anjos, onde a conhecem como realmente é, o céu se abriu para ela.

Lá estava ela e seu coração derreteu. Olhou para o seu Amado e disse-lhe: "Ó Senhor, quando te vejo preciso te louvar em notável sabedoria! Aonde cheguei? Afundei em ti? Sim, não consigo me lembrar da terra e nem da necessidade em meu coração. Eu tive a intenção de reclamar muito da terra quando te vi. Agora, porém, Senhor, tua visão se apoderou de mim, pois Tu me elevaste muito acima da minha posição!" Então Ela se ajoelhou e lhe agradeceu por sua graça, tirou a coroa de sua cabeça e a pôs sobre as cicatrizes rosadas de seus pés, desejando se aproximar dele. Então Ele a abraçou com seus braços divinos e colocou sua mão paternal sobre o seu seio, olhando para o seu rosto. Ela foi beijada e no beijo foi elevada à maior altura, sobre todos os coros angelicais.

A mais alta verdade que já se conheceu na terra não pode se comparar à menor verdade que vi, ouvi e conheci ali. Ali ouvi coisas jamais ouvidas, na opinião de meus confessores, pois não sou teóloga. Agora, quando me calo, temo a Deus, e, por outro lado, temo pessoas insensatas quando escrevo. Meus amados, como posso ser culpada por isso ter acontecido comigo, e tantas vezes? Na ingenuidade humilde, na pobreza miserável e na humilhação opressora Deus me revelou os seus milagres.

Então vi como a casa de Deus é arranjada e ordenada, a casa que Ele mesmo construiu com a sua palavra; Ele colocou nela o que mais ama e que criou com suas próprias mãos. A casa criada se chama céu, os coros nela se chamam reino; por isso, chamamos os dois juntos de Reino dos Céus. Ele é limitado, pois é ordenado, mas é ilimitado em sua natureza. O céu abarca os coros, e entre o céu e os coros amáveis estão ordenados os pecadores terrenos, à mesma altura daquele coro ao qual eles correspondem segundo seu aperfeiçoamento e sua conversão. Os coros são tão puros, santos e poderosos, que sem castidade, amor e renúncia a todas as coisas ninguém pode entrar, pois todos foram santos que de lá caíram, e igualmente santos devem ser todos aqueles que voltam a entrar. Todos os batizados e crianças até os 6 anos de idade só preenchem a lacuna até o sexto coro. As virgens preencherão a lacuna de lá até os serafins, as virgens que se sujaram com desejos infantis mas nunca os realizaram, e depois se purificaram pela confissão. No entanto, não podem revertê-los; elas perderam a pureza. Aquelas que são virgens espiritualmente puras devem, após o dia do juízo, preencher a lacuna acima dos serafins, de onde foram expulsos lúcifer e seus íntimos. Lúcifer cometeu três pecados capitais ao mesmo tempo: ódio, soberba e ganância. Eles lançaram o coro no abismo eterno com a mesma rapidez com que se diz "aleluia". Então todo o reino se assustou e todas as colunas do Reino dos Céus estremeceram. Na época, caíram também alguns dos outros.

O espaço despovoado ainda está vazio e abandonado; ninguém se encontra nele. Ele é totalmente puro em si mesmo e em alegre movimento para a honra de Deus. Acima do vazio se ergue o trono de Deus, através de seu poder, em clareza eternamente brilhante, luminosa e ardente, e ele se estende para baixo até mais ou menos a altura celestial dos querubins, de modo que o trono de Deus e o céu formam uma casa gloriosa que abarca o vazio e os nove coros. Acima do trono de Deus está apenas Deus, Deus, Deus; imensurável e grande Deus. No alto do trono está o espelho da deidade, a imagem primordial da natureza do homem (de Cristo) e a luz do Espírito Santo, revelando como três são um só Deus e como eles estão conectados uns aos outros. Não consigo dizer mais sobre isso.

A lacuna criada por lúcifer será preenchida por João Batista. Ele ocupará esse lugar de honra na glória abandonada acima dos serafins e, com ele, todas as virgens verdadeiramente espirituais, às quais foi concedido preencher o vazio. O lugar mais próximo ao trono é ocupado por Nossa Senhora, Santa Maria; ela não preencherá lacuna alguma, pois com sua Criança ela curou as feridas de todas aquelas pessoas que não obstruíram o caminho para a sua própria salvação, de modo que queriam e puderam ficar com ela. Seu Filho é Deus, e ela, deusa; ninguém se iguala a ela. Os apóstolos ocupam um lugar bem próximo ao trono de Deus e recebem como recompensa, por serem puros, o espaço livre junto aos serafins.

Como príncipe, João Batista também está junto ao trono. O lugar dos anjos só alcança a altura dos serafins; acima disso só podem estar os seres humanos.

Os mártires santos, os pregadores de Deus e os amantes espirituais pertencem aos coros, contanto que não sejam virgens. Sim, com honra se juntam aos querubins. Então, sem que tivesse pedido por isso, vi a recompensa dos pregadores, que eles ainda receberão. Seus assentos são maravilhosos, sua recompensa é de natureza especial. Os pés dianteiros da cadeira são duas luzes ardentes; significam o amor, o santo exemplo e a intenção honesta em seu agir. A espalda dos assentos concede a mais agradável liberdade e supremo conforto em benéfica tranquilidade – mais do que se pode expressar –, como retribuição pela obediência rígida à qual são sujeitos aqui. Seus pés são adornados com muitas pedras preciosas, de modo tão lindo que eu me alegraria se recebesse coroa tão magnífica. Isso lhes é concedido pelas tribulações que seus pés devem atravessar aqui. Ó pregadores, não gostais de pregar e curvais vosso ouvido apenas com grande resistência para a boca dos pecadores! Eu vi diante de Deus o que acontecerá no Reino dos Céus: um sopro partirá com brilho de vossa boca; ele subirá dos coros até o trono, louvará o Pai celestial pela sabedoria que Ele colocou em vossa fala e louvará o Filho pela honra de sua companhia, pois Ele mesmo foi pregador, e agradecereis ao Espírito Santo por sua graça, pois Ele é a fonte de todos os dons.

Lá, os pregadores de Deus, os mártires e as virgens amantes se levantarão, pois a eles foi concedida a maior honra mediante a roupa especial, o canto amável e as guirlandas maravilhosas que eles vestem para a honra de Deus. O vestido das virgens é branco como os lírios; o manto dos pregadores é claro e ardente como o sol; a roupa dos mártires é vermelha como a rosa brilhante, pois eles sofreram com Jesus a morte sanguinolenta. A guirlanda das virgens é colorida; a coroa dos mártires é de nobreza inegável; a guirlanda dos pregadores consiste totalmente de flores, que são a palavra de Deus, pela qual eles desfrutam aqui de tanta honra. Assim se elevam esses três grupos de benditos para dançar, diante da Santíssima Trindade, uma doce ciranda. Então parte de Deus uma onda triplamente cintilante; ela preenche seu coração e espírito, de modo que, com alegria e sem esforço, eles cantam a verdade com a qual Deus os inspirou. Assim cantam os pregadores: "Ó Senhor eleito, seguimos a tua bondade generosa em pobreza voluntária e trouxemos para casa as tuas ovelhas perdidas que teus pastores desviaram do caminho certo". Assim cantam os mártires: "Senhor, teu sangue inocente santificou a nossa morte, de modo que somos os companheiros de teu tormento".

Os benditos que agora flutuam no céu e lá levam uma vida tão feliz são todos envolvidos por uma luz e inundados por um amor, unidos em tua vontade. Mas eles ainda não têm aquela dignidade que é concedida mediante aqueles assentos maravilhosos. Eles descansam na força de Deus e deslizam por aí em felicidade; são sustentados e atraídos pela força de Deus como o ar pelo sol. Mas após o Juízo Final, quando Deus realizará a sua ceia, as noivas receberão suas cadeiras na presença de seu noivo, e assim amor se juntará ao amor e possuirá o perfeito domínio na glória eterna.

Ó Cordeiro cheio de amor e glorioso jovem Jesus, Filho do Pai celestial, quando Tu te elevas e flutuas por todos os coros e acenas para as virgens com amor, elas te seguem até o lugar mais maravilhoso, sobre o qual não posso dizer nada a ninguém. Como elas brincam contigo e absorvem o teu desejo de amor; isso é doçura tão celestial e união tão indizível, que não conheço nada que se compare a isso.

As viúvas também seguirão em desejo sublime e encontrarão sua satisfação maior em doce contemplação quando assistirem como o Cordeiro se une às virgens. Os cônjuges também contemplarão isso com amor, na medida em que pode ser concedido a eles segundo a sua dignidade; pois quanto mais se saciam aqui com coisas terrenas, menos lhes restará lá da glória celestial.

Todos os coros possuem uma luz especial em seu brilho, e o céu possui a sua. A luz é tão extraordinariamente gloriosa que não devo nem posso descrevê-la. Os coros e o céu receberam muita dignidade de Deus. Sobre isso posso dizer uma palavrinha a respeito de cada um; no entanto, isso não é mais do que o mel que uma abelha consegue carregar em sua pata. No primeiro coro, o bem-estar é a mais sublime de todas as dádivas que possui; no segundo coro é a mansidão; no terceiro coro é a amabilidade; no quarto coro é a doçura; no quinto coro é a alegria; no sexto coro é o aroma nobre; no sétimo coro é a plenitude; no oitavo é a dignidade; no nono é a chama do amor; na glória abandonada acima é a santidade pura. O mais sublime no trono é a enorme honra e a poderosa glória; o mais sublime de tudo o que já existiu no céu é a maravilha diante da capacidade de ver o que é e o que será no futuro. Ah, a maravilhosa vastidão, a doce eternidade, o poderoso conhecimento de todas as coisas e a intimidade especial que existem sem cessar entre Deus e cada uma das almas! Ela existe em delicadeza tão maravilhosa que não poderia ser expressada, mesmo se eu possuísse a sabedoria de todas as pessoas e a voz de todos os anjos.

As crianças não batizadas com menos de 5 anos de idade se encontram num lugar de honra especial, que Deus preparou para elas fora de seu reino. Elas não cresceram até aos 30 anos de idade, pois não eram cristãs com Cristo. Elas não têm coroa, pois Deus não pode recompensá-las por nada; mesmo assim, Ele lhes concedeu a sua bondade, de modo que vivem em grande conforto. O mais sublime que possuem é a plenitude da graça. Elas cantam assim: "Louvamos aquele que nos criou, mesmo que nunca o tenhamos visto; se tivéssemos que aturar tormento, lamentaríamos isso para sempre. Mas assim podemos ser alegres".

Agora talvez muitos se perguntem como eu, uma pessoa pecadora, posso ousar escrever sobre estas coisas. Eu vos digo verdadeiramente: se 7 anos atrás Deus não tivesse começado em meu coração com uma dádiva especial, eu ainda me calaria e jamais o teria feito. Pela bondade de Deus, jamais sofri um dano por causa disso, pois vejo, como que num espelho, aberta e nitidamente a minha depravação diante da minha alma e por que a glória da graça está contida na dádiva verdadeira de Deus. Porém, quanto mais se elevou a alma, menos se deve elogiar o corpo mediante palavras e conduta. Também não se deve lamentar sua necessidade diante dos olhos, pois ele é covarde por natureza. Damos-lhe esmolas apenas por amor a Deus. Isso é realmente sensato, pois quanto mais nobre o cão, mais forte a guia.

Agora, amado Senhor, confio no que foi dito em tua bondade amigável e peço, meu muito amado, com suspiros no coração, lágrimas nos olhos e lamento na alma, que isso jamais seja lido por um fariseu. Também te peço, meu muito amado Senhor, que teus filhos possam acolher o que aqui foi dito da forma como Tu, Senhor, o comunicaste em verdade inalterada.

II – Como a alma louva a Deus sete vezes e Deus a alma; sobre o bálsamo e a persistência

"Doce Jesus, mais linda imagem primordial presente diante da minha pobre alma, no sofrimento e na alegria!

Eu te louvo no amor que Tu mesmo és;
no sofrimento e na alegria em comunhão
com todas as criaturas.
Isso então me alegra acima de tudo:
Senhor, Tu és o sol de todos os olhos;
Tu és o prazer de todos os ouvidos;
Tu és o som de todas as palavras;
Tu és o impulso de toda excelência;
Tu és a vida em tudo o que vive;
Tu és a ordem de todo ser."

Então Deus elogiou a alma amante com elogio pleno, como correspondia ao seu doce desejo:

"Tu és uma luz diante dos meus olhos;
tu és uma lira para meus ouvidos;
tu és uma voz para as minhas palavras;
tu és uma vontade para a minha excelência;
tu és uma honra para a minha sabedoria;
tu és uma vida em minha vivacidade;
tu és uma exaltação para o meu ser".
"Senhor, em todos os tempos estás doente
de amor por mim;
demonstraste isso claramente em ti mesmo:
Tu me inscreveste no livro de tua deidade;
Tu me figuraste em tua encarnação;
Tu me gravaste em teu lado, tuas mãos e
teus pés.
Ó, permite-me, muito amado, ungir-te!"

"Sim, de onde tomarias o óleo, amor do
meu coração?"
"Senhor, para ti eu dilaceraria o coração da
minha alma
e te colocaria dentro dela!"

"Jamais poderias me dar um óleo tão agradável quanto aquele de sempre poder flutuar em tua alma!"

"Senhor, se me levasses para a tua casa
eu seria para sempre a tua médica!"

"Sim, mas a minha fidelidade te ordena a perseverar;
meu amor te ordena suportar a aflição;
minha paciência te ordena a calar-te;
minha necessidade te ordena a sofrer pobreza;
minha humilhação te ordena a suportar;
minha sobriedade te ordena a lamentar raramente;
minha vitória te ordena a levar todas as virtudes à perfeição;
meu fim te ordena a suportar muito.
Isso será a tua honra quando eu te libertar de teu fardo pesado!"

III – Lamento sobre o fato de que a alma permanece intocada pelo amor de Deus

"Ó Senhor, que alma pobre e miserável é esta que, aqui na terra, é intocada por teu amor! Ah, quem me ajuda a lamentar a sua dor? Pois ela mesma não sabe do que carece!"

"Nobre noiva, dizes no livro do amor ao teu amado que Ele fuja de ti. Explica-me, senhora, o que te aconteceu! Pois prefiro morrer em teu puro amor – se assim devesse ser – do que ordenar em percepção sombria que Deus se afaste de mim. Quando posso brincar maravilhosamente com o meu amado, então a sabedoria não precisa me ensinar discernimento. Mas quando labuto com os meus cinco sentidos, quero que ela me ensine a medida sagrada."

"Ouça-me, amada companheira! Eu estava alegre, embriagado no amor; por isso falei com delicadeza, sensatez. Mas quando estou totalmente embriagado, não posso mais pensar em meu corpo, pois o amor me domina; o que ele deseja, há de acontecer, e aquilo em que Deus aposta sua esperança, isso ousarei; pois quando Ele tira de mim o corpo, a alma é dele! Se quiseres ir comigo para a taberna, deverás querer pagar um preço alto. Se possuis a soma de 1.000 marcos, em um instante a gastaste. Se quiseres beber o vinho puro, sempre gastas mais do que possuis; o taberneiro não pode te dar o bastante. Então ficas pobre e nua e és desprezada por aqueles que preferem desfrutar o lamaçal do que gastar a sua posse na taberna sublime. Deves suportar também ser invejada por aqueles que vão contigo para a taberna. Ah, como te desprezam às vezes porque não conseguem despender tanto! Querem misturar água ao vinho."

"Amada, nobre noiva, gastarei com prazer tudo o que possuo, e permito que as brasas do amor me amolem e que as chamas da humilhação me batam para que eu possa ir para a taberna com frequência. Tomarei isso sobre mim voluntariamente, pois nada posso perder mediante o amor. Por isso, aquele que me tortura e humilha me dá o vinho do taberneiro que ele mesmo bebeu. Esse vinho me embriaga tanto que me submeto verdadeiramente a todas as criaturas, de modo que, diante de minha indignidade humana e de minha maldade, convenço-me de que jamais um ser humano me tratou tão mal e pôde pecar contra mim com tanta vileza. Por isso não posso vingar meu sofrimento contra meus inimigos; mesmo assim, sei exatamente que, com seu comportamento contra mim, violam o mandamento de Deus."

"Amada companheira, se chegar o momento em que fecharem a taberna, deverás seguir a estrada, faminta; pobre, nua e tão desprezada, que nada mais possuirás do alimento cristão senão a fé. Se então fores capaz de amar, jamais perecerás."

"Nobre noiva, tenho uma fome do Pai celestial; assim, esqueço toda necessidade. Tenho uma sede de seu Filho que me rouba toda alegria terrena. E sofro, do Espírito de ambos, tamanho tormento, que ultrapassa a sabedoria do Pai que posso compreender, todo sofrimento do Filho que posso sofrer e o consolo do Espírito Santo que pode ser concedido a mim."

Aquele que é preso por esse tormento será inserido para sempre e indissoluvelmente na bem-aventurança de Deus.

IV – Como a Nossa Senhora, Santa Maria, pôde e como não pôde pecar, isso ensina o Espírito Santo

Ó Maria, sublime imperatriz, Mãe de Deus e minha Senhora! Perguntaram-me se foste capaz de pecar como outros seres humanos quando estavas nesta terra pecaminosa. Então, Senhora, o Espírito Santo, aquele que conhece perfeitamente todos os teus mistérios, instruiu-me que tu eras capaz de pecar, pois eras inteiramente humana, criada por Deus com a plena natureza feminina e a plena criação virginal, e não eras obstruída em tua tendência natural. Isso torna tua castidade nobre e preciosa diante de Deus.

Mas, Senhora, deusa, nobre acima de todas as pessoas puras, não eras capaz de pecar. Mas não por ti mesma; foi o Pai celestial que protegeu a tua infância, predeterminando há muito tempo a tua eleição; o Espírito Santo amarrou a tua juventude, preenchendo-a com o seu novo amor; Jesus passou por teu corpo como o orvalho passa pela flor, de modo que tua castidade jamais foi ferida; a força da Santíssima Trindade tinha domado tua natureza, de modo que ela jamais ousou se manifestar humanamente diante do seu Criador; e a eterna sabedoria da deidade onipotente te deu, Senhora, uma sombra sob cuja proteção preservaste tua vida humana, de modo que pudeste sofrer tormento sem se tornar pecadora e tua humanidade florescente não se perder sob o sol da poderosa deidade. Nessa sombra pariste Jesus humanamente e o criaste maternalmente. Mas, Senhora, por meio da comunicação do Pai, da concepção do Espírito Santo e do nascimento do Filho, esteve poderosamente presente em ti, Senhora, o fogo da deidade, a luz do Espírito Santo e a sabedoria do Filho, de modo que não percebeste muito a sombra. Por Deus, Senhora, depois tiveste que passar um frio miserável em pobreza, adversidades e muita dor no coração; mesmo assim, por meio de bons atos, continuou a arder forte em teu coração o fogo que, sem início e sem ser alimentado, arde por si só. Este, Senhora, invadiu todas as tuas paredes e expulsou toda escuridão de tua casa.

V – Como lamenta a alma por não ouvir uma missa, e como Deus a elogia dez vezes

Assim lamenta uma alma miserável após ser banida por Deus de seu maravilhoso amor, e estar em grande tormento: "Ai, como sofre um homem rico quando é lançado de gloriosa riqueza a grande pobreza!", e continuou: "Ai, Senhor, agora sou muito miserável em meu corpo enfermo, sem ter parte na rotina diária. Ninguém lê para mim a Liturgia das Horas e ninguém celebra comigo a sagrada missa".

Então falou-me a boca amorosa que feriu profundamente a minha alma, a eternamente indigna:

> "Tu és para o meu desejo um sentimento de amor;
> tu és para meu peito um doce refresco;
> tu és um beijo íntimo em minha boca;
> tu és uma alegria feliz quando te encontro!
> Eu estou em ti e tu estás em mim;
> não podemos estar mais próximos,
> pois nós dois confluímos
> e fomos derramados em um molde;
> assim permaneceremos eternamente,
> incansáveis".

> "Ó, Amado, com que intimidade falas comigo! Mesmo assim, jamais ouso pensar nestas palavras cheia de alegria, pois o cão defunto, meu corpo, fede miseravelmente; porque outros inimigos rosnam para mim constantemente; e porque eu, Senhor, não posso imaginar com a minha razão como será o meu fim. Quando te vejo, nada sei de sofrimento; Tu, Senhor, me roubaste e me invadiste. Que ocorra o que me juraste e sirva para a tua glória".

Então respondeu o Senhor:
"Meu profundo alcance,
minha ampla vastidão,
meu alto desejo,
minha longa espera,
devo instruir-te mais uma vez:
as nobres virgens pagam um preço alto por sua educação;
devem tratar com violência os seus membros e estremecer muitas vezes diante de sua educadora.
É isso que acontece com minhas noivas na terra no que diz respeito ao seu corpo.
Eu estive na terra em constante aflição por amor a ti,
e meus inimigos cheios de ódio carregavam minha morte diante de meus olhos em suas mãos,
e, humilhado, sofri muitas privações;
apesar de tudo, confiei na infinita bondade de meu Pai.
Volta a tua mente para isto!"

VI – Se quiseres seguir a Deus de modo correto deves fazer sete coisas

Quem deseja seguir a Deus em esforço fiel não deve ficar parado. Deve avançar com força; deve contemplar o que era no estado do pecado e como estão agora as suas virtudes e o que ainda poderá acontecer com ele se cair. Ele deve lamentar, louvar e pedir de dia e de noite. Assim que despertar a noiva fiel, ela pensa em seu Amado. Quando ela não pode tê-lo, irrompe em lágrimas. Ah, quantas vezes isso acontece espiritualmente com as noivas de Deus!

VII – Sobre sete inimigos evidentes da nossa bem-aventurança que causam sete danos

Nosso agir perverso provoca grandes danos; o mau hábito nos prejudica de vez em quando; o desejo terreno destrói em nós a sagrada palavra de Deus; a luta ruim, travada pela vontade própria, mata muito dentro de nós; a postura hostil do coração expulsa de nós o Espírito Santo; uma postura raivosa impede a intimidade com Deus. No entanto, a hipocrisia jamais perseverará e o amor puro por Deus jamais perecerá.

Se não tivermos vontade de fugir desses inimigos eles roubarão de nós mais do que o Reino dos Céus, pois a vida santa que levamos aqui é uma antessala do Reino dos Céus. Mas se dermos espaço aos ardis e à violência desses inimigos, eles nos privarão dos sete dons do Espírito Santo e apagarão em nós a verdadeira luz do verdadeiro amor de Deus. Eles também vedarão os nossos olhos do conhecimento sagrado e, assim cegados, nos levarão para os sete pecados capitais. Para onde, então, o caminho levará, senão para o abismo eterno?

VIII – Sobre sete precondições que todos os sacerdotes devem cumprir

O Pai celestial me disse sete coisas que todos os sacerdotes de Deus devem possuir:

> "Eles devem ser livres de culpa, e aquilo que utilizam na missa deve ser imaculado; se existirem dúvidas é melhor não celebrar. Eles devem se despir de todo medo e esquecerem a Antiga Aliança. Devem comer meu Cordeiro vivo e beber seu sangue aos suspiros; assim poderão desejar a lembrança de

sua grande dor de maneira correta. Mas se eles não estiverem livres de culpa, os meus filhos comerão o Pão dos Céus e eles irão para o inferno como um Judas. E se aquilo que se usa na missa não for imaculado, a mesa de Deus permanecerá vazia e as crianças serão privadas de seu alimento. Mas se eles sofrerem a angústia da morte no altar, é melhor que derramem o seu próprio sangue do que o sangue dele".

IX – Sobre o início de todas as coisas que Deus criou por amor

Ó Pai de toda bondade! Eu, pessoa indigna, agradeço-te por toda fidelidade com a qual Tu me retiraste de mim mesma e me absorveste em teu milagre, de modo que eu, Senhor, pude te ouvir em tua Trindade indivisa e ver o conselho sublime reunido antes do nosso tempo, quando Tu, Senhor, estavas contido em ti mesmo e ninguém participava de tua glória indizível. Então as Três Pessoas brilhavam tão lindamente umas nas outras, de modo que cada uma iluminava as outras e todas formavam um único todo. O Pai estava adornado com a vontade masculina da onipotência, o Filho era igual ao Pai em indizível sabedoria, e o Espírito Santo era igual aos dois em perfeita bondade.

Então o Espírito Santo entoou para o Pai uma melodia em grande bondade, tocando a Santíssima Trindade, e lhe disse:

"Senhor, amado Pai, quero dar-te um conselho amigável: não devemos continuar sendo inférteis! Criemos um reino, e Tu formarás os anjos à minha imagem, para que sejam de um só espírito comigo, e o segundo será o homem; pois, amado Pai, a única alegria é unir-se em grande multidão e bem-aventurança indizível diante de ti". Então disse o Pai: "Tu és meu próprio Espírito; o que aconselhas e desejas me agrada".

Depois que o anjo foi criado sabeis exatamente o que aconteceu! Se a queda dos anjos tivesse sido evitada, o homem, mesmo assim, teria sido criado. O Espírito Santo comunicou a sua bondade aos anjos para que eles nos servissem e se alegrassem com a nossa bem-aventurança.

O Filho eterno falou com grande sensibilidade: "Amado Pai, minha natureza também deve produzir fruto! Visto que queremos operar maravilhas, criemos o homem à minha imagem! Mesmo que eu preveja grande dor, amarei o homem por toda a eternidade". Disse-lhe o Pai: "Filho, eu também sinto um grande desejo em meu peito divino, e tudo em mim vibra em amor. Queremos nos tornar férteis para que recebamos amor e um pouco da nossa grande glória seja reconhecida. Criarei para mim uma noiva; ela me saudará com suas palavras e me felicitará com seu semblante. Somente então começará o amor!" O Espírito Santo se dirigiu ao Pai: "Sim, amado Pai, trarei essa noiva para o teu leito!" E o Filho: "Pai, sabes que ainda morrerei por amor! Mesmo assim iniciaremos essas coisas em grande santidade e com alegria".

Então a Santíssima Trindade se inclinou para a criação de todas as coisas e criou para nós corpo e alma em amor indizível. Adão e Eva foram criados à imagem e à nobre natureza do Filho eterno, que nasceu de seu Pai sem início. Então o Filho compartilhou com Adão sua sabedoria celestial e seu poder terreno, de modo que ele possuía, em amor perfeito, o conhecimento verdadeiro e a percepção sagrada, e governou sobre todas as criaturas terrenas. Agora estamos muito longe disso.

Deus, em seu afeto cordial, deu a Adão uma nobre e delicada virgem bem-educada, Eva. Ele permitiu que ela compartilhasse da conduta amável e bela de seu Filho, que demonstra para a honra do Pai. Seus corpos deveriam ser puros, pois Deus não criou neles membros que provocassem vergonha, e eles estavam vestidos com as roupas dos anjos. Deveriam conceber filhos em amor sagrado, assim como o sol ilumina a água cintilante, mas sem que a água seja tocada. Mas quando comeram do fruto proibido, seus corpos foram deformados, de modo que eles tiveram que se envergonhar deles. Esta continua a ser a nossa condição. Se a Santíssima Trindade tivesse nos criado de modo repugnante, nosso corpo seria de natureza nobre e jamais teríamos de nos envergonhar de nossa aparência.

O Pai celestial permitiu que a alma compartilhasse de seu amor divino e disse: "Eu sou Deus acima de todos os deuses, e tu és a deusa de todas as criaturas; eu te dou minha promessa solene de que jamais desistirei de ti. Se tu não te destruíres, meus anjos te servirão infinitamente. Eu te darei o meu Espírito Santo como camareiro para que não cometas um pecado capital, e eu te darei livre-arbítrio. Deves precaver-te com esperta cautela: deves observar um pequeno mandamento para que não esqueças que eu sou o teu Deus". O alimento perfeitamente puro que Deus lhes provera no paraíso deveria preservar seu corpo em grande santidade. Mas quando se serviram do alimento errado, impróprio para o seu corpo, eles foram dominados completamente pelo veneno e perderam a pureza dos anjos, deixando de guardar sua castidade.

Então, em meio às trevas, a alma clamou durante muitos anos com voz miserável. Gritou ao seu Amado: "Ó, amado Senhor, para onde foi o teu doce amor? Quão dolorosamente permitiste que tua rainha se transformasse em concubina! Isto foi predito pelos profetas: Tu nascerás! Ó grande Senhor, como podes suportar essa necessidade duradoura sem matar a nossa morte? Mas, Senhor, tudo que fazes é perfeito, também a tua ira!"

Então novamente se reuniu o alto conselho da Santíssima Trindade. O Pai eterno disse: "Arrependo-me de meu esforço, pois eu tinha dado à minha Santíssima Trindade uma noiva que merecia tanto louvor que os mais altos anjos deveriam ter sido seus servos. E se lúcifer não tivesse perdido sua posição de honra, ela teria sido sua deusa, pois o leito nupcial estava reservado apenas para ela. Mas ela não quis mais ser igual a mim. Agora, está desfigurada e repugnante. Quem a receberia imundície?

O Filho eterno se ajoelhou diante de seu Pai e disse: "Amado Pai, eu serei aquele que a receberá. Se Tu me deres a tua bênção, assumirei a natureza humana sanguinolenta, ungirei as feridas do homem com o sangue da minha inocência, unirei todos os pontos dolorosos do homem com o pano da humilhação miserável até o meu fim, e, Pai amado, pagarei a culpa do homem com uma morte humana".

O Espírito Santo ao Pai: "Ó Deus onipotente, organizaremos uma procissão gloriosa e, com grandes honras, desceremos desta altura. Pois até agora tenho sido o camareiro de Maria".

Com grande amor o Pai concordou com o desejo dos dois e disse ao Espírito Santo: "Deverás carregar minha luz à frente do meu Filho amado e levá-la para todos os corações que Ele comoverá com minhas palavras. E Tu, Filho, deves tomar sobre ti a tua cruz. Eu irei contigo em todos os teus caminhos e te darei uma virgem pura como mãe, para que Tu possas assumir a natureza humana infame com uma honra ainda maior".

Eles desceram em procissão gloriosa até o Templum Salomonis; lá o Deus onipotente tomaria pousada durante nove meses.

X – Sobre a paixão da alma amante que sofre com Deus; como ela ressurge e ascende para o céu; fere XXX partes habet

Em amor verdadeiro a alma amante será traída quando suspirar por Deus. Será vendida no anseio sagrado pelo seu amor. Será perseguida em numerosas lágrimas pelo seu amado Senhor; ela deseja intensamente tê-lo. Será capturada no primeiro encontro, quando Deus a beijar em doce união. Será atacada por muitas reflexões sagradas sobre como pode mortificar a sua carne para que ela não se torne fraca. Será amarrada pelo poder do Espírito Santo, e sua alegria será grande. Será castigada pela grande fraqueza de não conseguir se alegrar sem cessar da luz eterna. Terá vergonha trêmula quando seu Deus se distanciar dela por causa de suas máculas de pecado.

Ela responderá a tudo em santa piedade e não conseguirá destratar uma pessoa com intenção má. Diante da corte será esbofeteada quando os diabos a atacarem com provações espirituais. Será levada a Herodes quando se reconhecer inútil e indigna, e desprezará a si mesma com o grande exército de seus pensamentos.

Será levada de volta a Pilatos quando precisar cuidar de coisas terrenas. Na tortura, receberá os golpes mais dolorosos quando tiver de retornar ao seu corpo. Será despida de todas as coisas quando Deus vesti-la com a púrpura de seda do belo amor. Será coroada com grande fidelidade quando desejar que Deus jamais lhe retribua toda a sua dor, a não ser que isso aconteça para o louvor dele. Será ridicularizada quando, sagradamente destruída, permanecer tanto em Deus, que perderá a sabedoria terrena. Seus olhos serão vedados com a indignidade de seu corpo quando permanecer presa em sua escuridão. Carregará sua cruz num caminho bem-aventurado quando se entregar a Deus em todos os tormentos. Sua cabeça será golpeada com uma vara quando sua grande piedade for confundida com a tolice. Será pregada à cruz com tanta força, com o martelo do juramento de amor, que nem todas as criaturas conseguirão chamá-la de volta. Ela também sentirá muita sede na cruz do amor; pois, mesmo querendo o vinho puro como bebida de todos os filhos de Deus, eles lhe oferecerão fel. Seu corpo será morto no amor vivo quando seu espírito for elevado acima de toda razão humana. Depois dessa morte ela descerá poderosamente ao inferno e consolará, através da graça de Deus, as almas entristecidas com a sua oração, sem que seu corpo tenha conhecimento disso. Um cego perfurará seu lado com a doce lança do amor inocente; então fluirão de seu coração muitos ensinamentos sagrados. Ela também será dependurada nas alturas das doces dores do Espírito Santo; voltada para o sol eterno da deidade viva, na cruz do amor sublime, de modo que todas as coisas terrenas murchem para ela. Assim, ao fim, ela será retirada santificada de sua cruz. Então dirá: "Pai, recebe o meu espírito; agora tudo está consumado!" Será colocada no túmulo fechado da profunda humildade quando se considerar constantemente a mais indigna de todas as criaturas. Ela também ressurgirá feliz no dia de Páscoa quando estiver unida com seu Amado no leito nupcial, em doce lamento de amor. Então, ao amanhecer consolará, com Maria, os discípulos, quando receberá de Deus a plena certeza de que todos os seus pecados foram pagos na dor do amor. Ela retornará aos discípulos reunidos com a porta trancada quando recitar para os seus cinco sentidos a santa doutrina de Deus. Então sairá de Jerusalém, a Santa Igreja, com uma grande multidão de virtudes; entristecerá seu corpo que, com todo o seu ser e em toda a sua natureza vil, tenta impor sua vontade por toda parte, dizendo-lhe: "Eu sou teu mestre, tu deves me seguir e obedecer em todas as coisas! Se eu não ascendesse para o Pai, serias como um tolo!" Ela também ascenderá para o céu quando Deus libertá-la de tudo o que for terreno, em santa transfiguração. Será recebida por uma nuvem branca de proteção sagrada quando partir cheia de amor e retornar feliz, sem qualquer sofrimento. Então, os anjos virão mais uma vez e consolarão os homens da Galileia, quando pensarmos nos santos amigos de Deus e em seu santo exemplo.

Sofre essa tortura toda alma santamente impregnada em todo seu agir pelo verdadeiro amor a Deus.

XI – Entre Deus e a alma amante todas as coisas são belas

Quando a alma amante olha no espelho eterno, diz:
> "Senhor, entre ti e mim todas as coisas são belas, e entre o diabo e sua noiva, a alma maldita, todas as coisas são terríveis e abo-

mináveis. Quando pensa no amável Jesus ela estremece e todo o seu tormento infernal se intensifica".

XII – Deves louvar, agradecer, desejar e pedir; sobre o castiçal e a luz

Ah, amado Senhor, quão miserável fiquei quando não pude pensar em todas as tuas palavras e não pude rezar nem amar! Então quis, mesmo assim, chegar até ti, à força, com minha razão erma, e disse: "Ai, amado Senhor, por que devo glorificá-lo agora?" Então falaste assim à mais indigna pessoa que criaste: "Deves louvar-me por minha proteção constante, deves agradecer-me por minhas dádivas generosas, deves desejar meu sagrado milagre, deves pedir um fim bem-aventurado!" Então perguntou a alma em nobre temor: "Muito amado, que milagre devo desejar?"

Escrevo o texto seguinte sob abundantes lágrimas. Que Deus me ajude, a mais miserável das pessoas, para que eu permaneça unida para sempre com Jesus.

Disse-me o Amado: "Colocarei a luz no lustre, e um raio de luz especial brilhará no olho do conhecimento de todos que olharem para a luz". Então perguntou a alma sem medo e em profunda devoção: "Muito amado, quem será o lustre?" Disse Nosso Senhor: "Eu sou a luz e teu peito é o lustre".

XIII – Sobre dezesseis tipos do amor

> O amor amável em santa misericórdia
> espanta a vã ganância de honra e fraqueza
> perigosa.

O amor verdadeiro em sabedoria divina
traz frugalidade e espanta a cobiça abominável.
Em simplicidade santa, o amor humilde conquista
sozinho a vitória sobre o orgulho e guia a alma poderosamente até o conhecimento santo e verdadeiro.
O amor constante com bons modos
não pode praticar falsidade.
O amor forte do ato ousado
sabe ajudar a si mesmo em todas as coisas.
Para o amor que reconhece o mistério de Deus
este mundo afunda sozinho na escuridão.
O amor preso em hábito santo
jamais descansa e vive em si mesmo sem esforço.
O amor transbordante que flui para Deus
é totalmente calmo, e todas as coisas, com a exceção de Deus, são amargas para ele.
O amor que clama com impaciência nobre
jamais se cala e, em sua bem-aventurança, não conhece nenhuma culpa.
O amor explicativo, cheio de instrução divina,
inclina-se com disposição até mesmo para uma criança.
O amor belo, cheio de força,
rejuvenesce a alma enquanto seu corpo envelhece.
O amor amante, pronto para dar,
apaga o lamento do coração amargo.
O amor poderoso, que se despende,
experimenta em Deus o mais doce prazer.

O amor oculto carrega um tesouro precioso de boa vontade em ação piedosa.
O amor luminoso, em onda cintilante, atormenta a alma;
ele também a mata sem morte.
O amor tempestuoso em poder conquistador é aquele que ninguém pode explicar.

XIV – Sobre virtudes falsas; quem as cultiva vive para a mentira

Tenho um mestre, é o Espírito Santo. Ele me instrui, cheio de amabilidade, o que lhe parece bom, e o resto guarda para mais tarde. Agora Ele fala assim:

Sabedoria sem a proteção do Espírito Santo se torna uma rocha de arrogância.

Paz sem vínculo com o Espírito Santo se transforma rapidamente fúria desenfreada.

Humildade sem o fogo do amor se revela como falsidade.

Justiça que não se fundamenta na humildade diante de Deus se transforma em terrível maldade.

Pobreza que apenas deseja ter contém em si a abundância do pecado.

Medo terrível por causa de culpa verdadeira traz consigo descabida inquietude.

Conduta amigável com coração de lobo é desmascarada pelos sábios.

Desejo sagrado com veracidade só pode ser obtido com esforço.

Vida no silêncio, que agrada a Deus, perde a tendência para coisas nulas.

Virtude hipócrita, que não vem de Deus, entrega-se ao orgulho.

Belos votos sem cumprimento é mentira e inspiração do diabo.

Confiança sem segurança da alma e sem apoio do Espírito Santo acaba levando a uma triste morte.

Grande paciência sem dedicação amorosa a Deus é culpa secreta, pois todos os que não estão ancorados na verdade divina cairão em grande vergonha.

Amor que não tem a humildade como mãe e o temor de Deus como pai é um órfão em relação às outras virtudes".

XV – Com oito virtudes deves ir à mesa do Senhor; com o penhor da salvação uma pessoa redime setenta mil almas do purgatório, que conhece muitos tipos de terror

Ó tolas beguinas, como vos atreveis a não tremer diante de nosso Juiz onipotente, quando recebeis o Corpo do Senhor tantas vezes em hábito irrefletido! Agora sou a menor entre vós; não posso senão estar cheia de vergonha e tremor.

Num dia de festa estive tão abatida que não ousei recebê-lo porque me envergonhava diante de seus olhos, até mesmo de meus maiores méritos. Então pedi ao meu muito Amado que Ele me mostrasse o que isso lhe traria em termos de honra. Então Ele disse: "Se tu fores à minha frente em tristeza humilde e em temor sagrado, terei que seguir-te como a água alta segue ao moinho mais baixo; mas se tu vieres ao meu encontro com desejo florescente de amor fluente, devo ir ao teu encontro e tocar-te, com minha natureza divina, como minha rainha prometida".

Devo despir-me para levar a efeito completo a bondade de Deus. Não posso me opor a isso mais do que um forno quente quando é preenchido com pãezinhos brancos.

Então fui até à mesa do Senhor com uma nobre multidão; esta me protegia fielmente, mas me tratava com grande rigor. A verdade me repreendia, o temor me admoestava, a vergonha me açoitava, a fala me condenava, o arrependimento me julgava, o anseio me atraía, o amor me guiava, a fé cristã me protegia, a melhor intenção para todo bem me preparava e todas as boas ações gritavam "Às armas!" sobre mim. Mas o poderoso Deus me recebia, sua perfeita natureza humana se unia comigo, seu Espírito Santo me consolava.

Então eu disse: "Senhor, agora és meu, pois hoje foste dado a mim, como antes diziam: 'Puer natus est nobis'. Agora, Senhor, anseio tua glorificação, e não a minha vantagem, para que hoje o teu Corpo sublime traga consolo às pobres almas. Tu és verdadeiramente meu; hoje, então, Senhor, serás uma garantia para a salvação dos presos!"

Então ela recebeu tamanho poder que o levou com sua própria força, e chegaram a um lugar tão terrível como nunca o vira olhos: um banho, terrivelmente preparado com uma mistura de fogo e piche, de lama, fumaça e fedor. Uma densa névoa preta se deitou sobre ele como uma pele preta. Nele estavam as almas como rãs na sujeira. Pareciam pessoas, mas eram espíritos e ostentavam o signo do diabo. Ferviam e assavam juntas. Gritavam e sofriam inúmeros tormentos por causa de sua carne, que as fizera cair tão fundo. A carne tinha cegado o seu espírito; por isso, estavam sendo cozidos.

Então disse o espírito do homem: "Ó Senhor, quantos destes miseráveis existem? Tu és minha verdadeira garantia da salvação, agora deves ter misericórdia!" Respondeu Nosso Senhor: "Seu número não tem medida humana, e tu não podes compreender o seu número enquanto estiveres ligado ao teu corpo terreno. Todos eles eram vasos quebrados e na terra não pensaram em levar uma vida piedosa. Eles vêm de todas as áreas da vida e de toda a terra". Então perguntou o espírito do homem: "Ah, amado Senhor, onde estão os religiosos? Não vejo nenhum deles aqui". Respondeu o Senhor: "Eles pecaram em secreto; agora estão presos neste abismo, sozinhos com os diabos". Isso entristeceu profundamente a alma do homem, que se deitou aos pés de nosso amado Senhor. Desejando, com toda força, fazer uma obra de amor, disse: "Muito Amado, sabes bem o que desejo!" Em resposta, disse Nosso Senhor: "Tu não me trouxeste para cá em vão, eu não os esquecerei!"

Foram cercados por uma multidão de diabos que vigiavam aqueles do banho maldito – não pude calcular seu número. Eles os esfregavam, lavavam, devoravam, mordiam e açoitavam com chicotes ardentes. A alma do homem lhes dirigiu estas palavras: "Ouvi, devoradores de pecados! Olhai para a garantia da salvação! Ela é preciosa o suficiente para que desistais disso!" Eles se assustaram e estremeceram em vergonha repugnante, e disseram: "Bem, então leva-os daqui! Por mais amaldiçoados que sejamos devemos admitir que estás certo".

Então Nosso Senhor concedeu às pobres almas o desejo de salvação. Elas saíram felizes e alegres, além de qualquer medida. Disse a alma, que ali era estranha:

"Ó, muito amado Senhor, para onde irão agora?" Ele respondeu: "Eu as levarei para uma montanha de flores! Lá encontrarão mais felicidade do que expresso". Naquele lugar o Senhor lhes serviu, sendo seu camareiro e o amigo mais amado. Disse-me Nosso Senhor que sessenta mil tinham ido para lá. A alma lhe perguntou quanto tempo seu tormento teria durado. Disse Nosso Senhor: "Há trinta anos não têm entrado em seu corpo e outros dez anos teriam permanecido em seu tormento se uma garantia tão nobre não tivesse sido oferecida a eles". Os diabos tinham fugido. "Muito Amado [disse mais uma vez a alma], quanto tempo ficarão aqui?" Respondeu Nosso Senhor: "O tempo que nos parecer adequado".

XVI – À dádiva segue o flagelo, e à humilhação, a honra

Assim lembra esta alma a Nosso Senhor de suas palavras anteriores: "Senhor, disseste que não existe dádiva nesta terra sem flagelo que se deite nela; tua própria palavra predisse isso para mim, e, depois, demonstraste isso muitas vezes. Disseste também seis anos atrás que pessoas do clero ainda me humilhariam de forma muito dolorosa. Fazem isso agora sem cessar, e o fizeram muitas vezes com muita maldade. É isso o incompreensível que devo desejar?"

Nosso Senhor me respondeu: "Meu Pai me deu o poder de sua verdade e o conhecimento de sua santidade, e então me entregou à mais profunda vergonha; depois, porém, Ele me deu enorme honra e indizível dignidade. Da mesma forma, eu te darei minha Santíssima Trindade".

XVII – Sobre o purgatório de um homem espiritual; sobre as cinco possibilidades de ajudá-lo em seu tormento; e sobre a dignidade da Ordem dos Pregadores

Também vi um clérigo no tormento; eu tinha uma boa opinião dele enquanto ainda vivia. Durante três meses intercedi por sua alma com tristeza profunda – que eu não fosse obrigada a ver sua necessidade até a véspera do Juízo Final.

Quando entregou sua alma foi apresentado aos meus olhos na oração que eu fazia por aquela pobre alma. Eu o vi sozinho, e ele não pôde mostrar-me o seu tormento. Estava pálido, cercado por uma névoa branca. Perguntei-lhe: "Por que não estás no céu?" Então ele me respondeu com palavras muito sombrias, e em vergonha arrependida leu sob forte pranto um livro. Aquelas palavras faziam uma única acusação contra ele, como também todos os outros livros que ele havia lido. E concluiu: "Eu desejava demais o mundo em pensamentos, palavras e atos".

Dois dragões estavam aos seus pés, sugando dele todo o consolo que a Santa Igreja podia lhe oferecer como retribuição por sua obediência insuficiente, porque, sem necessidade, ele tinha desejado seguir sua própria vontade, e não a instrução de seus prelados. Eu lhe perguntei: "Onde estão teus inimigos que te atormentariam?" Ele respondeu: "Por causa da dignidade da minha Ordem nenhum diabo conseguiu me tocar. Eu vivia em violento conflito com meu corpo e pretendia fazer algo que, se tivesse sido realizado, teria sido extremamente danoso. Por isso, Deus não permitiu que eu vivesse mais tempo. Ardo em mim mesmo; minha vontade própria me atormenta". Então lhe perguntei: "Dize-me, como posso te ajudar?" Ouvi como resposta: "Aquele que oferecesse durante um ano cem vênias e doze disciplinas todos os dias com o coração sofredor de olhos puros, isto bastaria como penitência. Missas também devem ser celebradas. Pede a virgens e padres que intercedam por mim. Não te direi quando findará o meu tormento, pois não quero entristecer meus confrades com isso. Agora, vai!" Adquirindo uma aparência diabólica começou a arder e não falou mais comigo.

XVIII – Sobre a luta de um cavalheiro bem preparado contra o desejo

Obedecendo a uma solicitação, intercedi por um homem, pedindo que Deus o libertasse de toda tentação do corpo, mesmo que esta seja sem pecado se a má vontade não se juntar a ela. Então disse Nosso Senhor: "Cala-te! Agradaria a ti se houvesse um cavaleiro, perfeitamente equipado e extraordinariamente treinado, cheio de força viril e de mãos hábeis, se permanecesse ocioso e não aumentasse a honra de seu senhor, desperdiçando o rico salário e a nobre fama que senhor e cavaleiro devem adquirir? Se houvesse, de outro lado, um homem desarmado que, por causa da falta de equipamento, não possui experiência de luta, e ele fosse a um torneio, perderia rapidamente a sua vida. Por isso devo poupar as pessoas que caem facilmente. Estas eu deixo lutar ao modo das crianças, para que recebam como recompensa uma guirlanda de flores".

XIX – Sobre dois tipos de pessoas pobres: pobres por amor e pobres por necessidade

Vi dois tipos de pessoas pobres: umas são pobres por amor, e sempre temem que possam receber demais deste mundo vil; as outras vivem involuntariamente em pobreza penosa e sempre estão cheias de inquietude, tendo grande medo de não receberem uma parte deste mundo vil.

Sobre isto Nosso Senhor comenta: "Os forçosamente pobres estão sujeitos ao meu juízo justo, pois mesmo que possuíssem muita posse terrena não me amariam intimamente e também não se confessariam piedosamente a mim; por isso devo levá-los a mim pelo caminho mais duro. Os pobres por amor recebem de mim mais do que ousam desejar, pois não posso suportar a poeira em seu corpo, que pesa sobre eles demais com necessidade terrena, e desejo que seu coração sempre esteja aberto para mim e que, sem resistência e interrupção, eu possa preencher aquilo que é meu com a minha luz e o meu brilho".

XX – Sobre cinco profetas que iluminam este livro

Nosso Senhor me prometeu que iluminaria este livro com cinco luzes:

A grande intimidade de Moisés, seu esforço santo, a profunda vergonha que teve de suportar imerecidamente, seus maravilhosos atos milagrosos, seu doce ensino e o diálogo de amor singular que teve na intimidade da alta montanha com Deus, tudo isso deve ser uma primeira luz. Deus me concedeu e continuará concedendo a graça de poder, sob sua proteção sem vergonha por culpa própria, passar por todas as perseguições maldosas de todos os meus inimigos e, carregada por seu amor, flutuar por elas como Moisés passou com os seus pelo Mar Vermelho. E o faraó e os seus não nos perseguirão por muito tempo! Ai, como se afogaram nesse mar! Ah, tem misericórdia, amado Senhor, para que nossos inimigos se convertam!

O Rei Davi é neste livro a segunda luz com seu saltério, no qual ele nos instrui e lamenta, pede, adverte e glorifica a Deus.

As palavras de Salomão brilham, mas não as suas ações, pois ele mesmo caiu nas trevas. Elas brilham no livro *Cântico dos Cânticos*, no qual a noiva aparece em embriaguez tão ousada e o noivo lhe fala de modo tão maravilhoso: "Tu és de beleza perfeita, minha amiga, e não há mácula em ti".

Jeremias também contribui para a iluminação quando fala sobre o mistério de Nossa Senhora. Deus me disse que ele possuía a castidade pura, o amor perfeito, e que ele sofreu a tortura pela fé em Cristo, que nunca viu com seus olhos físicos.

Daniel brilha em sabedoria maravilhosa porque, em sua graça, Deus lhe deu alimento para corpo e alma em meio aos seus inimigos. O mesmo aconteceu comigo, indigna, em minhas tribulações. Os meus inimigos viram um pouco disso e não conseguem suportá-lo. Por isso me causam múltiplos tormentos.

XXI – Sobre o inferno e sobre suas três partes; como lúcifer e dezesseis tipos de pessoas são torturados; é impossível ajudá-los; sobre o vestido de lúcifer

Eu vi uma cidade; seu nome é "O ódio eterno". Ela foi construída no mais profundo abismo com as mais diversas pedras dos pecados capitais graves. A soberba foi a primeira pedra, como se evidencia em lúcifer. Desobediência, ganância má, gula, luxúria – estas foram quatro pedras muito pesadas que foram enviadas para lá primeiramente por nosso pai Adão. Ira, falsidade, homicídio – estas três pedras foram levadas para lá por Caim. Mentira, traição, desespero em Deus e suicídio – com estas quatro pedras o pobre Judas se matou. O pecado de Sodoma e a hipocrisia – estas são as pedras angulares inseridas na obra.

A cidade é construída há muitos anos. Ai de todos aqueles que ajudaram nisso. Quando mais preparam para a obra, maior a vergonha com que são recebidos quando chegam ali.

A cidade é tão contrária a toda ordem, que os mais nobres recebem o lugar mais baixo e indigno. No abismo mais profundo está lúcifer, amarrado por sua culpa, e sem cessar fluem de seu coração ardente e de sua boca todo o pecado, tormento, doença e vergonha que dominam o inferno, o purgatório e este mundo com tanto tormento.

Na parte mais inferior do inferno, o fogo, a escuridão, o fedor, o pavor e todo tipo de tormento se apresentam da pior forma, e esse é o lugar atribuído aos cristãos segundo as suas obras. Na parte intermediária do inferno existem diversos tormentos mais comedidos; esse é o lugar atribuído aos judeus segundo as suas obras. Na parte mais alta do inferno existem muitos tormentos do tipo mais leve; esse é o lugar atribuído aos pagãos segundo as suas obras. Este é o lamento dos pagãos: "Ai, se tivéssemos tido uma lei não teríamos de sofrer agora tanta dor por toda eternidade!" Os judeus, por sua vez, lamentam assim: "Ai, se tivéssemos obedecido a Deus, segundo o ensinamento de Moisés, não estaríamos tão dolorosamente amaldiçoados!" Os cristãos lamentam ainda mais, pois perderam voluntariamente a grande dignidade para a qual Cristo os tinha escolhido com grande amor. Eles contemplam lúcifer sem cessar e com grande miséria, e são obrigados a se apresentarem nus para todos e com toda a sua culpa. Ai, com que vergonha são recebidos por lúcifer! Sua saudação é abominável, e ele diz cheio de amargura: "Vós, comigo amaldiçoados, que prazeres esperastes aqui? Jamais ouvistes algo bom sobre mim. Como, então, pudestes entregar-vos aos prazeres?"

Então ele pega primeiro o soberbo e o coloca sob seu rabo e diz: "Não caí ao ponto de não poder me elevar acima de ti!" Todos os sodomitas atravessam sua garganta e têm seu lugar em sua barriga; quando ele inspira, eles são puxados para dentro de sua barriga, mas quando ele tosse, eles são expelidos novamente. Ele senta os hipócritas em seu colo, dá-lhes beijos muitíssimo repugnantes e diz: "Vós sois iguais a mim! Eu também estive envolto pelo brilho da falsidade; assim, vós todos também são enganados". Ele mordisca o agiota sem cessar e o castiga por nunca ter praticado misericórdia. Ele rouba o bandido e então o entrega aos seus comparsas, para que eles o cacem e espanquem, não tendo compaixão por ele. O ladrão está pendurado pelos pés e serve no inferno como lustre; mas os malditos não veem melhor por causa dele. Aqueles que foram promíscuos deverão permanecer deitados e amarrados diante de lúcifer; mas quando um deles chega ali sozinho, o diabo se torna seu companheiro. Os mestres incrédulos estão sentados aos pés de lúcifer para que sejam obrigados a olhar para o rosto de seu deus impuro, que também discute com eles, de modo que são destruídos. Ele devora o ganancioso, porque este era insaciável; após engoli-lo, ele o expele novamente pelo rabo. Os assassinos são obrigados a ficar diante dele cobertos de sangue e são golpeados pela espada ardente do diabo. Aqueles que odeiam aqui intensamente são obrigados a serem seus vasos de cheiro e permanecem pendurados diante do seu nariz. Aqueles que aqui se entregam incessantemente a beber e a comer são obrigados a permanecer eternamente famintos diante de lúcifer e a comer pedras quentes; sua bebida é piche e enxofre. Lá, todo doce é substituído pelo amargo; vemos ali o que fazemos aqui. Lá, o ocioso suporta todos os esforços; lá, o irado é surrado com flagelos ardentes. O músico maldito, que, em espírito cortês, incentiva a vaidade pecaminosa, derrama no inferno mais lágrimas do que as gotas da água do mar.

Vi abaixo de lúcifer o fundamento do inferno, que é uma rocha dura e preta; ela sustentará a construção por todos os tempos. Apesar de ser imensurável e ilimitado, o inferno conhece em sua hierarquia um alto e um baixo. Quão barulhento é o inferno e como ruge em si mesmo; como os diabos se espancam com as almas; como fervilham, assam, nadam e andam em fedor e lamaçal entre os vermes e a lama; como são banhados em piche e enxofre. Tudo isso, nem eles próprios nem quaisquer outras criaturas são capazes de descrever adequadamente.

Após a graça que Deus me concedeu, ver todo aquele tormento, o fedor e o calor infernal me fizeram passar tão mal, não conseguindo me sentar nem andar, e, durante três dias, não tive domínio sobre meus cinco sentidos, como uma pessoa atingida por relâmpago. Mas minha alma não sofreu, pois ela havia sido levada para lá pela doença chamada "morte eterna". Mas se fosse possível que uma alma pura se detivesse ali com eles, isso seria uma luz eterna para eles e um grande consolo. Por natureza, a alma inocente brilha e ilumina sempre, pois ela nasceu sem dor da luz eterna. Mas se ela se tornar imagem do diabo, perderá sua linda luz. Oração e esmolas podem trazer algum consolo aos malditos no inferno eterno? Nunca ouvi nada disso, pois constantemente seu coração se enche de tanto ódio, que eles temem tudo o que é bom.

Após o Juízo Final, lúcifer vestirá uma nova roupa, feita por ele do esterco de todos os pecados imundos para os quais seduziu os homens e os anjos, pois é a fonte primordial de todos os pecados. Ele não estará mais amarrado, mas todas as almas e todos os diabos compartilharão de sua ira e de sua crueldade, de modo que será onipresente neles. Então se inflará imediatamente e sua boca se abrirá completamente; engolirá com uma respiração cristãos, judeus e pagãos. Estes receberão todo o seu salário e sua festa especial na barriga dele. Ai, então, da alma e do corpo! O que uma boca humana pode dizer sobre isso é nada em comparação com o tormento indizível que ali sofrem. Não consigo suportar pensar nisso nem pelo tempo que alguém precisa para dizer "Ave Maria!" Ai, ali é terrível!

No topo, o inferno possui uma cabeça, que é gigantesca e que tem muitos olhos terríveis, dos quais saem chamas e envolvem completamente as pobres almas que residem naquele castelo do qual Deus libertou Adão e outros dos nossos ancestrais. Este é agora o maior purgatório em que um pecador pode cair. Lá, vi bispos, condes e grandes senhores em longo tormento e dor indizível. Todos os que vão para lá Deus salvou por pouco do inferno eterno, pois não encontrei ninguém ali cuja boca tivesse feito uma confissão sincera na hora da morte. Quando foram privados de seus sentidos externos, como acontece na morte, o corpo ficou deitado, mas alma e corpo ainda possuíam uma vontade comum. Quando se despiram da escuridão terrena, Deus secretamente lhes deu conhecimento verdadeiro. Ah, como é estreito o caminho que leva para o Reino dos Céus! Então disse a unidade ainda indivisa de corpo e alma: "Deus verdadeiro, sê misericordioso comigo! Arrependo-me sinceramente dos meus pecados!" É apenas um instante e nele Deus reencontrou muitas almas aparentemente perdidas. Pelo que sei, isso jamais ocorreu com uma pessoa que não tivesse feito alguma coisa com boa intenção. Os diabos levam as almas maculadas do corpo para o purgatório, pois os anjos puros não podem tocá-las enquanto não brilharem com a mesma pureza deles. No entanto, uma alma pode receber apoio de amigos na terra, de modo que os diabos nem ousam tocá-la. Quando é muito culpada deve suportar outro tormento; isso ela suporta mais facilmente do que se os diabos a mantivessem presa, zombando dela sem cessar.

O que os nossos santos ancestrais trouxeram consigo quando foram para o inferno era a esperança verdadeira da fé cristã, em combinação com o santo amor por Deus e muitas virtudes humildes e sofrimento suportado com espírito puro. Mesmo que tenham ido para o inferno, seu destino era o céu. Assim, o inferno não pôde afetá-los. Aquilo que tinham trazido consigo brilhou ali: era o amor. Ele arderá eternamente em todos os filhos de Deus; caso contrário, jamais chegarão ao Reino dos Céus. Deus assim o determinou: aquilo que levamos conosco daqui devemos beber e comer ali. Mas os desatenciosos, que morrem em grandes pecados sem penitência, não experimentarão coisa pior – com exceção da maldição eterna – do que a presença da boca do inferno, onde o sopro de lúcifer irrompe de modo altamente penoso e passa por eles de modo tão atormentador, que os pobres se reúnem nas chamas em múltiplos terrores, assim como se reuniram os ancestrais na experiência do doce amor de Deus. As únicas mulheres que vi ali foram apenas as nobres princesas que, aqui, se entregam a muitos pecados, como os príncipes.

No alto de sua cabeça, o inferno também tem uma boca, que sempre está aberta. Todos os que entram por essa boca jamais serão libertados da morte eterna.

XXII – Sobre a misericórdia de Deus; sobre o seu desejo e a sua justiça

Eu tinha ouvido e visto que a misericórdia de Deus é tão imensurável que eu disse:

> "Senhor, como isto é possível: se a tua justiça é a companheira de tua misericórdia, como tua bondade pode ser tão grande?"

Então Nosso Senhor disse uma palavra na qual podemos nos apoiar:

> "Eu te digo em minha fidelidade divina que, na santa Cristandade, o número daqueles que ascendem para o céu através de sua boca é maior do que o número daqueles que vão para o inferno eterno. Mesmo assim, o poder da justiça permanece irrestrito; aquilo que ela exige com direito, jamais tirarei dela. No entanto, pretendo ir à alma acusada primeiramente como um pai, quando ouço algo incontestavelmente bom sobre ela. Isso

provém do grande desejo que tenho pelos meus filhos".

Então disse a alma:

"Ah, muito Amado, Tu não poderias me dizer o teu desejo para que teu prazer e meu desejo possam se encontrar?"

Respondeu Nosso Senhor:

"Ouve então em que consiste o meu desejo: minha bondade e minha amabilidade, minha fidelidade e minha misericórdia insistem tanto, que eu as derramo sobre as montanhas da soberba, sobre os vales da humildade, sobre o mato dos emaranhamentos, sobre os caminhos retos da pureza, e minha bondade é ainda mais forte em mim do que a maldade no homem mau, minha justiça é maior do que a maldade de todos os diabos".

Disse-lhe a alma:

"Senhor, tua justiça é tão perfeitamente adequada a ti, verdade viva, que ela me proporciona uma alegria indizível sem sofrimento do coração. Não importa qual seja a sua sentença, ela sempre será uma alegria para a verdade".

XXIII – O poder do desejo rouba as palavras; Deus não pode abrir mão das virgens; o semblante de Deus, seu abraço e seu prazer superam mil mortes

Aquele que ardeu no fogo do amor poderoso não consegue se refrescar com pecados de alguma forma condenáveis.

"Ai, muito Amado, quando desejarás o que eu desejo?" Assim falou uma alma miserável. Respondeu-lhe o muito Amado, como se não soubesse o que ela queria: "O que desejas?"

Ela disse: "Senhor, a força do desejo me roubou a voz para as minhas palavras". Ele respondeu: "Virgens não servem como cafetinas, pois possuem pudor nobre por natureza".

Ela lamentou: "Ai, Senhor, estás distante de mim por tanto tempo! Ah, se eu pudesse conquistar-te através de um feitiço, para que jamais pudesses descansar senão comigo! Ah, isso seria um jogo de amor! Então terias que me pedir a ser comedida!" Então ele respondeu: "Ó pomba imaculada, agora permites-me deixar-te esperar um pouco mais; este mundo ainda precisa de ti".

Ela: "Ah, Senhor, concede-me a graça de, algum dia, poder ver-te e abraçar-te como deseja o meu coração e de permitir que teu prazer divino penetre a minha alma na medida em que isso for possível às pessoas na terra! O que eu suportaria depois disso jamais foi visto por olhos humanos – sim, mil mortes não bastariam. Tenho tanto anseio por ti, Senhor! Agora perseverarei em fidelidade; se Tu, Senhor, consegues suportar, deixa-me viver por muito tempo no anseio por ti. Sei muito bem: Tu, Senhor, deves ser tomado primeiro pelo desejo por mim!"

XXIV – A dois tipos de pessoas do clero são oferecidos dois tipos de espírito: de Deus e do diabo; sobre sete formas do amor

Agora quero falar-vos de uma irmã verdadeiramente espiritual e de uma beguina entregue ao mundo. Sua fala é determinada por uma oposição: a irmã espiritual fala a partir da verdadeira luz do Espírito Santo, sem tormento no coração; a beguina mundana, por sua vez, fala a partir de sua carne no espírito de lúcifer, com terrível refrega.

No estamento religioso existem neste mundo dois tipos de pessoas, aos quais são oferecidos dois tipos de espírito. Deus concede seu Espírito Santo àquelas que são de espírito puro e vivem aqui em piedade fiel, que se apoderam de todo o seu ser. Aqui se encontram duas naturezas puras: o quente fogo da deidade e a cera fluente da alma amante. E se houver o pavio puro da humildade constante, faz-se uma linda luz, com cuja ajuda é possível enxergar longe. Ó alma amante, então tu ficarás tão rica, que ninguém poderá te empobrecer, mesmo que sejas a mais pobre! A humildade educa ricamente, os bons hábitos conferem um nascimento nobre, o amor concede beleza e elogia, a humilhação eleva em Deus. Lembra-te disso, irmã espiritual, e não deixa que ninguém te afaste dos bons hábitos. Assim poderás permanecer santa.

E também o diabo concede o seu espírito àqueles que, com ódio e insaciabilidade arrogante, estão dispostos a praticar o pior. Eles não sabem o bem que o amor contém em si mesmo. Eles se tornam tão pobres através de ódio mau e da raiva do diabo, que jamais é impossível reconhecerem o amor de Deus ou o sigam.

O amor fiel sempre busca o elogio de Deus, o amor ansioso causa necessidade ao coração puro, o amor buscador está a sós consigo mesmo, o amor conhecedor gosta de se comunicar a todas as criaturas, o amor clamante ainda está misturado à tristeza, o amor calado desfruta sem esforço. Ah, como ele efetua no silêncio algo do qual o corpo nada sabe? O amor puro encontra seu descanso apenas em Deus, pois ambos possuem uma vontade, e nenhuma criatura é tão nobre a ponto de poder impedi-los.

Isso foi escrito pelo conhecimento segundo o livro da vida. Muitas vezes o ouro é maldosamente misturado com cobre. Da mesma forma agem a falsidade e a honra vã; elas destroem todas as virtudes na alma das pessoas. A alma vil, que é tão atraída por coisas passageiras e que jamais experimentou os terrores do amor e o que Deus falou nela cheio de amor. Para essa vida isso é, infelizmente, uma noite eterna.

Quarta parte

I – As virgens puras devem possuir cinco qualidades

Se quiseres ser um adorno da virgindade, que Deus elevou tanto, pois por amor a ti Ele se tornou filho de uma virgem – ah! pondera o que isto significa! –, então deves calar-te em humildade, suportar tormento por amor, sempre e em todos os lugares proteger teu pudor virginal; assim, poderás permanecer intocada em tua castidade. Ó virgem, como Deus te recompensará por isso! Ele será um belo jovem para ti e dançará a ciranda dos céus contigo. Ah, cão maldito e coxo que sou; manco contigo por aí. Atenção ao que estou dizendo: o número das virgens puras é pequeno.

II – Este livro veio de Deus; a alma louva a si mesma em muitos aspectos; a ela foram designados dois anjos e dois diabos; com doze virtudes ela luta contra a carne

Durante todo o tempo antes de iniciar este livro e antes de uma única palavra de Deus entrar em minha alma, eu tinha vivido como uma das pessoas mais simplórias que jamais levaram uma vida religiosa. Eu nada sabia da maldade do diabo, não conhecia a fraqueza do mundo e ignorava a falsidade dos homens no estamento religioso.

Devo falar, pela honra de Deus e também pelo ensino contido neste livro.

Em meu décimo segundo ano de vida, eu, pecadora indigna, fui atingida pela saudação do Espírito Santo com tanto poder transbordante, que eu não pude mais me dispor para qualquer pecado grave. A saudação extremamente amável me era concedida diariamente e, com seu amor, estragou para mim a doçura do mundo inteiro – e ela ainda se torna mais forte a cada dia. Assim aconteceu durante mais de 31 anos. Eu não sabia de Deus mais do que as verdades da fé cristã, mas eu sempre me esforçava a preservar puro o meu coração. O próprio Deus é a minha testemunha de que jamais, nem com intenção nem com desejo, pedi que Ele me revelasse as coisas que estão registradas neste livro. Também nunca tinha imaginado que algo assim podia acontecer com uma pessoa. Enquanto eu vivia com meus parentes e conhecidos, nada sabia dessas coisas.

Durante muito tempo eu já havia desejado ser humilhada sem culpa própria. Então, por amor a Deus, fui até um lugar em que eu não tinha nenhum amigo, senão uma única pessoa. Por causa dela eu temia que não me seriam concedidos a humilhação piedosa e o puro amor de Deus. Mas Deus não me abandonou em lugar algum e me guiou em tamanha doçura bendita, que as coisas terrenas se tornaram totalmente estranhas para mim.

Primeiro, o meu espírito foi arrebatado da oração para um lugar entre o céu e o ar. Então vi com os olhos da minha alma em glória celestial a natureza humana de Nosso Senhor Jesus Cristo em sua beleza e reconheci em seu semblante sublime a Santíssima Trindade, a eternidade do Pai, o sofrimento do Filho e o amor do

Espírito Santo. Também vi o anjo ao qual eu havia sido confiada no batismo e meu diabo. Disse-me Nosso Senhor: "Eu tirarei de ti esse anjo e te darei dois no lugar deles; eles cuidarão de ti na maravilha que te acontecerá". Quando a alma viu esses dois anjos, como ela se assustou em sua fraqueza humilde. Inclinou-se aos pés de Nosso Senhor, agradeceu-lhe e lamentou muito, dizendo que era totalmente indigna de ter tais príncipes como seus camareiros. Um dos anjos era um serafim; ele arde em amor e é um lustre sagrado para a alma delicadamente amada. O outro anjo era um querubim; ele é um protetor dos dons e ordenador da sabedoria na alma amante.

Então Nosso Senhor fez aparecer dois diabos. Eram mestres capazes e tinham passado pela escola de lúcifer, mas nunca tinham se destacado. Quando a alma olhou para esses diabos totalmente abomináveis, levou um pequeno susto, mas confiou em Nosso Senhor; apesar de tudo, ela os aceitou. O primeiro diabo é um enganador em lindas vestes de anjo. Ah, quantas artes enganosas ele me apresentou no início! Certa vez ele desceu do inferno durante a missa e disse: "Eu sou muito belo; não queres me adorar?" Então respondeu a alma: "Devemos adorar apenas a Deus em toda felicidade e em toda necessidade". Ele continuou: "Queria que levantasses os olhos para ver quem eu sou!" Então, abaixo da camada de ar reluziu um lindo brilho enganoso que tinha seduzido muitos hereges, e ele disse: "No trono, tu serás a única virgem sublime e eu serei o mais belo jovem ao teu lado". Ela disse novamente: "Não seria sábio aquele que aceitasse o pior quando pode ter o melhor!" Ele replicou: "Já que não queres entregar-te a mim – tu és tão santa, e eu sou tão humilde –, eu te adorarei!" Ela rebateu: "Não conquistas nenhuma graça adorando um lamaçal!" Então ele me mostrou as cinco chagas pintadas em seus pés e suas mãos e disse: "Agora vês quem eu sou; se viveres segundo o meu conselho eu te darei grandes honras. Deverias comunicar esta experiência graciosa aos homens, para que muita coisa boa resulte dela". Apesar de se aborrecer muito com sua fala maldita, ela não a ouvia sem gosto, mas disse: "Tu me dizes que és Deus; então me dize quem é aquele que aqui e agora é o Filho do Deus vivo nas mãos do sacerdote verdadeiro!" Ele quis fugir, mas ouviu isso dela: "Em nome do Deus onipotente eu exijo que tu me ouças. Conheço bem a tua intenção; se eu revelasse a todos os homens a natureza do teu coração, eu até gostaria disso por algum tempo. Então farias de tudo para que a brincadeira tivesse um fim ruim. Farias isso para que eu caísse em dúvida, melancolia, descrença e promiscuidade e, depois, em eterno tormento do coração. E fazes isso também para que eu acredite ser tão santa por vires a mim desta forma. Sim, enganador, enquanto Deus me ajudar, todo o teu esforço será em vão!" Então ele exclamou: "Amaldiçoado seja teu poder de magia! Agora, deixa-me ir, jamais te importunarei novamente!"

O outro diabo que me foi atribuído era um guerreiro e um mestre da promiscuidade secreta, mas Deus proibiu que ele viesse pessoalmente a mim. Ele envia pessoas insinceras como mensageiros, que transformam o bem em mal e que, na medida do possível, difamam a honra por meio de boatos. Ele também se gaba quando pessoas boas se reúnem e falam coisas vãs. E eu, coitada, não posso permanecer intocada; até então isso não tinha acontecido comigo.

Certa noite, antes de adormecer, quando eu estava rezando, esse diabo se aproximou voando e contemplou este mundo pecaminoso com grande atenção. Ele era gigantesco, tinha um rabo curto e um nariz adunco; sua cabeça era grande como um balde e de sua boca saíam centelhas flamejantes envoltas em chamas negras. Ele ria com ódio traiçoeiro e voz assustadora. Então a alma perguntou por que ele estava rindo, o que estava procurando e qual era sua tarefa. Ele respondeu: "Já que não posso atormentá-la pessoalmente, eu me alegro por encontrar tantas pessoas que parecem ser anjos e se oferecem com prazer para atormentá-la em meu lugar". E continuou: "Sou o camareiro dos religiosos e procuro neles duas fraquezas que os separam rapidamente de Deus. A primeira é a secreta falta de autocontrole. Quando um religioso busca, além do necessário, agrados para o seu corpo e para os seus cinco sentidos, estes se tornam impuros – isto é: insensíveis e lentos –, e o verdadeiro amor por Deus esfria. A segunda é uma intenção má em conflito, e para mim é um pecado igualmente útil. Quando o encontro antes que seja confessado antes do adormecer, ele é lucrativo para mim. Pois é um fundamento para a maldade duradoura e a perda de toda santidade". Então disse a alma: "Por natureza, nada tens de bom em ti; como é possível que apresentes um raciocínio tão razoável?" Ele lhe disse: "Não importa o que eu faça, mas estou tão completamente nas mãos de Deus que nada posso fazer sem a sua instrução".

Na minha juventude eu pequei tão gravemente que, se não tivesse me arrependido e confessado, teria de passar dez anos no purgatório. Agora, amado Senhor, quero, quando eu morrer, permanecer ali tempo ainda maior por amor a ti. Não digo isso por esperteza, é o amor que me impele. Quando escolhi a vida religiosa e me despedi do mundo, olhei para o meu corpo; ele era uma arma voltada para a minha alma, com toda a plenitude de seu grande poder e com força natural irrestrita. Então entendi que ele era o meu inimigo e entendi igualmente que se quisesse escapar da morte eterna deveria derrotá-lo; haveria uma luta. Então contemplei também as armas da minha alma; era a tortura sublime de Nosso Senhor Jesus Cristo, e com ela eu me defendi. Vivi em grande e constante medo, e, durante toda a minha juventude, tive que defender-me contra meu corpo com fortes golpes, que eram: suspirar, chorar, confessar, jejuar, vigiar, flagelos e adoração constante. Estas eram as armas da minha alma com as quais superei o corpo tão completamente que, em vinte anos, não houve um momento em que não estivesse cansada, doente e fraca, primeiro de arrependimento e sofrimento, mais tarde de anseio santo e esforço piedoso, e houve muitos dias de grave doença natural. A isso se juntou também o amor poderoso que pesava tanto sobre mim com esses milagres, que eu não ousava ficar calada; então me senti muito miserável em minha simplicidade e disse: "Ai, Deus misericordioso, o que viste em mim? Sabes muito bem que sou uma tola, uma pessoa pecaminosa e miserável em corpo e alma. Deverias conceder essas coisas a pessoas sábias; então serias louvado por elas". Nosso Senhor se irou contra mim e me obrigou a tomar uma decisão: "Agora, dize-me: tu não pertences a mim?" "Sim, Senhor, é isto que peço de ti". "Então não posso fazer contigo o que eu quiser?" "Sim, meu mais Amado. Sim, mesmo que eu pereça por causa disso!" Então Nosso Senhor disse novamente: "Deves obedecer-me e confiar em mim nessas coisas; e também permanecerás doente por muito tempo, mas eu mesmo cuidarei de ti e te darei tudo que necessitas para o corpo e a alma".

Tremendo, fui humilde e cheia de vergonha até o meu confessor e lhe contei tudo, pedindo sua instrução. Ele disse que eu deveria completar tudo de bom ânimo; Deus, que havia sido meu educador, certamente me protegeria. Então me ordenou aquilo do qual me envergonho sob lágrimas quentes, porque vejo diante dos meus olhos nitidamente a minha indignidade, ou seja, o fato de ele ter ordenado a uma mulher miserável escrever este livro a partir do coração e da boca de Deus. Foi assim que este livro veio pela via do amor de Deus e não tem sua origem na razão humana.

III – Os pecadores se afastam de Deus; sobre três dádivas da sabedoria; sobre a pedra; sobre o louvor da virgem, isto é, da Igreja

Uma criança educada é calma; uma criança mal-educada, porém, é indisciplinada. Da mesma forma age o nosso amado Senhor, e Ele diz isto: "Aquele que nada tem de bom jamais entrará em meu reino, e quem não se sacia de coisas passageiras sentirá fome eterna. E ai daquele que possui algo em que seu coração se agarra e que deseja elevar-se acima de outras pessoas, este eu perderei e ele cairá no abismo sem fundo".

Em relação a isso comenta o santo conhecimento que Deus nos deu acerca de três dons da verdadeira sabedoria; com eles devemos nos saciar e nos proteger de tudo que nos prejudica.

O primeiro são a sabedoria sacerdotal e a doutrina cristã, como Deus me mostrou em grande glória. Vi, com os olhos claros da minha eternidade, sem esforço e em doce alegria, uma rocha. Ela se parecia com uma linda montanha e havia surgido por força própria, apresentando todas as cores e cheirando docemente a nobres ervas celestiais. Então perguntei à rocha amável quem ela era, e tive como resposta: "Ego sum Jesus". Perdi os sentidos e apoiei minha cabeça nela, vendo que toda a escuridão permanecia fora dela e que estava preenchida de luz eterna. Na rocha estava a mais linda virgem, jamais vista, com exceção de nossa amada Senhora Santa Maria, cuja companheira aquela é. Seus pés eram adornados por uma pedra chamada jaspe; esta tinha uma força tão grande que expulsava a má ganância do desejo de seus pés; exalava um aroma agradável e despertava a fome sagrada; expulsava toda neblina dos olhos. Essa pedra preciosa é a fé do cristão. A virgem se apoiava em dois pés; um deles era o santo poder de amarrar; o outro, o de desamarrar – todos os sacerdotes de fé cristã dispõem desses poderes. Em sua destra ela segurava um cálice com vinho tinto; este ela bebia sozinha com prazer indizível – os anjos jamais provam dele. Este é o sangue do Filho eterno; ele preenche seu espírito tão completamente, que ela nos dá muitas e doces instruções. Em sua mão esquerda ela segurava uma espada flamejante, totalmente coberta de címbalos dourados – seu som era tão doce que todos os que anseiam pela Santíssima Trindade iam até ela. Então perguntei à virgem por que ela segurava uma espada na mão esquerda e o cálice na mão direita. Ela me respondeu: "Devo ameaçar, pois no último dia de cada vida humana Deus executa o seu golpe. Devo também oferecer o sangue de Cristo com minha destra, pois Ele foi ferido no lado direito para a glória de seu Pai". Ela também possuía grande força em suas mãos, e com elas puxava para si tudo o que Deus elegeu e empurrava para longe tudo o que se entregou ao diabo. Ah, ela tinha um semblante tão lindo que, quanto mais a contemplava, mais a amava. Havia um óleo que fluía de sua garganta, que era a misericórdia, a unção para os pecados. Ela tinha igualmente dentes dourados, e com eles mastigava zimbro celestial, que são os provérbios dos profetas. Mel gotejava de sua língua que as abelhas zelosas, os santos apóstolos, obtiveram das flores mais doces dos campos. Em sua boca ela carregava rosas florescentes, em suas narinas, violetas cheirosas, e em sua testa, lírios verdes e brancos. Isto significa: ela era a mãe das viúvas, a amiga dos cônjuges e a honra de todas as virgens. De seus olhos reluzia um brilho maravilhoso, como a aurora faz surgir em si o sol brilhante. Seus olhos eram trinos por natureza e mesmo assim formavam um todo; o mesmo acontece com a Santíssima Trindade: o branco designa o Pai, o verde, o Filho, e o sol claro, o Espírito Santo. Quando eles se contemplam cheios de glória não pode existir alegria maior. Essa virgem trazia uma coroa feita de ouro vermelho; esta significava a doutrina sublime e o ato piedoso que podemos aprender com os Santos Padres da Igreja. Essa coroa tinha a aparência de um castelo com torres; diante dela havia um exército enorme e miserável, e seus guerreiros tinham um senhor totalmente inconfiável. Este é o diabo e seu cortejo; ele é miserável e infiel. Na coroa encontrava-se também um exército glorioso em toda a sua força e lindamente equipado; seus guerreiros tinham um Senhor fiel, que é Jesus, o nosso Salvador.

Ele incentiva aqueles que haviam caído em tentação a se defenderem sem cessar, e os cansados Ele mandava para a adega. A coroa era composta de uma fortaleza de defesa triangular, que era o lugar para os fortes, que estavam cheios do grande amor. Esses eram atiradores e guardas que protegiam os fracos. Na coroa havia uma torre na qual os bem-aventurados que desejam morar lá no alto não precisavam lutar muito. No entanto, ninguém poderia chegar ao alto se não fosse privado pelo amor de toda vontade terrena. Os pináculos no alto da coroa eram adornados com muitas pedras preciosas; aqueles que já morreram e entraram no Reino dos Céus. No coração dessa virgem eu via jorrar uma fonte viva. Para ela foram levadas as crianças dos pagãos; todas eram cegas e leprosas. Junto a essa fonte estava um homem de grande santidade, João Batista – nenhum outro era capaz de entrar ali. Ele lavou as crianças na fonte, de modo que voltaram a ver e foram curadas milagrosamente. Então perguntei à virgem quem era ela. Ela respondeu: "Sou aquela que amas tanto, e eu sou tua companheira. Sou a Santa Igreja, e ambas temos o mesmo noivo". Ela é a senhora virginal dos sacerdotes benditos, que a contemplam tantas vezes cheios de amor.

O segundo dom da sabedoria tem sua origem nos sentidos naturais, que podem ser empregados tanto para a perdição como para a salvação. Nesse tipo de sabedoria muitos leigos que se tornaram hereges se sentem bem, como também sacerdotes desonestos e pessoas ruins de ordem religiosa. Jamais uma pessoa alcança tão alto nível de perfeição a ponto de estar totalmente segura; sendo más, podem estragar tudo o que é bom. Ninguém se torna uma pessoa religiosa através deste dom se, ao mesmo tempo, não permanecer sempre uma "tola" em nome do amor de Deus; pois a santa e pura simplicidade é a verdadeira mãe da sabedoria divina. O que adianta um senhor nobre ter muito dinheiro e nada adquire com ele senão fome, sede, miséria duradoura e, finalmente, o eterno tormento do coração!

E o terceiro dom da sabedoria provém da graça, que se orienta completamente pelos dons de Deus. Esta jamais se tornará tão poderosa a ponto de ousar se igualar às mais baixas das criaturas. Seu próprio desconforto não a incomoda, sua alegria está exclusivamente na vontade de Deus. Ela também não tolera que sua porta permaneça fechada sequer para uma única virtude.

IV – Sobre dois caminhos desiguais; um deles leva ao inferno, o outro para o céu

A grande propriedade de coisas passageiras
é um hóspede inconstante;
a santa pobreza produz frutos preciosos
diante de Deus.

O brilho passageiro não pensa em sua perdição;
a constância contém a plenitude de todas as virtudes.

A tolice se enche de satisfação própria;
para a sabedoria, o aprendizado não tem fim.

A ira obscurece totalmente a alma;
a santa mansidão está certa de toda graça.

A soberba sempre quer ser a primeira;
a humildade não descansa antes de ter servido a todas as criaturas.

A glória vaidosa é surda e cega em relação a Deus;
a humilhação santifica todos os filhos de Deus.

A falsidade possui a aparência mais linda;
a perfeição é desprezada pelas pessoas mais respeitadas.

O desejo sempre exige aos gritos;
a medida bendita possui sempre um fundamento satisfatório.

A ociosidade deixa escapar o lucro;
a diligência piedosa não se importa com o conforto.

A infidelidade sempre dá conselhos traiçoeiros;
a fidelidade verdadeira jamais perde a oportunidade de agir com justiça.

A verdadeira postura espiritual rejeita a vingança;
o coração selvagem sempre deseja provocar conflito.

Aquele cujos pensamentos estão voltados para o bem não pode cometer o mal;
a vontade má não obedece a ninguém.

A maldade por natureza se arraiga no mal;
a graça divina possui um semblante amável e uma boca amigável.

Os corações mundanos desejam ser respeitados;
a alma religiosa sempre deseja se afastar daqui.

A raiva oculta fala com sinceridade;
a amabilidade pública encontrou a Deus.

A ambição desonesta se aproxima muito da raiva;
a santa misericórdia se apoia apenas em Deus.

A mentira é bela por fora e feia por dentro,
por isso é acolhida amigavelmente por seus iguais.
A verdade é rejeitada por causa de sua feiura,
por isso todos aqueles que a amam devem sofrer vergonhas das mais diversas com Jesus.

O ódio ruge constantemente, sem cessar;
o amor arde sem dor, ela está livre de todo sofrimento.

A inveja odeia a graça de Deus;
o coração puro e amável encontra alegria na bem-aventurança.

A calúnia se envergonha diante das pessoas,
e não diante de Deus, que vê e ouve tudo.

O desespero leva à queda terrível;
a verdadeira esperança é a salvação perfeita.

O consolo falso jamais se alegra,
pois a culpa verdadeira o entristece profundamente.

Disse Nosso Senhor imediatamente após esta revelação: "Aquele que lembrar da minha bondade sempre será fiel a mim". Ajuda-nos nisso, Senhor, para a tua própria honra!

V – Sempre devemos ter diante dos olhos os nossos pecados, nossa queda futura, nosso ser terreno, o Reino dos Céus e o dom de Deus

"Senhor, minha culpa, através da qual eu te perdi, está diante dos meus olhos como uma montanha insuperável e, há muito, tem provocado uma escuridão entre ti e mim e separação eterna entre ti – ai! – e mim. Ah, mais Amado, puxa-me para perto de ti!

Mas, Senhor, a queda futura também está diante dos meus olhos, como a garganta flamejante de um dragão que deseja devorar-me a todo momento. Ai, meu único bem, ajuda-me agora a fluir imaculada de volta para ti!

Senhor, minha existência terrena está diante dos meus olhos como um campo árido no qual pouca coisa boa cresceu. Ah, amado Jesus Cristo, agora envia-me a doce chuva da tua natureza humana, o sol quente da tua viva natureza divina e o suave orvalho do Espírito Santo, para que eu não tenha que lamentar o tormento do meu coração por mais tempo.

Senhor, teu reino eterno está abertamente diante dos meus olhos, semelhante ao mais nobre casamento, à maior festa e ao mais longo banquete. Ah, meu Amado, para lá deves levar para sempre a tua noiva, que está pronta para o amor.

Senhor, cada uma de tuas dádivas, que recebi de ti, é, aos meus olhos, como uma miserável bofetada, pois aqui a tua mais sublime dádiva me humilha."

Assim responde Deus, que tudo dá:

> "Tua montanha derreterá no amor, teus inimigos não terão poder sobre ti, teu campo foi aquecido pelo sol quente, teu fruto permaneceu ileso e em meu reino serás minha jovem noiva. Lá eu te beijarei intimamente, de modo que a plenitude da minha deidade te penetre e meus olhos trinos brincarão infinitamente em teu coração duplo. Onde terá ficado a tua tristeza? Mesmo que implorasse por mil anos, eu não te daria um único suspiro".

VI – Ninguém pode impedir a eleição por Deus; arrependimento verdadeiro traz remissão de pecados e graça de Deus e protege do purgatório quem jamais levou uma vida religiosa; eu nada sabia da maldade do diabo, não conhecia a fraqueza do mundo e também ignorava a falsidade das pessoas de estamento religioso

> Um homem entristecido por sua culpa me pediu para ser sua intercessora; eu aceitei com grande temor. Então Deus me concedeu a sua visão, suas palavras e sua voz, e disse isto: "Nenhum cordeiro, por mais branco e puro que seja, está isento de ser ameaçado por lobos; minha eleição, porém, não pode ser anulada por ninguém. Eu demonstrei isso a ele três vezes: primeiro quando fui misericordioso em relação à sua culpa; depois, quando lhe concedi a minha graça; finalmente, quando não permiti que pessoas infiéis cometessem algum ato de violência contra ele".

Então apresentei suas queixas da seguinte forma: "Senhor, ele teme que talvez não tenhas lhe perdoado toda a sua culpa". Deus respondeu: "Isso seria impossível. Aquele que se arrepende de seus pecados, a ele eu os perdoo; quem se arrepende deles amargamente, a ele dou a minha graça; e aquele que se arrepende deles tanto que ele preferiria sacrificar a sua vida antes de cometê-los novamente, este, se permanecer fiel ao seu voto, não será condenado a qualquer tormento depois desta vida por causa dessa culpa, a não ser que cometesse um pecado grave e fosse encontrado em arrependimento e penitência".

VII – Como uma alma livre fala a Deus em amor perfeito

Senhor, Tu me puxaste para o alto acima de todas as coisas porque fui submissa a todas as criaturas. E por isso, Senhor, por não possuir nenhum tesouro terreno, também não possuo um coração terreno; já que és o meu Senhor, és também o meu coração e meu único bem. Eu, porém, sou inconstante em todas as coisas.

VIII – Sobre o corpo do Senhor que o enfermo expele e sobre a força

Que um enfermo não pode receber o Corpo do Senhor quando vomita – nesta questão eu era tão tola que, com minha razão e minha fé, não consegui chegar a uma decisão clara; pois é impossível perder a Deus, a não ser por meio do pecado. Então perguntou minha alma na comunhão de amor com Nosso Senhor. Nosso Senhor respondeu isto: "Estás certa. Ele não pode me perder se não pecar. Mas seu corpo pode, através da doença, perder o meu Corpo".

Diante destas palavras, vi na Santíssima Trindade esta explicação: Quando recebemos o Corpo do Senhor, a deidade se une à nossa alma inocente e a natureza humana de Deus se mistura com o nosso corpo repugnante, e assim o Espírito Santo prepara a sua morada em nossa fé. Devemos preservar esta unidade bendita com grande cuidado.

IX – Sobre quatro formas de oferta aos sacerdotes

Disse-me Nosso Senhor que os sacerdotes devem aceitar sua oferta exclusivamente em quatro ocasiões: para a missa, para a píxide com o Corpo do Senhor, para os enfermos e para a Última Unção. O enfermo deve, segundo as suas possibilidades e segundo sua livre-vontade, dar algo; porém, o sacerdote deve tomar o que as pessoas estiverem dispostas a dar. Ele não deve escolher e nem exigir, pois aquilo que o enfermo ofertou ele deve aceitar como doação voluntária e não como aquilo que lhe é devido por direito.

X – Sobre a oferta dos leigos segundo as suas possibilidades

Os leigos, ao ofertarem, devem estar igualmente atentos à avareza, assim como o sacerdote deve estar atento à ganância. Isso é muito importante para ambos os lados, pois o leigo deve ofertar com grande alegria e depositar nas mãos de Deus com uma alma feliz. O sacerdote deve receber das mãos de Deus com temor humilde e coração trêmulo e deve devolver-lhe em tudo o que faz, pois esse bem terreno escraviza quando é aceito e aperfeiçoa quando o doamos.

XI – Como os cristãos devem se comportar em relação aos judeus em quatro pontos

Então Deus me instruiu sobre como os cristãos devem se comportar em relação aos judeus: não devem observar a sua lei; não devem viver com eles; não devem passar a noite com eles; devem comprar deles e vender para eles sem comunhão íntima e sem ganância injusta.

XII – Como a noiva unida a Deus rejeita o consolo de todas as criaturas e aceita apenas o consolo de Deus, e como ela se afunda no tormento

Isto diz a noiva de Deus, que descansou na câmara de tesouro trancada da Santíssima Trindade indivisível:

"Ai, levantai-vos e me abandonai, todas as criaturas! Vós me causais dores e não podeis me consolar".

As criaturas perguntam: "Por quê?"
A noiva diz: "Meu Amado me abandonou durante o meu sono, quando eu descansava unida com ele".

"Este mundo belo e tudo que ele tem de bom não pode consolar-te?"
"Não, eu vejo a serpente da falsidade, que impregna todo prazer deste mundo com ardil. Vejo também o anzol da ganância na carcaça da doçura comum, com a qual ela fisga muitos."

"Talvez o Reino dos Céus possa consolar-te?"
"Não, ele seria morto em si mesmo se o Deus vivo não estivesse nele."

"Continuemos então, nobre noiva. Os santos não podem consolá-la?"
"Não! Se a deidade viva parasse de fluir por meio deles, chorariam ainda mais do que eu, porque estão acima de mim e descansam mais profundamente em Deus."

"O Filho de Deus consegue consolar-te?"
"Sim, eu lhe pergunto quando entraremos nas flores do conhecimento sagrado, e eu imploro com urgência que Ele abra para mim o rio cintilante que flui através da Santíssima Trindade, da qual vive a alma. Eu só posso ser consolada segundo a minha nobreza se a respiração de Deus me inspirar sem esforço, pois o sol da deidade viva brilha através da água cristalina da alegre natureza humana do Filho, e o doce prazer do Espírito Santo, que emergiu dos dois, tirou tudo de mim que está abaixo da deidade. Não posso desfrutar nada além de Deus; estou inexplicavelmente morta."

Desistirei desse prazer com alegria sempre que puder, para que Deus seja maravilhosamente glorificado; pois se eu, uma humana indigna, não posso louvá-lo por força própria, então envio todas as criaturas para a corte e ordeno que louvem a Deus em meu lugar com toda a sua sabedoria, com todo o seu amor, com toda a sua beleza, com todo o seu desejo e sem culpa, como foram criadas por Deus, e que cantem com plena voz. Quando contemplo esse grande louvor não sinto dor alguma. Também não suporto que um único consolo me alcance senão meu Amado. Amo meus amigos terrenos numa comunhão celestial e os meus inimigos num desejo santo e doloroso de sua bem-aventurança. Deus possui todas as coisas em abundância, e apenas o convívio delicado com a alma jamais o sacia.

Quando esse milagre e esse consolo já haviam durado oito anos, Deus queria me consolar muito além da dignidade da minha alma. "Ah não, amado Senhor, não me eleves demais", assim falou a alma indigna, "o lugar mais baixo ainda é bom demais para mim; permanecerei ali para a tua honra".

Então a pobre alma caiu entre as almas penitentes e perdidas, e isso ainda lhe pareceu bom demais. O Senhor a seguiu até lá em tal aparição que pôde ser suportada por aqueles que viviam em infelicidade; pois Deus se apresentou a eles em beleza na medida em que foram santificados aqui pelo amor e enobrecidos pelas virtudes. São João diz: "Veremos a Deus como Ele é". Isto é verdade, mas o brilho do sol depende do tempo. Existem diversos climas sob o sol na terra, da mesma forma que existem muitos tipos de morada no Reino dos Céus. Então, como consigo suportá-lo e vê-lo assim para mim.

Disse Nosso Senhor: "Por quanto tempo pretendes ficar aqui?" A noiva: "Ah, abandona-me, amado Senhor, e permita que eu desça ainda mais para a tua honra". Então a alma e também o corpo entraram em tamanha escuridão que eu perdi o conhecimento e a luz, e nada soube da intimidade com Deus, e também o amor tão bem-aventurado me abandonou. Então disse a alma: "Onde estás agora, nobre fidelidade? Eu te entregarei agora a tarefa do amor, e deves preservar para mim a honra de Deus". Essa camareira cuidou de sua senhora com tamanha paciência santa e com tanta perseverança alegre, que eu vivia sem sofrimento. Veio a incredulidade, envolveu-me completamente em profunda escuridão e gritou comigo com tanta raiva, que tive grande pavor de sua voz. Ela disse: "Se esta graça tivesse sido de Deus, Ele não teria te abandonado tão completamente". Então disse a alma: "Onde estás agora, nobre constância? Peça à fé verdadeira para que ela venha a mim!" Disse o Pai celestial à alma: "Lembra-te daquilo que viste e experimentaste quando nada te separava de mim!" O Filho lhe disse: "Lembra-te daquilo que teu corpo sofreu por causa dos meus tormentos!" O Espírito Santo disse isto: "Lembra-te daquilo que escreveste!" Então responderam a alma e o corpo na constância da fé verdadeira: "Da forma como acreditei, amei, desfrutei e conheci, assim morrerei sem vacilar".

A distância divina permaneceu com a alma e a abraçou fortemente, de modo que a alma bendita disse: "Sê bem-vindo, abandono bem-aventurado! Bendito seja o meu nascimento, pois agora, senhora, tu és a minha camareira! Pois me trazes alegria incomum, milagres incompreensíveis e doçura insuportável. Mas, Senhor, a doçura deves retirar de mim e deixar comigo a distância de ti! Bendita sou eu, amado Deus, por poder suportá-la após a perda do amor! Pois não ouso dizer como é curadora, mas o fel se transformou em mel na boca da minha alma". E desejei que todas as criaturas louvassem ao Nosso Senhor com "Te Deum laudamus". Elas não queriam fazer isso e voltaram suas costas para mim. Então a alma se alegrou e disse: "Vós me desprezais e voltastes as costas para mim; isso glorifica o Nosso Senhor de modo imensurável! Agora Ele me mostra a sua honra, pois agora que a distância de

Deus é mais salubre para mim do que a sua presença, Ele está comigo de forma incompreensível". A alma sabia exatamente que Deus queria consolá-la na maior alienação. Então disse: "Lembra-te, Senhor, de quem eu sou e fica longe de mim!" Disse Nosso Senhor: "Concede-me refrescar em ti o calor da minha deidade, o desejo da minha humanidade e o prazer do Espírito Santo!" Então lhe respondeu: "Sim, Senhor, sob a condição que apenas Tu te sintas bem com isso, e não eu".

A noiva entrou em tamanha escuridão, que o corpo suava e se contorcia em tormento. Então uma pessoa pediu para que ela fosse sua mensageira junto a Deus. Eu disse: "Nobre tormento, eu ordeno que agora me libertes, pois és o mais precioso que possuo!" Então o tormento se desprendeu da alma e do corpo como uma sombra escura, foi até Deus com pensamentos sábios e exclamou em alta voz: "Senhor, sabes exatamente o que quero!" Então o Nosso Senhor foi ao seu encontro na porta do Reino dos Céus e disse: "Sê bem-vindo, nobre tormento! És a roupa de baixo que vesti em meu corpo na terra, e a humilhação pelo mundo inteiro era meu manto precioso. Mas como eu te amei ali, tu não entrarás! A virgem, porém, está disposta a fazer duas coisas, e a ela as concederei. Ela deverá perseverar em conduta fina e ser sábia, assim apoiará a tua mensagem. Então eu lhe concederei o meu abraço e a união com o meu coração!" Disse-lhe o tormento: "Senhor, eu trago bem-aventurança para muitos, mas eu mesmo não sou bem-aventurado; mortifico o corpo de muitos santos, mas eu mesmo não sou mortificado; levo muitos para o Reino dos Céus, mas eu mesmo jamais chegarei lá". Respondeu-lhe Nosso Senhor: "Tormento, tu não saíste do Reino dos Céus; por isso, não podes voltar para ele. Nasceste do coração de lúcifer, para lá voltarás e permanecerás com ele por toda a eternidade".

Ó bendita distância de Deus, que grilhão amável és para mim! Tu fortaleces a minha vontade no tormento e tornas desejável a perseverança longa e difícil neste corpo miserável. Quanto mais eu me conecto contigo, mais poderosa e mais maravilhosa é a forma como Deus desce sobre mim. Ó Senhor, não posso escapar de ti na profundeza da humildade pura. Facilmente, porém, eu me afasto de ti em soberba! Mas quanto mais afundo, mais doce é o meu beber.

XIII – O conteúdo deste livro foi visto, ouvido e vivenciado por todos os membros

Não sei e não consigo escrever nada se eu não o enxergar com os olhos da minha alma, se não ouvi-lo com os ouvidos do meu espírito eterno e se não perceber em todos os membros do meu corpo a força do Espírito Santo.

XIV – Sobre a Santíssima Trindade; sobre o nascimento e o nome de Jesus Cristo; e sobre a nobreza do homem

Eu vi e vejo Três Pessoas na glória eterna, antes do Filho de Deus ser concebido no corpo de Santa Maria. Todos os anjos as reconheceram e contemplaram como distintas em sua unidade, como Três Pessoas, que era um só Deus. Mas por mais aguçada que tenha sido a sua visão, eles não viram ossos, nem carne, nem aparência, nem o sublime nome Jesus. De modo maravilhoso, isto lhes era oculto no peito do Pai eterno. Chamaram o Pai de Deus eterno não criado, o Filho de sabedoria sem início, e o Espírito de ambos a essência da verdade. Os anjos chamejantes do mais alto conselho, que flutuam diante da deidade amante na respiração da Trindade indivisível, serviam e contemplavam a maravilhosa decisão da encarnação de Deus. Gabriel trouxe sozinho o nome Jesus com a saudação para a terra; não lhe foram dados nem ossos, nem carne, nem sangue. A segunda pessoa sempre foi o Filho eterno. Apesar de ainda não ter adotado a natureza humana, Ele sempre foi nosso; mesmo assim, nunca nos foi dado antes de Gabriel trazer a mensagem. Se esta Segunda Pessoa tivesse existido na carne antes da mensagem em prol da nossa redenção, ela precisaria ter um início; isso nunca foi o caso. Essa Segunda Pessoa tinha se tornado uma natureza com a natureza humana de Adão antes de sua destruição pelo pecado. Mas mesmo que a natureza de Adão tenha sido destruída, corrompida e perdida para sempre, Deus nunca teve parte nisso. Por isso, nós podíamos e ainda podemos ser salvos. Deus preservou ilesa a sua natureza nobre e amável; e assim, Ele não pôde negar-se à nossa salvação. Deus baniu lúcifer de sua presença, lançando-o no cárcere eterno. Ele foi atrás de Adão e lhe perguntou onde estava, trazendo-o de volta para o caminho certo. Lúcifer esteve conectado com Deus através de uma única natureza; quando ele a destruiu, não pôde mais voltar.

O homem participa com toda a sua natureza da Santíssima Trindade, e foi Deus quem o criou com suas mãos divinas. Quando nós corrompemos sua santa obra, Ele, em si mesmo, foi tomado por um desejo trino. Por isso, quis nos trazer de volta com seus pés e suas próprias mãos, para que, dessa forma, fôssemos unidos completamente a Ele. Se o ser humano tivesse permanecido no paraíso Deus teria estado com ele de forma visível, saudado sua alma e alegrado o seu corpo. Assim eu vi como Deus, igual a um grande anjo, veio do céu para o paraíso.

É esta mesma natureza que ainda impulsiona Deus a nos saudar aqui na terra com conhecimento e santa intimidade, contanto que estejamos preparados para isso com virtudes santas e inocência verdadeira. Quando contemplo o fato de que agora a natureza divina compartilha de ossos e carne, de corpo e alma, elevo-me cheia de alegria, muito acima do meu valor. O anjo, por sua vez, é, de certo modo, criado segundo a Santíssima Trindade; mas ele é espírito puro. A alma com seu corpo é a senhora da casa no Reino dos Céus e está sentada ao lado do eterno Senhor da casa, semelhante a Ele. Olho brilha em olho, espírito flui em espírito, mão encontra mão, boca fala a boca, e um coração saúda o outro. Assim, o Senhor da casa honra a senhora da casa ao seu lado. Mas os príncipes e servos – os santos anjos – o Senhor da casa os tem diante de seus olhos. Todo serviço e todo louvor, que são a tarefa dos anjos, são concedidos igualmente à senhora da casa. Quanto mais rico formos aqui em virtudes, mais nobres serão os nossos servos ali.

XV – O amor puro e verdadeiro possui quatro poderes; se tu te doares a Deus, Ele se doará a ti

O amor a Deus puro e verdadeiro possui quatro poderes que jamais descansam. O primeiro é o desejo crescente; o segundo é o tormento fluente; o terceiro é o arder que preenche alma e corpo; o quarto é a união constante preservada por grande vigília. Ninguém poderá alcançá-la se não aceitar a troca completa com Deus a ponto de lhe oferecer tudo o que pertence a si em termos de tesouros internos e externos. Então Ele lhe dará tudo o que possui em termos de tesouros internos e externos.

Quando tiver passado o momento bendito, no qual Deus concederá à alma amante o seu consolo, ah, então a alma bendita estará tão feliz, que tudo que dói às almas distantes de Deus lhe parecerá um bem. Se tu fores incompatível, temo que o diabo te ungiu.

XVI – O amor poderoso possui mais do que dez qualidades, e sobre um lamento duplo

Esta é a natureza do amor poderoso: ele não se perde em lágrimas, mas arde no grande fogo celestial; nesse fogo ele flui até a maior distância, e mesmo assim permanece em perfeito silêncio em si mesmo; ele se eleva até a maior proximidade com Deus, e mesmo assim permanece profundamente em seu próprio interior; ele abarca a maior parte de tudo e guarda muito pouco para si.

> "Ó amor bendito, como são aqueles que te reconhecem?"
> "Eles queimaram completamente na Santíssima Trindade; eles não existem em si mesmos. Esses benditos jamais podem cair em pecado mortal."

> "Por quê?"
> "Deus flui através deles e os abraça tanto que, quanto mais são tentados, mais se fortalecem."

> "Por quê?"
> "Quanto mais lutarem aqui e amarem, mais nobre Deus se revelará a eles e mais

miseráveis e malditos eles parecerão a si mesmos."

"Por quê?"
"Quanto mais santo o amor, maior o temor, e quanto mais frequente o consolo, mais constante o medo. Mas a alma amante não sente temor terrível, mas nobre pudor."

Jamais me canso de lamentar duas coisas: em primeiro lugar, que o mundo pensa tão pouco em Deus; em segundo lugar, que as pessoas do estamento religioso são tão imperfeitas. Por isso, é inevitável que muitos tropecem, pois pessoas perfeitas jamais caíram.

XVII – Sobre uma mulher nobre que gostava de estar na corte; sobre seu diabo que aconselhou sete maldades

Uma fidalga tinha renunciado ao mundo e, mesmo assim, desejava servir na corte. Intercedi por ela com toda a minha força, dia e noite, pois vi que ela seria muitíssimo prejudicada; se ela permanecesse assim se tornaria companheira miserável do diabo depois desta vida. Por quê? Ela amava demais os seus senhores e não se importava com a honra de Deus; ela supervisionava as inúteis cerimônias da corte e tinha diante de seus olhos sempre a honra de seu senhor e de sua senhora.

Então apareceu um grande diabo, flamejante, sangrento, preto, com garras, chifres e olhar fixo e se pôs diante de mim. Eu não tive medo dele; fiz o sinal da cruz e adormeci. Ele se jogou em mim como uma pele molhada e me atormentou tanto que busquei a proteção de Nosso Senhor. Então veio ao meu socorro um anjo brilhante do quarto coro angelical; era o guardião desta dama. Perguntei-lhe quem era esse inimigo e por que ele me castigava. Esse anjo amável com voz celestial me disse:

> "É um dos piores diabos que o inferno consegue convocar. Sua tarefa é emaranhar o coração das pessoas que, no fundo, desejam ser boas. Ele te atormenta porque queres afastá-lo dessa dama".
>
> "Ele me atormentará por muito tempo?"
> "Não, Deus demonstrará a sua bondade também aqui."

O diabo lançou flechas chamejantes contra mim. Elas perfuraram meu corpo e minha alma com tormento infernal.

> Eu disse: "Tudo que Deus te permite, isso faze contra mim!"
> O diabo perdeu seu poder e disse: "Já que, humilde, te rendes ao tormento, eu perco toda a minha força".
>
> Disse-lhe esta alma: "Em nome do Deus vivo, eu exijo que me digas o teu nome e qual é a tua tarefa junto a essa dama!"
> "Meu nome... Não, este eu não te direi, pois isso poderia causar-me grande prejuízo."
>
> "Deves dizê-lo, em nome do Juízo Final!"
> "Eu alimento nela o orgulho raivoso, a sabedoria presunçosa e o desejo forte, e mantenho distante dela toda misericórdia. Meu nome é 'ira que irrompe', que confunde corações religiosos."

XVIII – Em sua natureza, o religioso se parece com o animal em trinta pontos

Assim lamentou uma alma entristecida e disse desanimada ao seu Amado: "Ah, Senhor, há muito tempo tenho desejado duas coisas que ainda não me foram concedidas. A primeira é uma vida verdadeiramente religiosa – ai de mim, Amado do meu coração, não cheguei a lugar algum com isso. A outra é um fim bem-aventurado – este eu anseio tanto, que perco até a minha melancolia". Nosso Senhor me mostrou um animalzinho miserável e ignorado, e disse: "Olha, tu te pareces com este pequeno animal". Vi como o animal foi gerado numa ilha, numa lama, separada entre o sol quente e o mar, de modo que o sol era o pai do animal; o mar, sua mãe; e a lama, a sua matéria.

Da mesma forma Adão foi criado pelo poder de Deus na terra a partir de matéria inconstante. Esse animal é uma imagem para pessoas que vivem verdadeiramente segundo a sua ordem religiosa. Quando alguém recebe o chamado para a vida religiosa, é gerado pela deidade quente e concebido pela natureza humana de Deus, sua mãe; sua matéria é o Espírito Santo, que extingue a pecaminosidade de sua natureza em todas as áreas.

Esse animal cresce no encontro do sol quente; o mesmo acontece com o religioso que recebeu o Espírito de Deus. Essa é uma semente muito nobre; ela brota e cresce na pessoa agraciada.

Esse animal não come; ele possui um rabo grande que está cheio de mel e que suga nele todos os dias. Também possui uma barba ruiva que soa lindamente quando ele suga, de modo que o doce som e o tom feliz invadem seu coração, e o corpo é alimentado pela doce bebida de mel. Esse rabo é a morte de pessoas santas que, fazendo o bem e vivendo constantemente de modo virtuoso, sempre a têm diante de seus olhos felizes e sábios e, mesmo assim, suportam a longa espera com grande fidelidade. Os pelos dourados da barba são o nobre amor por Deus, que, através do coração amante, penetra a nobre alma. Aquele que experimenta isso uma vez torna-se bem-aventurado por ter nascido!

Por causa de uma sede danosa, o animal sente, por vezes, um desejo natural de beber a água do mar. Nesse caso, ele só pode ser salvo se expelir essa água. O mesmo acontece com nós pecadores quando bebemos do lamaçal do mundo e fazemos uso da baixeza de nossa carne seguindo o conselho do espírito mau; aí nos envenenamos. Se quisermos ser salvos devemos expelir isso de nós e cuspir a culpa do mundo.

O animal possui orelhas grandes; elas estão abertas para o céu e, assim, ele ouve o canto das aves. Fugindo dos animais repugnantes, ele teme as serpentes na terra. Assim age também a alma amante: ela evita companhia ruim, odeia a sabedoria falsa e seus ouvidos estão abertos para ouvir a sabedoria de Deus.

O animal possui um ânimo puro; não deseja permanecer no mar quando os animais acasalam e a água espuma; também ama a castidade. Ele escala a montanha mais alta que conhece; escolhe a árvore mais linda e, em esforço alegre, vai ao seu topo; abraça sua copa e, assim, descansa cheio de amor e em extrema liberdade. Da mesma forma age a alma amante: ela foge da transitoriedade, que escorre como água; sabe muito bem como deve escalar, com grandes virtudes e esforço piedoso, a montanha mais alta do lindo Reino dos Céus; então, sem esforço, ela alcança o topo da árvore mais linda da sagrada deidade, abraçando sua copa e sendo abraçada pela Santíssima Trindade.

Esse animal possui igualmente dois chifres pontudos; com eles defende seu corpo com tamanha inteligência, podendo seguir seu caminho sem ser perturbado por outros animais. Ah, alma amante, para que entendas isso corretamente: tu expulsas de tua presença os diabos com a sabedoria de Deus e vives em santa pureza, livre de todos os pecados!

O animal tem dois belos olhos que se enchem de lágrimas em anseio pela linda montanha; para lá ele deseja voltar. Ah, alma amante, como são belos os olhos de teu conhecimento, pois tu olhaste no espelho eterno e mal consegues segurar as doces lágrimas do amor. Mesmo assim, suportas a amargura do mar pecaminoso.

Esse animal tem uma boca suave e uma língua pura; nele não há dentes, e não consegue rosnar. A pessoa amante também tem uma boca útil; ela instrui e ensina com prazer a qualquer hora e sua língua está livre de palavras danosas, que não as pronuncia. Também não possui dentes que mordem; ela sempre gosta de consolar os entristecidos. Nunca se irrita, senão sobre o pecado e a humilhação de Deus – sim, nada a atormenta tanto! A parte superior da boca do animal está muito aberta; a inferior, pouco aberta. O tamanho de nossa boca é o louvor abrangente que devemos oferecer a Deus, com todas as criaturas, em tudo o que fazemos e a cada hora. A parte mais indigna de nossa boca é que ela gosta de falar do mundo pecaminoso. O que será dos santos mentirosos que enganosamente desfrutam da vida com as dádivas de pessoas piedosas e se comportam como se tudo lhes viesse da verdade de

Deus? O Deus fiel, que amou a verdade, proteja seus amigos puros contra eles!

O animal possui pés ligeiros, mas não tem voz; o silêncio interior o preenche. A alma domada tem a mesma natureza: no mais sublime amor ela é rápida e silenciosa.

A pele e o pelo desse animal são discretos, pois são pouco vistosos. Ninguém o caça por causa de sua beleza durante a sua vida; mas após sua morte, quando outros animais apodrecem, sua pele se torna tão nobre e seu pelo é de tamanha beleza que os mais nobres preferem vestir a sua pele, equiparada a zibelina mais nobre. Assim, a paz e o ensinamento de pessoas exemplares infelizmente recebem pouca atenção enquanto elas estão vivas. Mas após a sua morte, quando nós pecadores nos encontramos em apuros e nos lembramos da santidade de sua vida e de suas advertências fiéis, caímos em vergonha porque lhes demos tão pouca atenção. Então sua vida se transforma em linda zibelina que usamos para vestir o nosso coração, por ser tão bela aos nossos olhos. Durante a sua vida, porém, não queremos tocar esse nobre ouro, porque tememos nos agarrar a cobre sem valor.

A carne desse animal é comida às sextas-feiras. Ele não morre, a não ser que seja esmagado pelas ondas do mar. As pessoas santas sempre jejuam por causa de seus pecados e não comem alimento proibido, levando uma vida que agrada a Deus. As grandes ondas do amor tempestuoso fazem com que elas morram para todas as coisas e para que vivam apenas para Deus. Apenas então elas participam de todas as coisas, unicamente por amor a Deus. Desse modo, seu amor desdobra a sua força curadora no convívio com todas as coisas, glorificando nelas a Deus.

Os ossos desse animal são as espinhas de um peixe nobre; usadas para produzir lindas joias que os nobres possuem para aumentar a sua fama. Que joia valiosa é esta, quando um corpo santo está cheio de amor e livre de pecado – Deus nos mostra isso em seus amigos mais queridos quando reconhecemos neles as verdadeiras maravilhas. Em seus santos amigos Deus nos deu muitas joias úteis; se não o glorificarmos por isso não poderemos nos tornar santos que são levantados aqui da terra. O nome desse animal é "Útil para Tudo". Aquele que tem esse nome diante de Deus é bendito por ter nascido!

XIX – A tarefa do amor abençoado é múltipla

Ó abençoado amor, antes de todos os tempos foi e ainda é tua tarefa conectar Deus e a alma do homem. Isso será a tua tarefa também na eternidade. Saudada sejas, minha Senhora, e cuidado para que eu não me queixe de ti junto ao meu belo Senhor! Se Ele se mantivesse longe de mim por tempo demais, eu congelaria completamente; impede isso, Senhora e Rainha do meu coração! Tu me atraíste para Deus, de modo que estou amarrada.

Ó, Senhora, ajuda-me para que eu morra em teus braços, onde estou completamente coberta por Ele! Mas em meu corpo pecaminoso sofrerei com prazer o tormento da morte.

Amor, sempre tens o maior poder, mais do que todas as outras virtudes; por isso serei eternamente grata a Deus. Tu me livras de muita dor no coração. Não tenho outra virtude se Ele não colocar à minha disposição as suas virtudes. Para mim, seria pior do que a morte se eu pudesse fazer qualquer coisa boa sem o meu Senhor.

Tudo que digo sobre o amor, isto não ouso dizer sobre mim mesma; mas Deus se dirige a todos os que Ele escolheu em seu coração. Aquele que é afetado por isso reconhece com exatidão que o amor transforma corações vazios em corações repletos. Mas quando briga e amargura nos preenchem, o jogo do amor se torna totalmente inalcançável para nós.

Boa noite, Amor! Agora desejo dormir. Aleluia!

XX – Sobre seis virtudes de São Domingos

No dia de São Domingos eu pedi a Nosso Senhor por toda a Ordem dos Pregadores. Então o nosso amado Senhor se agradou de mim e veio-me pessoalmente, trazendo consigo São Domingos, aquele que eu mais amo entre os santos – se me é permitido dizer isso.

Disse-me Nosso Senhor:

> "Meu filho Domingos teve em vida quatro hábitos que todos os religiosos deveriam ter. Ele amava tanto os seus confrades que nunca suportou importuná-los com exigências que nasciam de seus próprios caprichos. O segundo era que muitas vezes dava uma comida melhor aos seus confrades para ajudá-los e alegrá-los; para que os jovens frades não pensassem em voltar para o mundo; e para que os velhos não se cansassem sem seu caminho. O terceiro era que ele, em santa sabedoria, servia-lhes como exemplo, para que fossem comedidos em todo o seu ser, em toda a sua conduta e em todas as suas

necessidades. O quarto era que ele tinha tanta misericórdia, que nunca queria sobrecarregar seus amados confrades com uma penitência que a regra da Ordem não estabelecesse para a culpa correspondente".

Continuou Nosso Senhor:

"Digo-te mais duas coisas: quando Domingos ria, ele o fazia com verdadeira amabilidade do Espírito Santo; e quando chorava, ficava cheio de pesar fiel. Ele sempre tinha diante dos olhos os seus confrades como primeira preocupação e também, muito intensamente, a santa Cristandade".

Eu não sabia que um riso sem tontice não é necessariamente mau.

XXI – Deus ama a Ordem dos Pregadores por dezesseis razões

Disse nosso amado Senhor:

"Duas coisas amo tanto na Ordem dos Pregadores que meu coração divino sorri para eles sem cessar. Uma delas é a santidade de sua vida; a outra é sua grande utilidade para com a santa Cristandade. Além disso, honram minha Santíssima Trindade com sete coisas, ou seja: com suspiro profundo, choro intenso, anseio vivo, flagelo duro, estadia opressora no estrangeiro, humildade constante e amor alegre".

E continuou:

"Eles também honram as minhas Três Pessoas com sete atividades: com canto louvável, com pregação que transmite a verdade,

> como confessores corretos, com consolo amável, com ajuda amigável, com exemplo santo, e sendo um laço benéfico para a santa fé cristã".

E nosso mais sublime Senhor também disse isto:

> "As esmolas que eles dão aos pobres por amor a mim são tão sagradas, que os pecados das pessoas pobres, que as recebem, diminuem, e até mesmo o diabo não consegue permanecer no lugar em que as pessoas vivem de suas esmolas. Isso provém da santidade de sua pobreza, que agrada a Deus".

Ó poço eterno da deidade, do qual eu fluí e também todas as coisas. Eu, criatura indigna, louvo a ti com tudo o que te é submisso, por receber tanto consolo de ti. Amém.

XXII – Sobre a coroa quádrupla de Frei Henrique e sobre a dignidade de São Domingos

Na Ordem dos Pregadores, um frade morreu num santo dia de Páscoa, após ter pregado, celebrado missa e administrado às pessoas o Santo Corpo de Nosso Senhor. Após ter cumprido todas as suas obrigações ele pediu a Última Unção e faleceu tarde da noite.

Quando estava sendo velado, uma pessoa se aproximou do corpo e lhe prestou homenagem – ela sempre fazia isso quando uma pessoa religiosa falecia. Deus se revelou na alma dela, e assim pôde ver nitidamente que a dignidade daquele que morrera ainda não era perfeita. Ela perguntou a Nosso Senhor por quanto tempo ele permaneceria naquele estado e se passaria pelo purgatório. Respondeu Nosso Senhor: "Ele permanecerá quatorze períodos neste estado" – isso significava sete dias e sete noites. Mas ele havia se apoiado com alegria indizível no peito de Deus, em intimidade espiritual inacessível. Ele saiu tão rápido do lugar em que estava como uma mãe tira a sua criança das cinzas e a puxa para o seu colo. Então ele disse: "Dize à minha irmã que dentro de 14 dias eu a consolarei em Deus".

Ela morreu na décima quarta noite depois desse acontecimento. Ele me convidou para uma festa na qual ele deveria ser glorificado. Os exércitos celestiais se prepararam para isso e formaram uma linda procissão. São Domingos veio com uma multidão que consistia exclusivamente de Pregadores, e todos os que haviam morrido na Ordem vestiam guirlandas douradas, cuja beleza se orientava pelo grau de sua santidade na Ordem. São Domingos levou uma coroa brilhante ao encontro de Frei Henrique; ele cintilava tão lindamente quanto o sol em seu brilho mais forte. Ele a deu a ele como recompensa de Deus por ter seguido seu santo exemplo na Ordem dos Pregadores.

São Domingos superava todos em beleza indizível, pois recompensava cada irmão com uma dignidade especial. Vi que ele vestia roupas especiais, correspondente a uma dignidade tripla. Ele vestia o branco da castidade inata; além disso, o verde da crescente sabedoria divina e, finalmente, o vermelho, por ter sofrido o martírio espiritual.

Por causa da dignidade da Ordem, todos eles traziam um distintivo: uma linda bandeira flutuava à sua frente; eles eram seguidos por todos aqueles que aqui vivem segundo os conselhos pregados pela Ordem.

Nosso Senhor estava sentado ali em sua onipotência e coroou esse irmão com dignidade tripla: obediência sincera, pobreza voluntária e humilhação constante. Então Frei Henrique agradeceu a Nosso Senhor desta forma: "Eu te agradeço, Senhor, por ter te conhecido, por ter sido guardado em ti e por ter crescido em ti". Então se curvou diante de Nosso Senhor e se voltou para os seus confrades. Disse São Domingos: "Sê bem-vindo, amado filho! Agora entra na glória de teu Senhor! Aleluia!"

A razão pela qual eu recebi essa graça e pude ver esse milagre era principalmente por eu estar miserável por seguir a Deus e sempre ser desprezada maldosamente pelos amigos dele.

XXIII – Sobre o local do velório do Evangelista São João

Vi o corpo do Evangelista São João verdadeiramente com os olhos da minha alma indigna. Não sepultado, ele está deitado acima do mundo passageiro e abaixo do edifício do reino eterno. Seu corpo já recebeu tanto da eternidade divina, que ele brilha como um cristal ardente. Sua aparência é amável, como um ser humano que adormeceu em júbilo celestial. Suas sobrancelhas são marrons, seus olhos estão fechados e ele está deitado de costas. Abaixo, acima e em torno dele tudo brilha, e a cada sete horas os anjos sagrados se aproximam com um cântico de louvor: "Santo, puro, simples, sábio, amado por Deus de coração". Esse cântico é mais doce do que o som de mil harpas e outros instrumentos de corda. Entre seu corpo e o edifício do Reino dos Céus não há nada além de um muro, tão fino quanto a pele de um ovo, mas de tamanha solidez que nenhum corpo consegue atravessá-lo até o Juízo Final.

XXIV – Como Deus recebe as almas no Reino dos Céus e como Ele coroa três tipos de pessoas e as saúda, adorna, elogia e agradece

O Reino dos Céus possui muitos portões lindos e também nenhum. Os portões diversos são a recompensa gloriosa e diferenciada com a qual Deus recebe cada alma, e todo o céu se abre diante da feliz noiva de Deus. Ele desce por todos os coros ao encontro da alma, e é seguido por todo o exército celestial, tão lindo quanto o salário que ela receberá. Assim, a alma se eleva feliz do purgatório ou desta miséria terrena, sendo seguida por muitos anjos maravilhosos. No portão do céu os dois amantes se encontram, Deus e alma. Seu olhar nobre a recebe e seu brilho sagrado que recai sobre ela possui tamanho poder, que ela não consegue mais pensar em sua tristeza ou em qualquer dor de seu coração.

No portão, a cabeça dela é adornada com uma coroa do reino, como todos a recebem; esta é a vontade de Deus. Assim, Ele a leva para dentro; por isso é chamada a coroa do reino. O pecador teimoso até a última hora, a quem Deus envia o arrependimento, é recompensado apenas com essa honra. Deus coroa três tipos de pessoas com suas mãos paternas: virgens, viúvas e cônjuges. Após tê-la recebido com essa honra, Ele a coroa. Nosso Senhor coroa as viúvas e os cônjuges sentado em sua onipotência e glória, mas Ele se levanta diante das virgens e as coroa de pé, como um jovem imperador. Ele as saúda com sua deidade viva; Ele as honra com sua onipotente natureza humana; Ele as adorna com a amabilidade de seu Espírito Santo; Ele as recompensa sem fim em seu reino com sua Santíssima Trindade indivisível por tudo aquilo que elas trazem consigo. Ele agradece a cada uma delas por terem vindo e elas glorificam a Deus, cheias de felicidade, porque Ele as protegeu da morte eterna.

XXV – Como estamos presentes agora no Reino dos Céus, no purgatório e no inferno

Estamos presentes agora no Reino dos Céus na medida em que vestimos as virtudes e somos adornados e impregnados do sagrado amor de Deus. Assim, agora estamos visíveis ali para todos os beatos; eles louvam a Deus e se alegram conosco, como se estivéssemos agora com eles. Mas o que nos espera, eles não preveem, mas apenas quando crescemos em nobreza interior, aumentamos nossa limpidez e subimos para as alturas. Isso acontece com os beatos que ainda vivem aqui, aumentando, assim, a alegria dos santos e dos anjos. Ai de nós, porém, se cairmos em pecado grave; isso apagará o nosso belo brilho celestial. Então, o desejo dos anjos e o pedido dos santos ao nosso amado Senhor será que nos convertamos e voltemos a ser puros.

Também estaremos presentes no purgatório quando o merecemos aqui. Isso dói a todos aqueles que estão nele. No entanto, eles não podem nos ajudar, visto que eles mesmos se derretem miseravelmente. Muitas almas pobres se encontram com uma culpa tão grande no purgatório correspondente que não podem saber se jamais serão remidas. Por quê? Elas não quiseram confessar com sua boca física. Aprendemos em outro lugar como elas, mesmo assim, podem ser salvas.

O pecador também está presente no inferno. A misericórdia de Deus o segue; assim, hoje estão ali, amanhã são os companheiros dos anjos. Atualmente, portanto, entramos e saímos do Reino dos Céus, do purgatório e também do inferno maldito, dependendo do lugar para onde a nossa vontade própria nos levar.

XXVI – Sobre o consolo de Deus para o Frei Balduíno, sobrecarregado

Um frade da Ordem dos Pregadores estava tão sobrecarregado com o cumprimento de suas obrigações em um determinado ofício – assim acontece com muitos –, que sua força juvenil o abandonou. Mesmo assim ele o cumpriu com boa vontade. Pedi a Nosso Senhor que Ele lhe demonstrasse a sua misericórdia. Nosso Senhor me informou:

> "Eu vi e ouvi todo o esforço que ele toma sobre si, com que lê e escreve. Tudo isso ressoa, dessa forma, como um cântico de amor para a minha glorificação diante de minha comunidade eterna: 'Grande Deus, eterno, poderoso, maravilhoso! Aleluia!' Eu apoiarei a sua cabeça e fortalecerei a sua força, como fiz contigo; não só de modo natural, mas, ainda mais, através da graça".

XXVII – Sobre o fim da Ordem dos Pregadores; sobre o anticristo; sobre Henoc e Elias

A Ordem dos Pregadores estava exposta a grandes ameaças por causa de mestres infiéis e também por causa de muitos pecadores gananciosos. Por isso, pedi a nosso amado Senhor para que Ele os protegesse em sua honra. Deus disse: "Enquanto eu quiser tê-los ninguém poderá destruí-los". Então perguntei: "Amado Senhor, a Ordem existirá até o fim do mundo?" Respondeu-me Nosso Senhor: "Sim, eles existirão até o fim do mundo. Mas também virá um outro tipo de pessoas para as quais a Ordem aponta. Serão mais sábias, poderosas, menos exigentes em suas necessidades terrenas e mais ardentes no Espírito Santo, tendo em vista as dificuldades que virão sobre a santa Cristandade".

Então vi essas pessoas, suas roupas, seu modo de vida e seu grande número. Elas não possuíam mais do que duas peças de roupa; a de baixo era branca e o manto era vermelho, segundo a natureza humana pura de Nosso Senhor e sua sagrada morte. Seu cabelo e sua barba eram tão longos quanto crescem. Seu cinto era feito da casca de oliveira – uma imagem da santa misericórdia concedida à Cristandade desviada. Normalmente, andavam descalças; apenas na região em que havia geada elas calçavam sapatos vermelhos com tiras brancas. No verão, lavavam sua cabeça com a água na floresta, mas não no inverno, pois não possuíam morada própria. Em todos os lugares eram apenas visitantes, suportando grande adversidade. Não tinham casa, terra, prata ou ouro. Cada uma delas possuía um cajado branco, marcado com cor vermelha. No topo, ostentava uma cruz de marfim, de um palmo de comprimento. O marfim as lembrava de que devem ser castas e puras em todos os sentidos. O cajado era branco e vermelho; isso as lembrava da morte de Cristo. De um lado do cajado estava gravado o martírio de Nosso Senhor; do outro lado, a sua ascensão. Sempre deveriam levar o cajado consigo, não importando se estivessem comendo, dormindo, orando, pregando, celebrando missa ou ouvindo confissão. Quando largavam o seu cajado deveriam fincá-lo na terra diante de si, de modo que sempre tivessem diante de seus olhos a tortura de Cristo.

Quando o caminho que precisassem percorrer, tendo em vista uma boa ação ou uma situação emergencial, tivesse trinta milhas, cada dupla deveria ter um jumento para que o montassem de vez em quando. Nessas ocasiões não poderiam levar o cajado ao seu lado, mas erguê-lo diante de si como a cruz de Cristo. Deveriam montar o animal ordinário para imitarem a humildade de Deus. Seus pés ficariam tão feridos que não poderiam percorrer todo o trajeto a pé. Mas só deveriam usar sapatos entre o Dia de Todos os Santos e a Festa da Cátedra de São Pedro. Não poderiam pedir calças ou outro tipo de roupa a ninguém, mas se não lhes oferecerem pão, deveriam pedi-lo humildemente; igualmente deveriam comer e beber na casa de pessoas simples todo o alimento que lhes fosse oferecido, com exceção de carne. Também não deveriam jejuar mais rigidamente do que o mandamento cristão prescreve, e escolherem seu abrigo de tal forma, que dormissem separados das outras pessoas.

Quando outras pessoas percebessem e contemplassem essa vida santa, elas se tornariam melhores a ponto de lhes oferecer de boa vontade tudo o que necessitassem. Eles também não deveriam aceitar abrigo na casa de viúvas. As pessoas lavariam seus pés castigados com grande devoção e agradeceriam a Deus por eles irem e ungirem a Cristandade órfã, como Maria Madalena fez com Nosso Senhor. Eles mesmos também seriam ungidos, mas isso deveria ser feito por homens, pois os religiosos não são Deus. Quando as pessoas vissem que suas roupas estavam desbotadas demais, elas lhes dariam roupas novas. Muitos gostariam de presenteá-los ricamente, mas eles não deveriam aceitar. Antes, deveriam aconselhá-los a doar para quem necessitasse.

O grande capítulo da Ordem deveria ocorrer duas vezes ao ano para o bem da Cristandade; no verão, na floresta, e no inverno, na cidade.

Aquele que quiser entrar nessa Ordem deverá possuir dois livros diferentes. Usará o livro maior para as suas pregações. No início desse livro encontra-se o "Credo in Deum", seguido de excelentes pregações, todas elas ordenadas de acordo com a fé cristã. O livro menor servirá para rezar a Liturgia das Horas, segundo o ciclo anual, para a honra de Nosso Senhor.

O primeiro mestre que fundará essa forma de vida será o filho do rei romano. O significado de seu nome diante de Deus será "Aleluia". A ele o papa concederá a mais alta posição de poder após a sua. Então ele escolherá para si mesmo essa forma de vida e o papa a confirmará, e renunciarão com ele muitos dos grandes mestres do mundo; que não deverão ter menos de 24 anos. Também não acolherão ninguém que não esteja saudável e que não tenha estudado em universidade, e todos eles serão sacerdotes, confessores e mestres extraordinários. Chamarão seu mais alto mestre de "Príncipe", e ele viajará com três confrades, pois nele a fé cristã passará pelas maiores provações. E cada grupo de treze deverá ter seu próprio mestre; eles o chamarão de "Pastor", e ele viajará com dois confrades. Seu poder será muito grande, pois nenhum bispo se igualará a eles. Para onde quer que viajem, terão a permissão de pregar, ouvir confissão e celebrar missa. Em cada diocese deverá haver sete deles, de acordo com os sete dons do Espírito Santo; em cada arquidiocese, treze, segundo o santo convento de Nosso Senhor. Em Roma deverão viver trinta deles, de acordo com o preço que foi pago por Cristo. Em Jerusalém, onde Jesus sofreu a morte por nossa causa, ficará o maior número deles. Realizarão seu pequeno capítulo a cada três semanas, de acordo com a unidade da Santíssima Trindade indivisível, com cinco confrades, de acordo com as cinco chagas sagradas; ou com sete, de acordo com os sete dons do Espírito Santo, ou também com vários, conforme consigam se reunir. Onde comerem ou beberem, o mais velho da Ordem deverá recitar algo sobre a vida de Cristo na terra e sobre sua vida santa, e os outros permanecerão em silêncio.

Também vi o seu leito e de como deverão se deitar; será sobre palha entre dois panos brancos de lã; o travesseiro ficará sobre a palha. Jamais deverão se sentar ou deitar em lugar macio, pois durante toda a sua vida deverão seguir o santo martírio, à semelhança de Cristo. Mas todos os mestres idosos, que realizaram muito e que em virtude de sua idade não conseguirem suportar a vida dura sem ficarem fracos ou doentes, deverão ter um leito macio e receber cuidados amáveis, pois ainda podem dar muitos conselhos piedosos; também deverão receber a melhor alimentação.

Essa vida santa deverá durar trinta anos em plena paz. Nesse tempo, eles deverão iluminar e instruir tanto a Cristandade, que ninguém possa se afastar da fé cristã por causa de simples ignorância.

Então virá o tempo da necessidade! O anticristo subjugará os príncipes do mundo com ouro, pedras preciosas e esquemas insondáveis e enganosos, pelos quais se sentirão fortemente atraídos. Por isso o seguirão de boa vontade e dirão que ele é o seu deus e seu senhor; eles lhe darão um grande cortejo e suas cartas de proteção seladas. Então ele se voltará para a violência espiritual. Nisso encontrará muitos desejos e apresentará tanta sabedoria falsa, que poucos bispos, reitores e padres conseguirão resistir. Então esses irmãos beatos menosprezarão a sua vida e proclamarão com toda devoção a fé cristã, concedendo perdão verdadeiro de todos os pecados a todos os que morrerem em sua fé cristã e em arrependimento verdadeiro, de modo que serão salvos sem purgatório. Visto que esses santos irmãos cuidaram das pessoas de modo tão santo, muitas delas sofrerão o santo martírio com eles. Muitos judeus e alguns gentios sábios receberão desses irmãos o santo Batismo e a fé cristã. Para o anticristo, isso será uma vergonha tão grande, que ele perseguirá com todo o seu exército aqueles que não atenderem à sua pregação. Aquele que for e perseverar com eles será uma pessoa beata.

A partir de então terá início o sofrimento, quando se separarão os bons dos maus, e aqueles darão a sua vida e tudo o que têm. Virão os mensageiros do anticristo e perfurarão com uma barra de ferro primeiramente o santo pregador por causa de sua proclamação cristã. O amigo de Deus ficará pendurado nela e se dirigirá assim aos pobres filhos de Deus. Então dois homens carregarão o homem santo perfurado para diante da multidão colorida. Os maus rirão, os bons chorarão. Então ele cantará com a voz do Espírito Santo: "Credo in Deum"; consolará e exclamará: "Segui-me, vós santos filhos de Deus!" Todos que o seguirem serão presos, seus olhos serão vedados, e serão açoitados e levados como ovelhas roubadas para um lugar no qual corre um grande rio. Lá cortarão a cabeça beata de todos e os lançarão na água. Onde não houver água, eles serão reunidos em campo aberto e lá serão torturados. Deus fará com que os maus vedem os olhos dos bons, de modo que eles, em seu cativeiro, não poderão ver o grande poder e a honra que o anticristo, seu senhor, concederá aos malditos. Assim, será mais fácil para eles permanecerem firmes, pois também são apenas humanos como aqueles. Eles tomarão o pregador beato morto e o colocarão naquele lugar elevado em que tinha proclamado a palavra de Deus e sido torturado. Aqueles que, depois disso, desejarem proclamar a fé cristã serão destinados ao martírio e se tornarão grandes santos.

O poder do anticristo é tão grande, que ninguém se iguala a ele. Quando o papa não puder mais lutar contra ele, se unirá aos irmãos santos e sofrerá o que eles sofrerem. Em seu socorro virão Henoc e Elias, que agora estão no paraíso amável, vivendo na mesma alegria e comendo do mesmo alimento previsto para Adão, se ele tivesse permanecido no paraíso. Eles também devem, em obediência a Deus, evitar a mesma árvore, cujo fruto Adão e Eva comeram quando violaram o mandamento de Deus. Eu vi essa árvore; ela não é grande e seu fruto é de aparência muito linda e agradável como uma rosa, mas seu interior é muito amargo por natureza. Isso aponta para a amarga perdição que vem do pecado, que Deus jamais havia previsto ao homem. Por isso, pelo fato de esse fruto ser tão insalubre para o homem nobre, que ele ainda nos envenena, Deus o proibiu, pois queria manter longe do homem toda coisa nociva.

No auge do fogo, após aqueles irmãos benditos terem fortalecido o povo por tanto tempo que não sobre nenhum homem bom que não tenha sofrido martírio por causa de Deus, a maioria desses irmãos ainda estará viva. Seu tormento imerecido será tão grande, e eles rezarão tão intensamente, que Deus finalmente lhes enviará Henoc e Elias, que os confortarão e guiarão para fora da floresta. Eles voltarão a pregar e se preparar para a morte. Aqueles dois senhores vindos do paraíso são tão sábios pela sabedoria divina, que causarão grande inquietação ao anticristo. Eles lhe dirão face a face quem ele é, em qual poder os seus sinais milagrosos têm origem, de onde ele veio e qual fim o espera. Quando os seduzidos ouvirem que esse deus maldito lhes foi concedido por causa de sua grande ganância e de seu desejo de múltiplas maldades no coração, que Deus conhece, então muitos senhores nobres e muitas mulheres lindas, que tinham deixado a comunidade cristã para seguir o anticristo, se converterão. Então os beatos sofrerão o martírio, pois, naquele momento, o anticristo terá o maior poder na terra. Ele reunirá todos os homens de fé cristã e serão instalados caldeirões nas ruas. Esses homens serão levados para junto desses caldeirões e buscarão sua mulher e suas crianças. Então ordenarão que os homens escolham se preferem ficar com as mulheres e crianças, com a riqueza e a honra ou se preferem ferver nos caldeirões e perder sua vida pela fé cristã. Então os homens dirão: "Ah, amada mulher e crianças, não penseis em mim, mas lembrai-vos de que sois cristãs, e sacrificai a Deus esta vida; assim não seremos separados". Então amarrarão as mãos e os pés dos homens e os lançarão nos caldeirões. Então dirão a mesma coisa às mulheres e às crianças. Elas responderão: "Senhor Jesus, ó Filho de Maria, por causa do teu amor queremos suportar o mesmo sofrimento". Então farão uma fogueira numa cova; as crianças serão lançadas nela, depois as mulheres, e por fim jogarão lenha e palha sobre elas.

O anjo conduzirá Henoc e Elias para fora do paraíso. A iluminação e a glória que lá envolviam o seu corpo deverão ficar para trás. Assim que vislumbrarem o reino da terra eles se assustarão, como fazem as pessoas que veem o mar e se perguntam como o atravessarão. Então receberão uma aparência terrena e deverão ser humanos mortais. Comerão mel e figo e beberão água misturada com vinho, e também o seu espírito será alimentado por Deus.

XXVIII – Sobre a força quíntupla do amor; por causa da fraqueza e falsidade das pessoas é preciso ocultar a verdade

Este livro foi começado em amor e deve terminar em amor, pois nada é tão sábio, tão santo, tão lindo, tão forte e tão perfeito quanto o amor.

Então disse Nosso Senhor Jesus Cristo:

> "Fala, Pai. Agora eu me calarei como Tu te calas, rancoroso na boca de teu Filho por causa da fraqueza do homem. Minha natureza humana, porém, falou cheia de tremor diante da falsidade do mundo, pois ele me pagou com a morte amarga".

Quinta parte

I – Sobre três tipos de arrependimento; dez tipos de proveito; e sobre o caminho dos anjos e dos diabos

Existem três formas de arrependimento pelas quais o pecador é cunhado novamente pelo selo gravado na cruz após os pecados nos terem quebrado. A primeira é o arrependimento pelo pecado; ele se manifesta triplamente: amargura no coração, do qual fluiu o pecado, vergonha nos sentidos que desfrutaram do pecado, uma vida exemplar na área em que a pessoa pecou. Esse arrependimento reconcilia o Pai celestial com a alma pecaminosa e a liberta do tormento eterno do inferno. A segunda é o arrependimento da penitência; ele também se manifesta triplamente: como esforço zeloso, demonstração constante e vitória clara sobre toda tentação. Esse arrependimento liberta o pecador do purgatório. A terceira é o arrependimento do amor, pois apenas ele está voltado para Deus. A humilhação de Deus lhe causa uma dor maior do que seu próprio dano ou sua dor no coração. Ele preferiria ir eternamente para o inferno com corpo e alma do que entristecer o seu amado com um pecado mortal. Esse arrependimento de amor santifica as pessoas, aperfeiçoa-as na terra e as eleva no Reino dos Céus diante de Deus. Quando a alma afortunada se encontra nesse estado, ela ama a Deus mais do que a si mesma e o pecado é altamente repugnante para ela.

Ao beato que possui esses três tipos de arrependimento Deus concede sem cessar que seu Espírito flamejante de sua Santíssima Trindade brilhe na alma amante, igual a um belo raio de sol que, partindo do sol quente, acerta um novo escudo dourado. O brilho e o reflexo, que une Deus e a alma amante com brilho tão maravilhoso, possui tamanho poder e tamanho brilho, visível para todos os que estão no Reino dos Céus, no purgatório e no inferno, que os anjos, querubins e serafins mais sublimes desejariam estar próximos da alma amante e, ardentes, dessem para a alma amante nesse mesmo brilho. Esse é o caminho dos nobres príncipes para a alma privilegiada nesse corpo miserável, pois o anjo e a alma amante possuem de Deus uma natureza intocada – através de pureza inata e através do fogo do amor nos serafins. Mas a pureza adquirida, adornada e impregnada com o fogo fluente do amor divino, alcança apenas os querubins. Mas ao seu encontro vem do alto um prazer de amor flamejante que parte dos serafins, pois estes ardem em amor; por isso, o brilho nobre desce, para que eles deem um reflexo do amor.

Os anjos que nos foram atribuídos no Batismo não estão familiarizados com o amor ardente, pois Deus não lhes deu essa brasa. Eles foram atribuídos a nós para cuidarem de nossas virtudes; sua nobre presença e nossa melhor vontade santificam todas as nossas obras, afastando o ardil do diabo e seu poder de nossos cinco sentidos. O poderoso brilho flamejante, porém, que em brilho total irradia da Santíssima Trindade e alcança a alma amante; ele é tão temido pelos diabos, que eles jamais ousam atravessar os raios sagrados. Isso é profundamente humilhante para eles: uma pessoa mortal é, através da união com Deus, capaz de bloquear seus caminhos, que Deus liberou para eles nos ares. Eles podem chegar ao seu destino por todos os caminhos que desejam seguir em sua maldade; mas quando encontram uma alma amante num corpo, eles são obrigados a seguir caminho sob a terra. Eles também não conseguem tornar impuro o ar em que se encontram os beatos que vivem verdadeiramente sem pecado mortal. Todos os pecados para os quais eles nos seduzem precisam ser realizados por eles a partir da terra. Assim, é nossa tarefa nos elevar na fé cristã com a intenção mais pura até Deus; então eles perderão todo o seu poder e deverão nos abandonar imediatamente.

II – Sobre dois tipos de tormento e muitos tipos de proveito; e sobre a multidão diversa de pecados

Agradeço a Deus por toda a bondade e acuso a mim mesma enquanto eu viver, pois Deus não me disciplina sem razão. Enquanto o ser humano for capaz de pecar ele precisará da disciplina tanto quanto das virtudes. A disciplina é muito salubre, que o homem aplica a si mesmo segundo o conselho sacerdotal. A disciplina, porém, que Deus nos impõe através de seus inimigos ou através de seus amigos é tão mais nobre e salubre quanto Deus é mais nobre do que todos os atormentadores. Cristo não nos remiu mediante o tormento que Ele impôs a si mesmo, mas nos ensinou como deveríamos servir a Ele: sob esforços e tormentos. Ele operou a nossa salvação por meio da tortura que Ele, que era sem culpa, sofreu através de seus inimigos e através do fim miserável e humilhante, no qual não encontrou qualquer amigo fiel, senão uma virgem: Maria, sua mãe, que estava verdadeiramente unida a Ele. Maria ficou do seu lado como única, também visivelmente.

Quando o tormento se tornou incômodo para mim, Deus me consolou e disse: "Ninguém pode viver sem tormento, pois ele purifica o ser humano, sempre de novo, de seus inúmeros pecados". Então vi como uma multidão abominável de pecados nos seguia, como se todas as montanhas, pedras, gotas de chuva, capim, árvores, folhagem e areia fossem seres vivos com a intenção de nos oprimir, para que nunca mais conseguíssemos subir até Deus. Ai da poeira enfadonha que nem conseguimos expressar com palavras; por causa dela sofremos tormento aqui, que, em silêncio, suportamos em nosso pobre corpo. Em segundo lugar: a amargura do tormento nos protege de uma queda iminente, diante da qual um coração puro, que acolheu em si o Espírito de Deus, estremece com frequência. Em terceiro lugar: a nobreza do tormento nos torna dignos de receber a graça de Deus. Se aceitarmos tudo o que é agradável e necessário para nós e tudo o que nos oferece consolo na terra com medo e temor, e um coração contrito, então Deus estará do nosso lado com o seu conforto.

III – Deus colocará todo o tormento não merecido e o sangue de três tipos de pessoas no prato da balança

No Juízo Final, Jesus Cristo levantará a gloriosa balança diante da face de seu Pai. Nela estarão sua santa labuta, seu sofrimento inocente e também todo o tormento, humilhação e dor do coração não merecidos que foram suportados pelos humanos por amor a Cristo. Sim, então será pesado com justiça e se alegrarão aqueles que têm muito na balança. O sangue das virgens, por causa de seu valor natural, o sangue dos mártires, por causa da fé cristã, e o sangue das outras pessoas, que é derramado num homicídio ou em grande angústia, tudo isso o santo Filho de Deus pesará com seu próprio sangue, pois este nos foi dado em verdadeira inocência. O sangue dos cônjuges não será colocado na balança. Por que não? Ele é impuro, mas apaga aquele pecado que provém do prazer da carne.

IV – O amor admirável possui múltipla força; como a alma afunda; sobre quatro tipos de humildade; e sobre a beleza sétupla da alma amante

Ah, admirável amor de Deus, tu possuis força grande e santa; tu iluminas a alma, instruis os sentidos e levas todas as virtudes ao seu pleno desdobramento. Bendita sou eu, ser pobre e camponês, por ter vislumbrado a ti, Senhora! Ó amor, tu és maravilhoso e tornas louváveis todas as obras; experimento isso em minha alma. Todas as virtudes são submissas a ti. Mas a humildade sem soberba numa vida religiosa e a castidade inata ou conquistada que se preservam puras da mesma forma são duas virtudes que podem acompanhar o amor; no entanto, são submissas a ele.

O amor atravessa os sentidos e assalta a alma com todas as virtudes. Enquanto o amor crescer na alma, esta se eleva a Deus cheia de desejo e, abrindo-se, flui ao encontro do milagre que se aproxima dela. Derretendo, ele procura um caminho pela alma até os sentidos; assim, o corpo também pode receber a sua parte, aprendendo nobre comedimento.

É possível ter costumes maus em conexão com o amor de Deus? Jamais encontrei algo assim, pois a força do amor de Deus é grandiosa. Mas a alma nunca é impregnada de modo tão poderoso pelo amor divino ao ponto de nunca mais ser tentada por coisas terrenas. Quando ela está impregnada do amor falso não percebe a tentação, mas quando o amor se desdobra plenamente na alma, ela se eleva até o ponto que o ser humano pode alcançar. O amor sabe moderar-se. Se ele não soubesse – ó doce Deus! –, quantos corações puros se romperiam em doce prazer.

Quando a forte atração do amor e o grande desejo do coração que procura Deus levarem a alma ao alto monte do amor poderoso e do conhecimento glorioso, ela terá a mesma atitude do peregrino que escalou uma montanha com grande anseio: descerá pelo lado oposto, com muito medo de tropeçar. Isso significa que a alma que arde no calor do amor duradouro e perdeu toda a sua força no abraço da Santíssima Trindade começa a afundar e esfriar, assim como o sol desce do vértice do céu e cai até a noite. Por Deus, o mesmo ocorre com a alma e também com o corpo! A alma amante desce para a profundeza, puxada pela humildade insondável, e recua cada vez mais diante daquilo que Deus lhe faz por amor. Isso é perfeitamente adequado em virtude de sua natureza nobre, que faz com que Deus e ela sejam cheios da mesma vontade. Ela desvia os olhos do prazer de todas as coisas para, assim, conquistar grande louvor para Deus. O corpo também desce à profundeza quando serve ao seu inimigo e permanece calmo, evitando os seus amigos pela honra de Deus. A alma afunda ainda mais, pois possui poder maior do que o corpo; ela desce com grande determinação até o lugar mais fundo sobre o qual Deus domina. Ah, como posso ousar designar esse lugar àqueles que nada entendem de humildade!

A primeira humildade se manifesta em coisas externas – na moradia e nas roupas; elas não devem chamar a atenção e ser costuradas de forma apropriada à vida religiosa, mas precisam estar limpas. A segunda se refere à conduta na sociedade; esta trata com atenção amável toda necessidade em qualquer situação. Assim cresce o santo amor de Deus. A terceira humildade se refere aos sentidos; eles devem usar todas as coisas de modo objetivo e amá-las adequadamente. A quarta humildade habita na alma; esta é a humildade que realiza tantos milagres na alma rica em amor. Ela a faz subir para o céu e a puxa de volta para este abismo; leva a alma a cada criatura e diz: "Agora vê, tudo isso é melhor do que tu!" Leva-a para um lugar no qual não pode descer mais; isto é, sob o rabo de lúcifer. Se, segundo o seu desejo, ela pudesse permanecer ali para a honra de Deus, não trocaria isso por nada. É assim que a pobre alma amante é amarrada ao amor humilde, de modo que nada teme e não se envergonha de nada, a não ser seu pudor no Reino dos Céus. O pobre corpo, porém, precisa ter medo e vergonha por causa da escuridão de seu coração e da vaidade de seus sentidos externos, pois ele ainda não passou pela transformação da morte.

A alma, porém, é linda, em si e no Reino dos Céus, mas não está segura: é ousada, mas não é tão forte; é poderosa, mas não é tão constante; é amável, mas não é tão feliz; é generosa, mas não é tão rica; é piedosa, mas não é tão inocente; é contente, mas não é tão realizada. Isso vale apenas para a alma que, aqui, está impregnada de amor humilde a Deus.

Quando ela se elevar ao ponto mais alto que pode lhe ser concedido enquanto estiver amarrada ao seu corpo e afundar na maior profundeza que conseguir encontrar, suas virtudes e sua santidade alcançarão a maturidade. Então ela será adornada na longa perseverança em tormento. Por isso, ela investe na constância e contempla todas as coisas com grande sabedoria; assim nada lhe escapa que possa lhe servir para glorificar a Deus.

V – Sobre o purgatório de uma beguina à qual, por causa de sua vontade própria, nenhuma oração ajudou

Ai de ti, pecado, por causares tamanho dano, que até mesmo obras piedosas se tornam danosas quando são realizadas sem conselho, e a pessoa diz: "Bem, elevei-me acima do conselho humano, quero viver segundo o conselho de Deus!" Desde sempre, tenho pavor dessas palavras, pois não existe maneira mais salubre de uma pessoa se humilhar senão seguir um conselho cristão com coração rendido.

Percebi isso no caso de uma nobre dama. Ela amava Nosso Senhor de todo o coração e vivia para esse amor com esforço tão sobrenatural, que sua natureza perdeu toda a força vital e ela veio a falecer. Então intercedi por ela segundo o costume cristão. Na elevação do meu espírito vi o espírito dela; este brilhava em si mesmo como o sol; ela devia isso à boa intenção de seu coração puro. Estava cercada de uma poderosa escuridão e desejava intensamente a luz eterna. Apesar de se encontrar na ascensão, a noite escura sempre barrava o seu caminho. Era a sua vontade própria que desprezava qualquer liderança que agora a impedia. Perguntei a ela: "Como posso te ajudar?" Então ela respondeu: "Na terra eu não quis seguir o conselho de ninguém, como seria a obrigação de um cristão. Por isso, nem a oração nem o desejo de uma pessoa podem me ajudar".

Então dirigi-me ao nosso amado Senhor e perguntei-lhe como isso era possível a uma pessoa que aqui na terra tinha se submetido a um tormento tão santo por amor a Ele. Disse-me Nosso Senhor: "Todos os atos de virtude realizados sem instrução são estranhos para mim, pois eu não vim para a terra sem conselho e servi na terra em grande submissão ao meu Pai e a todas as pessoas, e então ascendi para o céu em perfeita liberdade; mas por meio de uma conduta que nunca foi a minha jamais alguém me seguiu. O desejo, a oração e todo o esforço que aqui são sacrificados por ela a adornará quando ascender para o céu". A alma: "Todo o apoio que recebemos no caminho para o Reino dos Céus nos pertence por direito. Mas quando chegamos ali, todas as almas o recebem. Deus faz isso por amor a nós, para que louvemos a Deus na glória eterna".

A justiça tinha estabelecido dezessete anos como duração do sofrimento dela, mas a misericórdia de Deus a reduziu para dezessete meses, porque ela tinha agido com base no amor puro de seu coração.

Que Deus nos ajude a manter a medida certa. Amém.

VI – Como a alma glorifica a Santíssima Trindade

Senhor Jesus Cristo, Tu que, sem início, fluíste do coração de teu Pai eterno, nasceste no espírito e na carne de uma virgem pura e imaculada, Santa Maria, e que és sem fim com o teu Pai um só Espírito, uma só vontade, uma só sabedoria, um só poder, a mais alta força sobre tudo que jamais existiu! Senhor, Pai eterno, visto que também eu, a mais indigna de todas as pessoas, também fluí de teu coração em espírito, e nasci,

Senhor Jesus Cristo, do teu lado na carne, eu fui purificada, Senhor, Deus e homem, por meio do Espírito de ambos, eu, pobre ser humano entristecido, falo assim:

> "Senhor, Pai celestial, Tu és o meu coração!
> Senhor Jesus Cristo, Tu és o meu corpo!
> Senhor, Espírito Santo, Tu és meu sopro!
> Senhor, em tua Santíssima Trindade Tu és o meu único refúgio e meu eterno descanso!"

VII – Como Deus, por sua parte, louva a alma

> "Tu és um fundamento sólido para o meu divino fluxo;
> tu és uma honra em firmeza virginal;
> tu és uma flor do prazer sublime;
> tu és uma senhora sobre os diabos;
> tu és um espelho da contemplação interior!"

VIII – Uma pessoa boa deve ter três filhos, pelos quais precisa interceder

Ninguém sabe o que são consolo, tormento ou desejo antes de não entrar em contato pessoal com eles. Busco ajuda, pois minha dor é – ai! – grande demais; tenho três filhos que vejo em um estado extremamente lamentável.

A primeira criança são os pobres pecadores que sofreram a morte eterna; não há nada de consolador neles, exceto o fato de serem seres humanos. Olho para essa criança com um coração que sangra, abraço-a com olhos lacrimejantes e a levo até aos pés de seu Pai, do qual eu a recebi. Então contemplo essa criança e peço ao seu fiel Pai Jesus que Ele a desperte com a mesma voz de sua misericórdia divina que despertou Lázaro. Deus responde assim: "Curarei a doença desta criança. Se nunca mais cair em tal pecado mortal ela será igual a mim para sempre em beleza, nobreza, poder, abraçada e cheia de todo prazer por toda a eternidade. Levanta, minha amada criança, tu estás curada! O livre-arbítrio que eu te dei, este jamais tirarei de ti, pois, no Reino dos Céus, ele será a tua dignidade que te iguala aos santos". Ai! Essa criança ainda descansa imóvel em sua própria teimosia!

Minha segunda criança são as pobres almas que sofrem tormento no purgatório; a elas devo dar o sangue do meu coração como bebida. Quando intercedo por elas e contemplo a angústia múltipla e a amarga sede que sofrem por causa de seu pecado, encho-me de dor materna. Mas eu me alegro com o fato de que, como verdadeiramente culpadas, elas sofrem seu tormento para a honra de Deus. Elas suportam seu tormento com grande paciência, pois reconhecem claramente toda a sua culpa. Elas suportam sua angústia com postura e reconhecimento e dão a si mesmas o maior sofrimento do coração como bebida. Para que essa criança se cure o mais rápido possível é preciso que a mãe seja de grande cuidado e misericórdia.

Minha terceira criança são as pessoas imperfeitas do estamento religioso. Quando contemplo todas as minhas crianças enfermas, nenhuma me causa tanta dor quanto esta, pois seus sentidos exteriores se renderam tanto ao passageiro e se afastaram tanto do céu, que ela perdeu a nobre conduta de vida e a doce intimidade com Deus, para a qual Ele a havia criado através de eleição especial. Depois se desviou tanto, que ninguém consegue convencê-la a voltar, através de palavras. Ela zomba da intimidade e estraga a doçura de Deus, considerando fraude tudo o que vê e ouve. Assim, essas pessoas parecem ser sábias por fora, mas por dentro – ai! – são tolas. Esse tipo de criança tem a menor chance de cura, pois se rende primeiramente a uma ambição teimosa, depois ao ócio, depois ao consolo enganoso, depois à desesperança, depois perde – e isso me dói – toda graça. Assim, essa pobre criança se arrasta por uma vida pecaminosa até o seu fim. É totalmente incerto para onde leva o caminho da alma irresponsável.

IX – Sobre a honra dos setenta homens que ressuscitaram com Cristo para dar testemunho

No glorioso dia de Páscoa, quando nossa salvação se revelou de forma tão poderosa, porque Jesus Cristo ressuscitou e saiu de seu túmulo de forma tão maravilhosa que os judeus e os gentios perderam todo o seu poder e toda a sua honra e os verdadeiros cristãos foram abençoados para todo o sempre através da vontade do Pai e do poder do Filho e foram santificados através do ensino do Espírito Santo, naquele dia ressuscitaram também setenta homens juntamente com Nosso Senhor. Eles haviam seguido minuciosamente os mandamentos de Deus travando luta por Ele. Foram considerados justos quando levados em tentação e usaram suas mãos para levar à sua boca a água que sacia.

À ordem de Deus, sua alma voltou para o seu corpo, o que mostrou que tinham estado mortos. Mas o suco humano pecaminoso que Adão tinha absorvido com a mordida na maçã e que ainda pertencente à nossa natureza flui em todos os nossos membros, e também o sangue maldito que Eva e todas as mulheres receberam por meio da maçã, isto não foi lhes devolvido.

Sua transformação deveria ser de modo divino um testemunho de que a morte eterna estava morta. Por isso, eles não morreram novamente porque não possuíam mais essas duas coisas dentro de si. Então suas almas se separaram novamente de seu corpo, sem tormento e sofrimento. Seus corpos descansam pacificamente acima da camada de ar e acima das estrelas. Porque, na segunda vez, não morreram de modo humano, seus corpos não puderam ser enterrados na terra.

Adão ficou com o suco dentro de si e, depois dele, todos os homens; em Eva e em todas as mulheres permaneceu esse sangue da grande vergonha. É apenas isso que, por natureza, atormenta a nossa carne e os nossos sentidos e que, no fim, deve morrer sob dores dentro de nós. Pois após a queda de Adão Jesus Cristo não nos livrou de todos os tormentos, mas apenas a da morte eterna, para que pudéssemos ser salvos pelo arrependimento. No entanto, Ele nos deu muito consolo doce, conselho e instrução, por meio dos quais podemos ser curados de toda a nossa doença.

X – Como o pecado se parece com a grandeza de Deus

Nenhuma grandeza se aproxima tanto da grandeza de Deus quanto a grandeza pecaminosa da minha maldade.

XI – A dignidade espiritual será elevada; sobre o comportamento das irmãs; como elas devem rezar e trabalhar com Deus

Ó dignidade religiosa, como és nobre diante de toda dignidade terrena! Por isso, Jesus Cristo quis carregar-te em toda a sua vida tão fielmente, porque todas as altas dignidades – a dignidade de rei, imperador, conde e toda outra dignidade considerada alta – serão destruídas. Apenas a dignidade religiosa será exaltada, dependendo da pureza com que seu portador vive aqui na terra. Sim, ela será exaltada de maneira maravilhosa, especial e santa através do irmão Jesus e da irmã Maria, que foram os primeiros a ocuparem uma dignidade religiosa, ao mesmo tempo em que foram tão condenados pelo mundo. Isso se manifesta clara e nitidamente contra as pessoas que, aqui, apresentam-se como pomposamente religiosas, com uma santa conduta, que se curvam até o chão e que se adornam com palavras tão lindas em público, que somos tentados a acreditar que elas possuem em seu interior o rio do Espírito Santo. Mas, infelizmente, diante de uma grande tentação, essas pessoas têm uma palavra pronta impressionante, mas não sentem em seu coração o verdadeiro nascimento do Espírito Santo. Isso se revela quando, em companhia de seus companheiros mais próximos, quando deveriam ser um cordeiro de mansidão e uma pomba de virtudes, elas se transformam em urso raivoso e em leão que ruge. Assim, sua vida é diante do mundo uma enganação e diante de Deus e de seus semelhantes uma mentira que causa grandes danos.

Ai de ti, maldita ganância, como meu coração se enraivece contra ti! Pois tu roubas de tuas amadas irmãs a doçura de Deus e a amabilidade que elas preparam e que deveriam levar ao santo leito nupcial da Santíssima Trindade. Tu as tornas tão duras por dentro e tão mal-intencionadas por fora, que ninguém ousa expressar uma palavra espiritual em sua presença. Elas a distorcem imediatamente.

Querida irmã, primeiramente deverás ter sentidos abertos. Então receberás um coração benigno e uma alma aberta que poderá ser preenchida pelo fluxo da graça. Se ampliares as tuas necessidades sem direcionamento e sem necessidade, serás privada da altura do santo desejo, da amplitude do sentimento divino e da profundidade da doçura fluente de Deus. Isso porque é um dano eterno e uma grande falta de disciplina quando a noiva de um rei gosta de andar no lamaçal.

Ah, irmã, se quiseres rezar de maneira correta, entrega-te inteiramente a Deus e dize: "Muito amado amigo Jesus Cristo, esta honra pertence apenas a ti, aos pobres pecadores, à santa Cristandade e às almas entristecidas, mas não a mim. Hoje eu te entrego todo poder e força do meu coração, ó Senhor, para que Tu, muito Amado, venhas em socorro dele para a tua glorificação, como eu desejo. Concede-me ainda, Senhor, que eu reconheça quem eu sou; apenas então terei motivo para entristecer-me".

Mas, amada irmã, quando fores trabalhar, faze o sinal da cruz e dize: "Senhor, este tempo pertence a ti. Ajuda-me, amável Jesus, para que minha alma e meus sentidos se aprofundem tanto em ti, que meu desejo terreno não me vença". Sim, irmã, se fores sábia segundo a razão, o desejo te atacará cheio de raiva. Mas se fores sábia mediante a graça, nenhuma maldade poderá te seduzir ou trair. Pois na graça, que flui da Santíssima Trindade para o teu coração, encontramos a verdade e o convívio sensato com todas as coisas. Não é difícil apresentar-se às pessoas como pessoa boa; se isso não corresponder à verdade, foste envenenada por uma serpente. Trata de sempre ter um coração puro e seja modesta; então estarás unida a Deus.

XII – Como Deus informa um irmão sobre o conteúdo deste livro

Mestre Henrique, tu te admiras sobre algumas palavras contidas neste livro. Eu me admiro diante de tua admiração. Naturalmente eu lamento, desde que eu, mulher pecaminosa, fui obrigada a escrever, do fundo do meu coração, que não posso descrever o conhecimento verdadeiro e a santa visão a ninguém, a não ser com estas palavras. Em vista da verdade eterna elas me parecem muito fracas.

Perguntei ao Mestre eterno o que achava disso. Ele respondeu o seguinte: "Pergunta a ele como pôde acontecer que os apóstolos, após tamanha hesitação, foram preenchidos de grande ousadia após terem recebido o Espírito Santo! Pergunta também onde Moisés esteve quando viu nada além de Deus! Pergunta, por fim, como aconteceu que Daniel falou como homem jovem!"

XIII – Sobre os dez proveitos da oração de um bom homem

A oração tem grande poder quando é feita por um ser humano com total sinceridade. Ela torna doce um coração amargo, alegre um coração triste, rico um coração pobre, sábio um coração tolo, ousado um coração hesitante, forte um coração fraco, dá visão a um coração cego, faz arder uma alma fria.

Ela atrai Deus para dentro de um coração pequeno, eleva as almas famintas até o Deus da abundância, reúne os dois amantes, Deus e a alma, num lugar prazeroso, e lá falam muito de amor.

Ai de mim, infeliz; infeliz porque não posso morrer!

XIV – Sobre o purgatório de sacerdotes ruins

Muito tempo atrás vi um purgatório igual a um fogo e fervia como um alimento ardente; por cima estava coberto de neblina. Na água nadavam peixes com forma humana. Eram as almas dos padres miseráveis, que, neste mundo, tinham se entregado à luxúria e ardido na maldita falta de castidade, que os tinha cegado ao ponto de não conseguirem amar nada que era bom. Sobre a água navegavam pescadores; não tinham barco nem rede e pescavam com garras de fogo, pois também eram espíritos; ou seja, diabos. Depois de levá-los para a margem eles arrancavam cruelmente sua pele – no sentido espiritual – e os jogavam num caldeirão fervente; ali os afogavam com garfos de fogo. Quando estavam totalmente cozidos, como queriam que ficassem, eles os comiam com seus bicos. Os diabos voltavam para a água e os expeliam pelo rabo, depois os pescavam, coziam e digeriam novamente.

XV – Sobre o purgatório de um bom pregador

Um padre puro morreu em sua paróquia. Intercedi por ele como por qualquer outra pessoa, segundo o costume cristão. Nisso minha alma viu a dele, com renome e fama, mas de tal modo que ainda aguardava a glória celestial. Quatro anjos o conduziram acima de toda tempestade até o primeiro céu e tocavam para ele instrumentos de corda celestiais. Aquele era o seu purgatório, com o qual o preparavam para a glória celestial. Perguntei-lhe como havia merecido tal honra. Ele me disse: "Eu amava na terra a solidão e tive temor apenas de Deus em minha oração". Novamente inquiri: "Ó, bem-aventurado, por que não podes ascender imediatamente para o céu com estes anjos?" Ele respondeu: "A honra que receberei por causa do meu sacerdócio puro é tão grande que ainda não posso chegar lá".

XVI – É diabólico quando pecamos

Certas pessoas eruditas dizem que é humano pecar. Em todas as tentações do meu corpo pecaminoso – com todo o sentir do meu coração, com toda a percepção da minha razão e com toda a nobreza da minha alma – nunca consegui chegar a outro reconhecimento senão este: é diabólico pecar. O pecado pode ser grande ou pequeno, mas o diabo sempre está presente. Além disso, o diabólico que acatamos por vontade livre causa-nos um dano maior do que toda a nossa natureza humana. Como humanos, acomete-nos o seguinte: fome, sede, calor, frio, tormento, miséria, tentação, sono, cansaço – Cristo também sofreu isso em seu próprio corpo, Ele que foi um homem igual a nós e por nossa causa. Mas se o pecado pertencesse à existência humana, Cristo necessariamente também teria pecado. Isso porque Ele era um verdadeiro ser humano no corpo, um homem justo na sabedoria, um homem constante na virtude e um homem perfeito no Espírito Santo. Além disso, era um Deus eterno na verdade eterna, e não um pecador. Se quisermos nos tornar iguais a Ele devemos viver como Ele viveu ou ser salvos por meio do arrependimento.

XVII – Esta é uma saudação, um louvor e uma oração da pecadora

"Eu te saúdo, Deus vivo; Tu és meu, mais do que todas as outras coisas. É uma alegria sem fim para eu poder falar contigo sem reservas. Quando meus inimigos me caçam eu fujo para o teu braço; nele posso chorar todo o meu sofrimento, se Tu estiveres disposto a curvar-te para mim. Sabes bem como fazes soar as cordas da minha alma. Ah, começa logo com isso, e seja louvado para sempre! Sou uma noiva ordinária, mesmo assim és o meu amante que me foi dado em casamento; sobre isto sempre me alegrarei. Lembra como podes amar a alma pura em teu colo e faze isso, Senhor, agora comigo, mesmo que eu não esteja à tua altura. Ó, Senhor, puxa-me para ti, então serei pura e clara. Se me deixares em mim mesma permanecerei em escuridão e opressão."

XVIII – Como Deus responde a isso

"Minha saudação é um dilúvio celestial tão poderoso, que se eu me entregasse a ti em minha glória, perderias a tua vida humana. Vês, portanto, que devo deter a minha glória e ocultar o brilho da minha luz para que eu possa preservar-te por mais tempo na miséria terrena, até que toda a tua doçura se desdobre no alto, na glória eterna. Então minhas cordas soarão docemente para ti pela fidelidade que tu demonstraste para mim em teu amor duradouro. Desejo começar com isso já antes, afinando silenciosamente as minhas cordas em tua alma, para que possas perseverar por mais tempo; pois noivas nobres e cavaleiros nobres devem ser formados por muito tempo e com grande esforço."

XIX – Como 17 tipos de pecado caçam o homem

Estas coisas afastam tanto uma pessoa de Deus, que ela jamais conseguirá retornar a Ele, a não ser que seja conquistada pela Santíssima Trindade:

A preferência pelas coisas vãs é o primeiro pecado que começa a afastar o homem de Deus;

se desistir dele a luxúria se ergue;

se não abandonar a luxúria, ergue-se a ganância;

se não abandonar esta, ergue-se o ócio;

se não abandonar este, ergue-se a mentira;

se não abandonar esta, ergue-se o perjúrio;

se não abandonar este, ergue-se a ira;

se não abandonar esta, ergue-se a calúnia;

se não abandonar esta, ergue-se o orgulho;

se não abandonar este, ergue-se o ódio;

se não abandonar este, ergue-se a vingança;

se não abandonar esta, ergue-se a desesperança;

se não abandonar esta, ergue-se a ousadia;

> se não abandonar esta, ergue-se a falta de vergonha;
>
> se não abandonar esta, ergue-se a sabedoria enganosa;
>
> se não abandonar esta, ergue-se a incredulidade, que diz: 'Não é assim como proclamam'".

Aí, então, a pessoa receberá tudo que vem de Deus com tanta má vontade, que mal ousamos lhes dizer algo; e aquilo que ela apresenta é tão falso e cheio de mentiras que, infelizmente, ninguém consegue reconhecer o Espírito Santo em suas palavras. Mas quando, por vezes, essa pessoa se comportar de modo louvável, isso lamentavelmente será apenas enganação.

> Alma perfeita, alegra-te
> apenas tu és semelhante a Deus.
> Sim, isso é justo,
> pois tu bebes com paciência divina
> muita amargura não merecida.

Com frequência és entristecida pelo inimigo, como se a geada do inverno caísse sobre a flor do céu! Mesmo assim, ela floresce, erguida em sua nobre beleza, pois a raiz da constância jamais morre graças à ajuda do Espírito Santo.

XX – Uma glorificação óctupla de Deus; sobre o sacrifício dos pecados

> Ó grande orvalho da nobre deidade,
> ó flor preciosa da doce virgem,
> ó fruto salubre da linda flor,
> ó santo sacrifício do Pai celestial,

ó garantia confiável da salvação para o mundo inteiro!
Tu, Senhor, és o meu refresco,
e eu sou o teu florescer!
Para mim, Senhor, Tu és pequeno em tua submissão,
e, para ti, eu sou grande em minha ruindade lamentável.
Cada dia, Senhor, sacrifico a ti
tudo o que possuo –
isso nada é além de ruindade.
Nela, Senhor, derramas a tua graça,
então poderei fluir de teu amor.

XXI – Por que o homem está perdido e mesmo assim é amado; e como deves fazer o sinal da cruz

Assim fala o espírito do homem que veio a conhecer a verdade:

"Senhor, meu corpo foi morto na vitória sobre toda a maldade. Por isso, teus inimigos me expulsaram de sua presença como um morto com cheiro de putrefação. Mas, Senhor, minha alma está viva em ti. Por isso, sou amado por teus amigos. Ó, muito amado noivo, meu doce Jesus Cristo, eu faço o sinal da cruz sem cessar em meu coração como proteção contra tudo o que é terreno, e te peço para que me impeças de me envolver com ele. Pois, por mais santo que possa ser, ele me distancia de ti num ponto decisivo. Não suporto tal coisa. Por isso, devo desprender-me dela".

XXII – Sobre as sete exigências do juízo; sobre o pudor e a boa vontade

A mais nobre alegria dos sentidos, a mais santa paz do coração e a mais amável forma das obras, tudo isso provém da sinceridade de uma pessoa em tudo o que faz. Disso fala o nosso amado Senhor e me ensina sete coisas que todos os beatos devem ter, que, juntamente com Jesus Cristo, realizarão o Juízo Final sobre toda a raça humana. Aquele que não tiver essas coisas será julgado como um servo castigado pelo seu senhor; pois todos os que aqui se opõem à verdade de Deus com a mentira desperdiçam essas virtudes.

A primeira é ser justo em todo o instante. Esta é a glosa: quando vejo que meu amigo comete uma injustiça contra os meus inimigos e os inimigos de Deus, devo, com toda a amabilidade, atribuir a culpa ao meu amigo e ajudar amavelmente meu inimigo.

A segunda é ser misericordioso na necessidade. Glosa: quando vejo que meu amigo e meu inimigo são acometidos pela mesma necessidade, devo ajudar-lhes igualmente.

A terceira é ser constante na comunhão. Glosa: jamais devo repreender o meu companheiro, a não ser por causa de seus pecados não confessados.

A quarta é ajudar secretamente na necessidade. Glosa: procurar e perguntar se há enfermos entre os pobres e presos, consolá-los e pedir que revelem sua necessidade oculta, para que possa lhe socorrer. Ai daquele que passa pelos pobres enfermos sem suspiro, sem lágrimas e sem qualquer misericórdia! Como isso condena a pessoa religiosa e a afasta tanto de Deus, que ela perde imediatamente a doce intimidade com

Ele. Mesmo assim, não aceita que a sentença divina de Deus caia sobre ela.

A quinta é calar-se na angústia. Glosa: fazer isso para que não se expressem palavras surgidas de um coração orgulhoso e irritado. Assim, adquire-se graça infinita junto a Deus.

A sexta é ser totalmente verdadeiro. Glosa: é totalmente verdadeira aquela pessoa cujo coração, após um exame minucioso, não encontra culpa em si, alegra-se que o olho de Deus veja o seu coração e que não se envergonharia se todas as pessoas pudessem ver o seu coração.

A sétima é ser inimigo da mentira. Glosa: que repreendamos as mentiras em todas as pessoas e que não a minimizemos em nós mesmos.

Essas sete coisas devemos adquirir e praticar na luta contra o fedor da nossa carne miserável, contra a luxúria e contra a fraqueza dos sentidos humanos. De outra forma não podemos realizá-las.

A nobreza da nossa alma nos encoraja, com a ajuda do amor de Deus, para todo o bem; mas, a nossa carne seduzida, por sua natureza ordinária, faz com que não realizemos muitas das obras que agradam a Deus. Quando nos lembramos do momento abençoado em que Deus nos criou a partir de seu coração inesgotável, e espírito sábio e ânimo alegre, que incessantemente transborda de bondade – quando nos criou espirituais em nossa alma, sábios em nossa razão e úteis em nosso corpo –, nos envergonhamos de nosso comportamento mau e de nosso coração inconstante. Igualmente temos motivos para nos envergonhar de nossa razão, pois não usamos as múltiplas dádivas de Deus para o melhor, de modo que devolvemos apenas pouco fruto para aquele lugar do qual partiram; isto é, do coração de Deus. Ai da minha dor merecida!

A boa vontade leva todas as virtudes ao seu destino, mesmo quando o corpo não consegue realizar as obras.

XXIII – Sobre a oração de Santa Maria; sobre a luz de Gabriel; sobre o pano da criança; de onde veio o leite; sobre o sacrifício da criança; sobre os diabos; e sobre o pano de jejum

Eu vi uma virgem em sua oração. Seu corpo estava inclinado para a terra, mas seu espírito estava erguido em direção da deidade eterna, pois, antes do tempo em que Jesus Cristo abriu o céu com a chave da cruz sagrada. Jamais uma pessoa alcançou tamanha santidade que seu espírito conseguia ou podia se elevar sob esforços, flutuar cheio de desejo e abraçar a Santíssima Trindade cheio de amor. O espírito da virgem pura não pôde alcançar o céu porque Adão tinha empurrado demais a tranca. Mas, por vezes, Deus se inclinava para a terra para consolar seus amigos e eles ouvissem sua vontade. Os profetas elevaram sua voz e pediram a Nosso Senhor que descesse. Essa virgem, porém, atraiu o Senhor para cá através do som doce de sua alma, e disse em sua oração quando estava sozinha:

> "Senhor, alegro-me com a glória da tua vinda, pois uma virgem será a tua mãe. Senhor, estou pronta para esse serviço com minha castidade e com tudo o que recebi de ti".

Então o Anjo Gabriel desceu em luz celestial e sua luz envolveu a virgem completamente. Ele vestia uma roupa tão brilhante, que não consigo encontrar nada igual na terra. Quando ela viu a luz com seus olhos físicos, levantou-se cheia de temor; quando ela viu o anjo, reconheceu a castidade dela no semblante dele. Permaneceu em postura nobre, pronta para ouvir com sentido atencioso. Então o anjo a saudou e lhe proclamou a vontade de Deus. Suas palavras foram bem-vindas no coração dela, seus sentidos se encheram e sua alma ardeu. Mesmo assim, ela exigiu uma explicação por causa de seu pudor virginal e do amor a Deus. Após ser instruída, abriu com toda força o seu coração. Ela se ajoelhou e disse: "Eu me consagro para o serviço de Deus segundo as tuas palavras". Então a Santíssima Trindade, com o poder da deidade, com a boa vontade do Filho e com o amor do Espírito Santo, atravessou o corpo imaculado de sua virgindade e entrou na alma ardente cheia de boa vontade, sentando-se no coração aberto de seu puríssimo corpo e unindo-se com tudo o que encontrou nela, de modo que a carne dela se tornou a carne dele. Assim Ele cresceu como criança perfeita no corpo dela, de modo que ela se tornou sua mãe física e permaneceu uma virgem imaculada.

Quanto mais o carregava dessa forma, mais brilhante, linda e sábia ela se tornava. Então disse: "Senhor e Pai, eu te louvo, pois Tu me exaltaste e minha raça será exaltada no céu e na terra". Quando veio o tempo em que outras mulheres se sentem desanimadas e a vida se torna difícil, Maria continuou animada e alegre. Seu corpo estava cheio, pois nele ela abarcava o formoso Filho de Deus. Maria não conhecia a hora em que o Filho de Deus queria nascer dela, mas apenas quando ela o viu em seu ventre, à beira da estrada na noite, na distante cidade de Belém, onde ela mesma era uma visitante pobre sem abrigo. O Deus todo-poderoso, com a sua sabedoria, o Filho eterno com sua verdade humana e o Espírito Santo com sua bondade delicada passaram pelo invólucro ileso do corpo de Maria em alegria sem qualquer esforço. Isso aconteceu tão rápido como o sol emite o seu brilho após o doce orvalho.

Quando Maria viu sua linda criança, sua cabeça se curvou para o seu semblante, e disse: "Sê bem-vindo, minha criança inocente e meu poderoso Senhor, pois tudo que foi criado pertence a ti!"

Durante a concepção de Nosso Senhor, durante a gravidez de sua mãe, durante o seu nascimento, no colo de sua mãe e antes de Ele ser deitado na manjedoura, a força da Santíssima Trindade e o maravilhoso fogo celestial ardiam tanto em Maria, que o espírito do inferno, que penetra o mundo inteiro e sabe exatamente como tudo funciona, jamais conseguiu se aproximar da terra, do lugar em que Maria se encontrava, para poder vivenciar o milagre da origem da criança.

Maria tomou um pano que estava sobre a sela do jumento, e que estivera sobre as suas costas, e envolveu nele o Salvador, deitando-o na manjedoura. Ele chorou como toda criança recém-nascida. Contrariando sua nobre natureza, Ele foi deitado num leito duríssimo, num estábulo, e chorou por toda a raça humana. Ali estava oculta toda a sua glória e todo o seu poder, entristecendo a virgem. A criança sentiu fome e frio; então a virgem se inclinou com amor materno sobre ela, oferecendo seu seio virginal – essa era a vontade de seu Pai e a alegria do Espírito Santo.

Ouvi agora algo maravilhoso! O florescer luminoso de seus belos olhos, a beleza espiritual de seu semblante virginal, a amabilidade transbordante de seu coração puro e o brilho maravilhoso de sua nobre alma se uniram – segundo a vontade do Pai, pela necessidade do

Filho e para a alegria do Espírito Santo – em seu seio virginal. Então o leite doce fluiu sem qualquer dor de seu coração puro. Assim, a criança bebeu de modo humano e sua mãe se alegrou de modo santo.

Os anjos cantaram louvores a Deus. Os pastores encontraram numa manjedoura a verdadeira garantia de nossa salvação. Perguntei a Maria onde estava José. Ela me respondeu: "Ele foi à cidade comprar peixes baratos e pão simples". Eles beberam água. Então inquiri: "Ó Senhora, tu deverias comer o pão mais fino e beber o vinho mais precioso!" "Não", respondeu-me ela, "isso é alimento de pessoas ricas; não temos isso nesta vida pobre".

Quando resplandeceu a estrela desconhecida satanás também foi a Belém, seguindo apressadamente o rastro dos três reis, e ele olhou para a criança cheio de maldade. Quando a criança foi honrada com presentes maravilhosos, satanás se viu em apuros com os seus pensamentos, e disse para si mesmo:

> "O que aconteceu contigo, infeliz! Esta deve ser aquela criança sobre a qual os profetas escreveram e que o teu mestre lúcifer sempre te aconselhou: deverias estar presente em sua concepção e torná-la impura; 'Assim, o mundo inteiro continuará a ir para o inferno!' Esta criança foi concebida e parida sem pecado; caso contrário eu teria sido informado. Agora devo retornar ao meu mestre e lamentar esse infortúnio, pois esta criança será mais poderosa do que nós. Se ela se elevar acima de nós, como suportaremos isso? Jamais nasceu uma criança que tenha recebido tanta honra".

Quando lúcifer ouviu essa novidade, ficou sentado, rangendo os dentes e resmungando, de modo que o fogo de sua ira brilhava sobre todo o inferno. Então disse:

> "Se um homem se tornar o nosso juiz, então tremeremos por todo o sempre diante de todas as pessoas que viverem segundo a vontade dele. Volta, satanás, e recorre à ajuda dos príncipes da terra, dos escribas entre os judeus, e ensina-lhes a matá-lo ainda criança, antes de ele ir para a escola".

Quando satanás encontrou Herodes, viu nesse homem corrompido a imagem de lúcifer: ódio, orgulho, ganância. Por esses três caminhos o diabo entrou em seu coração inflado e se acomodou em todos os seus cinco sentidos, tornando esse rei tão assassino, que ele executou a vontade do diabo em relação às crianças inocentes, que agora são santas no céu.

Perguntei a Maria o que ela tinha feito com os presentes, visto que ela não tinha comprado um cordeiro sacrificial. Ela disse:

> "A santa caridade transbordante, a misericórdia com a necessidade e o amor pela pobreza voluntária tiraram de mim a riqueza. Meu cordeiro sacrificial é Jesus Cristo, Filho de Deus todo-poderoso, que nasceu do meu coração e para o qual, segundo o mandamento de seu Pai, apontam todos os cordeiros imaculados que já foram sacrificados e que foram ofertados segundo a vontade do Pai; Ele é o meu verdadeiro cordeiro sacrificial, eu não posso ofertar um outro. A oferta que foi feita ao meu filho eu a dei a todos aqueles que encontrei em necessidade. Eram órfãos empobrecidos e virgens inocentes, que, assim, puderam se casar, escapando do

perigo do apedrejamento. Também foram agraciados enfermos, miseráveis e idosos; eles igualmente deveriam ser presenteados da parte de Deus. Mas trinta moedas de ouro me restaram após cuidar das necessidades reais desses pobres; estas doarei para o pano de jejum, diante do qual as pessoas simples se colocam para rezar; pois isso tem um profundo significado".

Metade do pano era preta, a outra metade branca. No lado norte do templo o pano era preto; isso significava a longa escuridão durante a aliança antiga. Nele estavam bordadas imagens verdes, pois mesmo que a aliança antiga tivesse sido obscurecida por muitos pecados graves, houve naquele tempo algumas pessoas que jamais se tornaram secas por causa dos pecados, apesar de terem vivido com os culpados na escuridão. A representação das imagens se referia exclusivamente à culpa e à necessidade que abalaram tanto o poderoso Deus, que Ele enviou o dilúvio, e como salvou Noé, o justo, e sua casa, deixando o mundo inteiro perecer. No lado sul do templo o pano era branco-nobre, fazendo referência à castidade de Santa Maria – com sua ajuda todos nós deveríamos, algum dia, superar todo sofrimento do nosso coração. Nele estavam bordadas imagens douradas; elas mostravam aves como aquelas que Noé tinha enviado da arca, para que nelas reconhecêssemos os gananciosos infiéis que procuram a sua salvação nesta terra. Mas também estava bordada a pomba pura com um galho verde, que retornou cheia de inocência, sem ter tocado carniça com o seu bico. Isso representava aqueles que a cada dia se aproximam de Deus com novas virtudes e não desistem de voar em direção ao céu, seguindo o cortejo do Espírito Santo.

Do topo até o fundo, onde as partes se encontravam, havia uma borda dourada. Exatamente no meio estava um debrum verde que ostentava pedras preciosas. Ele representava a mais nobre madeira que suportou o corpo de Nosso Senhor quando perfuraram o portão do céu, abrindo-o com martelos, de modo que a trava de Adão se rompeu. Poucos eram aqueles que reconheciam seu significado, mas os dois adornos formavam uma cruz maravilhosa. Sobre a cruz estava costurado um cordeiro sacrificial branco; ele estava adornado com pedras preciosas e ouro brilhante, como se estivesse em chamas. Em princípio era uma representação pictórica, mas se tornou realidade quando o inocente Cordeiro de Deus sofreu a difícil morte por amor, na madeira. Por isso, o pano de jejum sem vida com o cordeiro sem vida caiu no chão durante o martírio de Nosso Senhor, para que, em seu lugar, fosse adorado o Cordeiro vivo de Deus por todos os tempos.

Maria fez para o Menino Jesus um manto com uma costura tão inteligente que, quando o manto se tornava pequeno demais para Ele, podia ser aumentado. O manto era marrom-claro, de lã. José era carpinteiro de pessoas pobres, de modo que ele ganhava pouco dinheiro para o sustento deles. Maria costurava e fiava, produzindo roupas para os três. Quando fugiram para o Egito, o anjo de Deus os envolveu com uma luz celestial para que o diabo não descobrisse onde estava Jesus, até Ele se tornar um homem de trinta anos. Então, o diabo o reconheceu no deserto e, depois, muitas outras vezes, quando realizava milagres. Depois disso ele se dirigiu aos escribas judeus – o íntimo deles estava profundamente corrompido, mas, por fora, demonstravam grande retidão. Ele lhes ensinou a resistir a Jesus com falas espertas e a jamais aceitarem o seu ensinamento; assim poderiam permanecer fiéis à sua fé judaica.

Satanás desceu novamente até lúcifer e disse:

> "Ai, mestre, não há salvação para a nossa honra! Encontrei na terra pecaminosa uma pessoa que, sozinha, é mais forte e mais sábia do que todos nós éramos antes de nossa queda. Apesar de toda a minha esperteza não posso incutir-lhe um único pensamento pecaminoso".

Lúcifer, ganindo como um cachorro e mordendo seus lábios infernais, disse: "Deves opor-te a ele juntamente com todas as pessoas. Se ele for o mais sublime dos homens, poderá evitar todos os pecados". "Mestre, conseguimos sair dessa aflição, pois encontro muitas pessoas dispostas a matá-lo".

> "Não! Temo que isso possa facilmente acabar mal para nós, pois ele liberta as pessoas rapidamente, na força do mais alto Deus, de doenças físicas e morte humana. Se tirássemos dele a sua vida, isso aumentaria ainda mais o meu medo de que sua alma viria até nós para livrar os seus; pois o fato de ele libertar as pessoas na terra de tormentos de todos os tipos e da morte ultrapasse em muito aquilo que nós podemos fazer. Ele mesmo deverá ir ao inferno por causa do pecado original. Mas se ele permanecer livre de todo pecado e se o matarem como inocente, seu lugar não será o inferno, pois jamais um anjo ou um homem foi condenado sem culpa. Então apenas ele será nobre e livre, e o que ele desejar haverá de acontecer, mesmo contra a nossa vontade. No entanto, não terás dificuldades em garantir que o inferno fique com a maior parte da

multidão. Além disso, deves garantir que ele seja profundamente desprezado e que seja torturado com o mais duro tormento. Se ele for uma pessoa pura, é possível que caia em profundo desespero, e assim ele será nosso para sempre".

Em pensamento Nossa Senhora Maria se dirigia a Nosso Senhor sempre que queria, e então sua deidade lhe respondia. Por isso ela suportava o tormento de seu coração com postura exemplar. Maria Madalena não tinha essa possibilidade; sempre que não via Nosso Senhor com seus olhos físicos, ficava desanimada e seu coração se enchia de grande lamento e inquietação. Ela ardia em amor simples, sem o conhecimento sublime de mistérios celestiais até o momento em que os apóstolos receberam o Espírito Santo; apenas então sua alma foi conquistada pela deidade. Nossa Senhora, porém, permaneceu em silêncio quando Nosso Senhor ressuscitou da morte em glória; mas, dentre todas as pessoas, seu coração era o que estava mais repleto de conhecimento divino.

XXIV – Sobre seis tipos de filhos de Nosso Senhor e de Deus; sobre as virtudes de São Domingos e como Deus honrou sua Ordem quatro vezes

Um príncipe sublime que tem um filho que lhe é útil e, ao mesmo tempo, dá confiança ao seu povo; este é um filho tão excelente e tão amável, que todos os seus pensamentos e todas as suas obras honram seu pai, não importa o que faça. Esse príncipe sublime é nosso amado Senhor, o Pai celestial. Ele gerou sete filhos úteis e uma filha muito linda com a nossa mãe, a Santa Igreja.

Seu primeiro filho, nosso mais amado irmão, foi o Nosso Senhor Jesus Cristo. A glorificação que o Pai celestial vivencia através desse filho e a esperança que Ele representa para o seu povo não é mistério algum. Como o Pai celestial se uniu com este filho, como o colocou à sua direita e quanto poder e honra Ele lhe deu, isso é imensurável e, ao mesmo tempo, perfeitamente adequado.

O segundo filho do Pai celestial são os santos apóstolos, que preservaram para nós o tesouro precioso escavado na montanha sublime que fora suportada por uma árvore. Nossos inimigos o perfuraram em cinco lugares, retirando todo o nosso tesouro celestial.

O terceiro filho foram os mártires que corajosamente derramaram seu sangue no caminho para o céu.

O quarto filho foram os confessores, que firmemente nos livram da culpa e nos instruem.

O quinto filho foram as virgens, que preservaram sua castidade por amor a Deus, trazendo em si a sua imagem imaculada. Ele deseja tê-las exclusivamente para si mesmo, e elas vestirão suas guirlandas em seu abraço por toda a eternidade. Sim, elas não devem cobrir o seu rosto, como costumam fazer certas noivas terrenas.

Quando Nosso Senhor convidou à mesa da festa sublime esses filhos e os fez sentar ao seu lado, de modo que esqueceram todo seu sofrimento e toda sua coragem na terra, o povo de Deus se desviou tanto da fé e da confissão, que o Pai celestial se compadeceu e gerou gêmeos, novamente com a nossa amada Mãe, a santa Igreja. Ela amamentou esses dois filhos em seus dois seios tão cheios de leite doce, que jamais podem secar. Esses seios eram e são o Antigo e o Novo Testamentos, com os quais a nossa Mãe, a santa Igreja, amamenta todos os filhos de Deus.

A esse respeito disse Nosso Senhor: "Ninguém deve ser admitido ao sacerdócio se não conhecer ambos, o Antigo e o Novo Testamentos; pois ninguém pode caminhar com um único pé e prestar serviço por muito tempo". Esses dois filhos também são os Pregadores e os Frades Menores, cujas primeiras raízes foram São Domingos e São Francisco. Ai, quanto se perdeu daquilo que realizaram fielmente! Quanto mais se perde disso, mais fracas ficam as Ordens. Quanto menos perdura, mais cedo nascerá outro filho do coração fiel do Pai eterno, que não pretende abandonar repentinamente os seus filhos.

São Domingos tratou seus confrades com atenção benevolente, com expressão amigável, com sabedoria santa, e não com má vontade, falsidade ou conduta assustadora. Ele incentivava o sábio à instrução, para que este unisse toda a sua sabedoria com a simplicidade divina; aos tolos ele ensinava a sabedoria verdadeira; aos tribulados ele ajudava a suportar em silêncio o tormento de seu coração. Aos jovens ensinou longo silêncio; assim aprenderiam a manter a postura por fora e a ser sábios por dentro. Ele consolava os fracos e os enfermos com muito amor, aliviando com zelo fiel toda a sua necessidade. Todos eles se alegraram com sua presença duradoura e salubre, que os aliviou em sua tribulação. No início esta Ordem era pura, simples e cheia de amor ardente por Deus. A simplicidade pura, que Deus concede a algumas pessoas, é tão ridicularizada por alguns, que elas perdem o dom de reconhecer e escolher a sabedoria de Deus. Com isso, apaga-se também o amor ardente por Deus.

Aquele que, na Ordem, deseja adquirir fama e respeito e aquele que aceita toda honra terrena como tentação devem abandonar essa postura por causa da verdadeira nobreza de seu espírito religioso, recebida de Deus na santa humilhação de seu coração. Assim, o religioso, ou deverá administrar a posição de honra com temor, pudor, zelo responsável, ajuda misericordiosa e alegria cativante ou entregar o fardo com toda a sabedoria. Pois um coração religioso precisa de paz, fazendo-a brotar amorosamente no encontro com a Santíssima Trindade.

Deus honrou esses dois filhos de quatro maneiras especiais. Ele fez isso para que não tivessem de se preocupar com nada além de evitar o pecado, "Pois todo o seu esforço e toda a preocupação", disse o Nosso Senhor, "deveriam estar voltados para a santificação do meu povo". A primeira maneira é que as pessoas os acolhem amigavelmente; a segunda é doação fiel para o seu sustento em vista de sua pobreza; a terceira é a mais santa sabedoria da verdade divina; e a quarta é seu poder frutífero na Igreja santa.

Assim, quando as pessoas impõem fardos aos irmãos sem empatia e explicação amigável, provocam muitos danos, sobre os quais devo me calar agora.

XXV – Através de uma coisa adquire-se no céu a maior alegria; disso seguem-se sete coisas; o louvor da pessoa entristecida traz sete proveitos

Algo do céu me traz grande alegria; ele é nobre e brilha lindamente no encontro com a Santíssima Trindade, mas custa muito nesta vida, ou seja: que na pobreza material, na humilhação, na doença, na pobreza espiritual e – o mais difícil – sob a coerção da obediência, com muita amargura interna e externa estejamos dispostos e sejamos capazes de louvar a Deus de coração, agradecendo-lhe com alegria e, voltando nosso anseio para o céu, transformá-lo em boas obras. Com isso, alma e corpo ganham tanto louvor e elogio no Reino dos Céus, que cantam e amam mais do que os outros, brilham mais fortemente na alegria, são mais adornados do que eles e, ao disporem de tudo isso, adquirem dignidade mais alta e experimentam a Santíssima Trindade com mais prazer do que eles.

"Senhor e Deus, como te agrada o louvor que uma pessoa entristecida te oferece em sua amargura?"

Ouvi agora o que Ele diz: "Ele ascende com poder e sua honra é e se torna múltipla, pois diante dele recua tudo o que foi criado, até ele chegar ao lugar divino da minha Santíssima Trindade. Lá ele realiza tamanho milagre, que penetra as minhas Três Pessoas e suscita em minha Santíssima Trindade o meu desejo de amor. O desejo que tenho, a alma o reconhece bem; não posso estar perfeitamente próximo dela se ela não se livrar de tudo e não se deitar nua em meu braço divino para que eu possa brincar com ela. Pois foi por isso que me entreguei ao seu poder – infantil, pobre, nu, despido, desprezado e moribundo –, para que apenas ela fosse minha companheira mais íntima e amada; e por toda eternidade ela flutuará em minha Santíssima Trindade, brincando e mergulhando como o peixe no mar. O que aconteceu com toda a labuta que ela suportou por minha causa? Ela será recompensada, dessa forma, com o meu amor".

XXVI – Como Deus se louva e canta

Ah, ouve agora como a Santíssima Trindade louva a si mesma em sua sabedoria sem início, em sua bondade sem fim, em sua verdade eterna e em sua plenitude da eternidade! Agora ouve a voz mais doce, mais sublime, mais prazerosa com a qual a Santíssima Trindade canta em si mesma com uma voz que tudo abarca, da qual surgiram as doces vozes de todos os santos que jamais se levantaram no céu e na terra, e que farão isso por toda a eternidade!

A voz do Pai proclama em louvor: "Eu sou uma fonte transbordante que ninguém jamais consegue esgotar. Mas o ser humano facilmente entope o seu coração com pensamentos vãos, de modo que a deidade, que nunca descansa e sempre age sem esforço, não consegue inundar a sua alma".

Assim canta o Filho: "A plenitude que sou e que ninguém pode deter volta para casa, pois todos os dons que já fluíram e sempre fluirão de Deus voltam para a totalidade com o seu Filho".

O Espírito Santo canta este louvor: "Eu sou a força insuperável da verdade; isso se revela nas pessoas que, com Deus, superam tudo que as aflige".

Assim canta a Trindade em sua unidade: "Eu sou tão forte em minha associação, que ninguém consegue me separar ou destruir em minha união eterna".

XXVII – Com doze palavras o Pai celestial recebeu seu Filho Jesus

Com as seguintes palavras o Pai celestial recebeu seu Filho, quando este retornou para a paz celestial após a sua luta terrena:

> "Sê bem-vindo, meu Filho maravilhoso, igual a mim! Minha mão em tuas obras, minha honra em teu poder, minha força em tua luta, minha glorificação em tua vitória, minha vontade em teu retorno, meu milagre em tua ascensão, minha ira em teu juízo! A noiva pura que Tu trazes para mim deverá permanecer eternamente unida contigo e comigo! Minha deidade é tua coroa, tua encarnação é minha penitência, o espírito de nós dois é uma vontade, um conselho, uma força em todas as coisas, sem início e sem fim. Tua alma é a noiva mais íntima das nossas Três Pessoas".

Ah, quão maravilhosamente se move a alma de Cristo na Santíssima Trindade indivisa – como o cintilar maravilhoso que brilha no belo sol e que ninguém consegue ver, a não ser que tenha olhos muito lindos.

XXVIII – Sobre as sete coroas de Frei Alberto; a lei de Deus é uma coisa, uma outra é a sua eleição

Onde o conhecimento abarca sabedoria e amor a eleição dá fruto; e ninguém sabe quão forte é o bem nele se não for tentado pelo mal.

Intercedi pela alma de Frei Alberto de Minden, e Deus me mostrou a sua dignidade. Vi sete coroas de virgens flutuarem sobre a sua cabeça. Então me admirei, pois ele tinha sido um penitente. Disse Nosso Senhor:

> "Ele recebeu estas coroas por, sob muitos esforços, ter levado sete virgens a manterem uma vida casta. Por toda a eternidade elas glorificarão a sua grande dignidade, mas jamais tocarão o seu corpo ou a sua alma".

A seguir vislumbrei o Reino dos Céus, onde havia recompensa, dignidade e coroa, mas tudo isso não é a mesma coisa. A recompensa se recebe pelas obras, a dignidade pelas virtudes e a coroa pelo amor. Sendo que o tamanho da recompensa depende da quantidade de boas obras, o tamanho da dignidade, da abundância de virtudes, e o brilho da coroa depende da entrega ao fogo do amor.

Frei Alberto disse-me que um determinado confrade morreria dali a seis anos, mas isso não se cumpriu. No sétimo ano perguntei a Nosso Senhor como isso era possível. E Ele me respondeu:

> "Ele viu a lei, e não a minha eleição. Eu elejo meus amigos especiais a partir de uma longa humilhação não merecida e deixo-os viver por mais tempo em anseio santo".

Quando o ser humano sonda o seu coração à luz do amor – isto é, na verdade –, ele só reconhece que deve ser desprezado, por direito, mais do que qualquer outro. Assim cresce o desejo com fome sem medida e o leva a mergulhar na vontade de Deus, que Ele decide mantê-lo vivo e lhe concede novos dons, se ele estiver disposto a dedicar-se a eles e preservá-los com zelo verdadeiro.

XXIX – Se o homem cedesse à força de atração de Deus, ele seria igual a um anjo e à maldade do diabo

Se alguém realmente seguisse à força da atração que emana de Deus e à luz que dele reconhece, alcançaria tamanha bem-aventurança e tamanho conhecimento santo, que nenhum coração o suportaria. Então, como um anjo, estaria o tempo todo unido a Deus, e se transformaria em inferno para o diabo e em Reino dos Céus para Deus. Mas quando a pessoa boa recua diante da força de atração, Deus lhe envia o diabo para ser tentada por ele com as coisas mais difíceis, para despertá-la. Então Deus retira do diabo o seu poder e protege essa pessoa, de modo que ela não caia. Mas o diabo realmente acredita que ele tem a liberdade de fazer com que a pessoa caia segundo a sua vontade; por isso trabalha tanto de dia e de noite.

Eu, coitada, já sofri isso muitas vezes! Deus tinha me prometido algo tão maravilhoso que, diante da minha indignidade, não ousei acreditar. Por isso, também não lhe agradeci. Então veio o diabo e quis me atormentar, e eu disse:

> "O que queres? Vês que Deus está aqui comigo! Como ousas atormentar-me na presença dele?"
> Disse o diabo: "Quero agora o que sempre quis: colocar o meu trono ao lado do trono dele. Sim, eu queria expulsá-lo do trono de tua alma e sentar-me nele. Também queria que o Reino dos Céus, o paraíso, o purgatório e a terra fossem um inferno no inferno eterno".

Argumentei: "Não queres que tudo isso seja o Reino de Deus para que também possas encontrar a graça?"
Ele respondeu: "Não, jamais estarei disposto para isso".

Eu: "Ai, como és completamente corrompido, que não sentes vergonha diante de Deus!" Ele: "Quem ainda tiver uma centelha do bem dentro de si, este não é totalmente mau, e quem peca perde a vergonha, pois se sentisse vergonha não pecaria. Eu sou totalmente descarado como uma mosca e sempre volto a atacar. Não poupo ninguém; apenas aquele que se defender com virtudes permanece a salvo, e aquele que estiver arraigado em Deus supera maravilhosamente todo sofrimento do seu coração".

XXX – Sobre vinte efeitos do amor de Deus e sobre suas múltiplas designações

Ó amor cordial de Deus, abarca sempre a minha alma, pois não ter-te me torturaria mais do que todos os tormentos.

Ó amor, não me deixes ficar morna; minhas obras estarão todas mortas se eu não te sentir.

Ó amor, tu tornas doce o tormento e a necessidade, tu instruis e consolas os verdadeiros filhos de Deus.

Ó laço de amor, tua mão suave é poderosa; ela amarra todos, jovens e velhos.

Ó amor, tu tornas leve os fardos pesados, e um pequeno pecado é grave para ti; tu serves sem salário, és submisso a todas as criaturas.

Ó doce amor de Deus, se eu demorar demais para fazer o bem, concede-me a graça, desperta-me e canta para mim. O cântico com que comoves a alma é como uma doce corda.

Ó amor, subjuga-me a ti, e eu me renderia com prazer. Toda a minha esperança é que, então, tirarás de mim esta vida.

Ai, amor de Deus, que se doa livremente; tu cuidas demais de mim, eu lamento isto sempre de novo.

Amor, tua nobre saudação preencheu meu coração.

Amor, o tormento por ti causado permite que eu viva sem pecado.

Amor, preciso pensar sempre em ti, e isso me causou doce tristeza.

Ó amor divino, como devo sobreviver pacientemente quando estás distante de mim?

Amor, é um êxtase celestial o fato de tua distância fazer-me bem.

Ó amor admirável, verdadeiramente bem-aventurado é aquele que é instruído por ti. É sua humildade prazerosa quando ele pede, senhora, que tu te distancies dele.

Ai, amor, quão raramente encontras aqueles que te procuram com todas as suas forças, em todas as coisas, desfrutam de ti com devoção constante e que te pedem em desejo amoroso que fujas deles. Numerosos, porém, são aqueles que te chamam com palavras e que, em suas obras, se afastam de ti.

Amor, teu ir e vir sempre são igualmente bem-vindos à alma que se encontra na ordem certa

Amor, sozinho efetuaste o milagre que Deus realizou em nós com afeto cordial.

Amor, tua mais nobre pobreza, que se coloca como um espelho diante de Deus na alma casta, desperta no seio virginal um desejo amoroso ardente por Jesus, o seu Amado. Aquelas que amam intensamente e são virgens, estas são as virgens dos serafins.

Amor, tua santa misericórdia causa muitas dores aos diabos.

Amor, tua paz suave amacia o coração e melhora o comportamento.

Amor, tua santa frugalidade gera um coração leve em pobreza voluntária.

Amor, tua perfeição verdadeira não gosta de se queixar de incômodo e refrega.

XXXI – Sobre dez efeitos do amor; nenhuma criatura pode mensurar completamente o anseio da alma por Deus

Ó amor, como a tua luz se espalha pela alma, quão flamejante é teu brilho, quão incompreensível é teu milagre, quão diversa é tua sabedoria, quão forte é tua dádiva, quão resistente é o teu laço, quão perfeito é o teu ser, quão suave é teu fluir, quão grande é o teu esforço, quão confiável é aquilo pelo qual te esforças e quão verdadeiro és em teu juízo! Quando penetras a alma com tudo isso, ela se eleva e voa com asas de pombo; isto é, com todas as virtudes. Então o seu desejo se inflama como o desejo da águia; ela segue o ardor até o céu, pois tudo o que é passageiro lhe parece frio e pouco atraente.

Assim falo com a boca da verdade:

> "Senhor, o desejo que tenho em mim quando Tu me atrais; Senhor, a sabedoria que então recebo no voo do amor; Senhor, a união que então compreendo em tua vontade; Senhor, a constância que então posso me segurar por tua graça; Senhor, a doce lembrança quando penso em ti; Senhor, o amor delicado que tenho por ti; tudo isso é tão rico em si mesmo e tão grande diante de teus olhos divinos. Se Tu não o soubesses, Senhor, então todos os grãos de areia, todas as gotas de água, todo capim e toda folhagem, pedra e madeira, todas as criaturas mortas e também todas as vivas: peixes, aves, animais terrestres, vermes, animais que voam e rastejam, diabos, pagãos, judeus e todos os teus inimigos, e mais: todos os teus amigos, pessoas, anjos, santos – bem, se todos esses seres pudessem falar e sua voz ressoasse até o Juízo Final –, Senhor, Tu sabes muito bem: todos eles não chegariam nem perto na tentativa de informar-te o significado do meu desejo, o assédio do meu tormento, a pressa do meu coração e o anseio da minha alma pelo cheiro de teus bálsamos e pela pertença inseparável sem interrupção!"
>
> "Sim, Maria, Senhora, Mãe de Deus, como passarias se, juntamente com o teu Filho, proclamasse à deidade eterna o amor que uma alma unida sem falsidade experimenta nesta vida na deidade eterna, e o toque com

que Deus a acaricia? Senhora, provavelmente te cansarias e teu Filho desfaleceria, pois a força ardente do amor divino supera toda capacidade humana."

XXXII – Sobre o fim sublime de Irmã Matilde

Agora estou sendo obrigada a escrever algo que prefiro ocultar, pois temo que toda honra vã me ataque secretamente. Temo, porém, muito mais, que eu, a mais pobre de todas, tenha me ocultado demais a julgar pelo juízo justo de Deus.

Preocupação, medo e um coração atormentado têm-me comovido desde criança quando penso em meu fim. Agora, já próxima ao fim de minha vida, Deus me revelou o seguinte: Quatro multidões vieram numa procissão do céu; eram virgens e anjos. As virgens significavam as virtudes com as quais o ser humano serviu a Deus, e os anjos significavam um modo de vida puro com o qual o ser humano obedeceu a Deus.

Nosso Senhor e sua Mãe sublime seguiam a procissão, até os primeiros pararem diante da boca do ser humano. O caminho era cheio de paz; por toda parte ela brilhava mais do que o sol com a luz dos santos que vinham da glória de Deus. Disse a alma: "Senhor, este caminho, mesmo que eu não seja digna dele, agrada-me imensamente. Mas estou muito preocupada, pois não sei como sairei do meu corpo". Disse-me Nosso Senhor: "Quando chegar a hora, eu inspirarei, de modo que tu me seguirás como a uma pedra magnética".

De ambos os lados da procissão havia uma multidão de diabos; eram tão numerosos que eu não conseguia contá-los. Mesmo assim, eu não temia nenhum deles. Eles se batiam cheios de raiva e se coçavam como loucos. A alma se alegrou ainda mais por ver o Senhor diante de si e, surpresa, lhe perguntou o que significava aquilo. Respondeu Nosso Senhor: "A alegria provém da certeza segura que te permite saber que todos esses diabos jamais voltarão a se colocar entre ti e mim".

XXXIII – Como os pecados pequenos prejudicam a perfeição; como o diabo se aproxima da alma por essa via

O que mais impede as pessoas religiosas de alcançarem a verdadeira perfeição é que elas não dão a devida importância aos pequenos pecados. Eu vos garanto: assim que erro com um riso que não prejudica ninguém, com uma amargura em meu coração que não revelo a ninguém, com uma pequena impaciência com meu próprio tormento, minha alma se torna tão escura, meus sentidos tão insensíveis e meu coração fica tão frio, que choro e lamento miseravelmente, desejando com toda força confessar humildemente todos os meus vícios. Somente então, eu, coitada, posso receber a graça de voltar, como um cão que apanhou volta para a cozinha. E quando tenho uma mácula não detectada em mim, aparece imediatamente uma mancha infernal em minha alma. Aí não há socorro: o diabo responsável pelo purgatório, no qual esse pecado deveria arder, deseja ver imediatamente sua imagem. Quando estou sozinha, sou tomada de pavor, mas recordo-me que minha alma foi libertada de todo pavor pela dádiva do amor. Então me prostro no chão e digo: "Miserere mei Deus" ou "Pater noster". Deste modo, retorno imediatamente ao meu doce paraíso, do qual a mancha me expulsara.

XXXIV – Sobre cinco novos santos enviados por causa de pessoas pecaminosas; como Deus lavará a Cristandade em seu próprio sangue

Em vista da nobreza própria à santidade e em vista da fraqueza própria ao ser humano, surpreende-me muito o fato de Santa Elisabete ter se tornado santa tão rapidamente, após passar tão pouco tempo na terra. Sobre isso instruiu-me o Senhor:

> "Cabe a um mensageiro ser rápido. Elisabete é e era uma mensageira que eu enviara às mulheres, que, sem pensarem na salvação de sua alma, ficavam sentadas nos castelos, penetradas profundamente pela falta de castidade, cobertas de orgulho e sempre cercadas pela vaidade que, por direito, teriam sido destinadas ao abismo. Muitas mulheres nobres seguiram seu exemplo na medida em que permitiam sua vontade e sua força.
>
> Enviei São Domingos aos incrédulos como mensageiro, aos tolos para a instrução e aos entristecidos como consolo.
>
> Enviei também São Francisco como mensageiro aos religiosos gananciosos e aos leigos orgulhosos.
>
> Além destes: São Pedro, o novo mártir, é minha testemunha com seu sangue, com o qual os falsos cristãos se sujaram. Todos eles diziam ser puros, mas, diante de meus olhos, eles são impuros. Diziam ser fiéis, mas, dian-

te de meus olhos, são infiéis. Diziam que me amavam, mas amavam muito mais a sua carne. Quem quiser perseverar comigo menospreze, juntamente com São Pedro, essa vida terrena. A culpa oculta é gerada pela necessidade revelada".

Eu, pobre pessoa, tornei-me tão corajosa em minha oração, que agi com ousadia e tomei nos braços de minha alma toda a Igreja que havia caído em culpa; mas foi difícil segurá-la. Então disse-me Nosso Senhor: "Deixa, ela é pesada demais para ti!" "Ah, não, amado Senhor! Vou levantá-la e levá-la até aos teus pés com os teus braços, com os quais a carregaste na cruz". Deus deixou que eu fizesse a minha vontade para satisfazer-me. Quando a Igreja miserável chegou diante do Senhor dessa forma, ela era igual a uma virgem. Olhei para ela e vi que o Senhor também olhava para ela. Então me envergonhei profundamente. Disse-me Nosso Senhor:

> "Vê! Convém que eu ame sem fim esta virgem em meu leito nupcial eterno, puxá-la para perto de mim com meus braços imperiais e olhá-la com meus olhos divinos, mesmo que ela seja cega em seu conhecimento e tenha mãos paralíticas por raramente fazer uma boa obra? Ela manca também com os pés de seu desejo, pois raramente pensa em mim. Além disso, ela tem uma pele suja, pois é impura e nada casta".

Disse-lhe o pobre espírito: "Como ela pode receber ajuda?" Respondeu Nosso Senhor: "Eu a lavarei em seu próprio sangue. Todos os beatos que são verdadeiramente inocentes, estes eu protegerei e, de maneira oculta, os tomarei para mim numa morte santa".

Nosso Senhor ainda disse: "Enviei Irmã Jutta de Sangerhausen, com sua oração e seu bom exemplo, como mensageira aos gentios". E completou: "Envio agora este livro como mensageiro a todas as pessoas religiosas, aos maus e aos bons, pois se as colunas caírem, a casa não poderá ficar de pé. Em verdade, eu te digo, este livro foi escrito com o sangue do meu coração que, no fim dos tempos, eu derramarei uma segunda vez".

Sobre três tipos de sangue: O primeiro sangue, que Abel, as crianças inocentes, João Batista e todos os que derramaram sangue inocente diante da mãe do Senhor, era o sangue de Cristo, pois, por amor a Ele, sofreram a morte bem-aventurada. O segundo sangue era o sangue do Pai celestial, que Cristo deixou fluir de seu coração inocente. O terceiro sangue que derramaremos antes do Juízo Final em fé cristã é o sangue do Espírito Santo, pois sem devoção ao Espírito Santo jamais uma boa obra será realizada.

O sangue dos mártires por Cristo resulta em comunhão e coroa. O sangue do Pai em Cristo dá salvação e fé. O último sangue, no Espírito Santo, dá vida eterna e honra.

XXXV – Como Irmã Matilde agradece a Deus, louva-o, pede por três tipos de pessoas e por si mesma

Ó Pai bondoso, Deus no Reino dos Céus, atrai minha alma sem fardo, livremente fluente em ti e flui ao encontro dela, Senhor, com tudo o que tens dentro de ti! Então ela poderá apropriadamente interceder, ordenar e louvar-te, Senhor, por toda a tua bondade.

Ah, concede-me, Senhor, a força de tua Santíssima Trindade no doce voo do amor, de modo que eu faça uso louvável de todas as tuas dádivas generosas e jamais te peça por algo, Senhor, que Tu não queiras me conceder para a tua glorificação.

Ah, Pai de toda bondade, eu, pobre pecadora, agradeço-te por todo o teu fiel carinho para com o meu corpo torturado, minha alma miserável, meu coração pecaminoso, meus sentidos entristecidos, minha existência desprezada pelo mundo – Senhor e Pai, possuo isto e nada mais –, em teu amado Filho Jesus Cristo e em comunhão de todas as criaturas na perfeição que elas possuíam antes da queda e para a qual retornarão na maior maravilha que podem e desejam alcançar.

Ó Pai amado, eu te louvo pela fiel proteção que sempre concedeste ao meu pobre corpo e à minha miserável alma. Com essas sete coisas, grande Deus, eu te agradeço por todas as tuas dádivas generosas que tu, Senhor, deste ao meu corpo e à minha alma. Com a multidão de todas as criaturas desejo, Senhor, glorificar-te hoje em todas e por todas as coisas que fluíram de teu bondoso coração. Mas com todas estas coisas, mais amado Senhor, eu te peço, para a tua própria glorificação, pelo aperfeiçoamento verdadeiro e pela conversão total dos pobres pecadores que hoje se encontram emaranhados em pecados mortais.

Peço-te também, meu verdadeiro amor, pelo crescimento santo de todas as virtudes e da fidelidade cristã em todos os beatos que aqui vivem sem pecado mortal.

Peço-te além disso, muito Amado, por todas as almas atormentadas que, por nossa culpa, acabaram no purgatório, o que nós poderíamos ter evitado pelo nosso bom exemplo.

Peço-te, Senhor, pela santa salvação, pela proteção verdadeira e pela plenitude do Espírito Santo especialmente para todos aqueles que, Senhor, ajudam-me a carregar minha miséria em corpo e alma por amor a ti.

Peço-te, rico Deus, por intermédio de teu pobre Filho Jesus, que transformes o tomento de minha pobreza espiritual e o fel da minha amargura em mel na boca da minha alma.

Peço-te, Deus vivo, pela dignidade imperecível da nossa fé cristã, que Tu, Senhor, a preserves de todas as falsas testemunhas através de tua sabedoria divina e faze, Senhor, que nosso espírito seja constante, que ele descanse em tua Santíssima Trindade.

Peço-te, bondoso Senhor, por todos os meus atormentadores cristãos, para que eles ainda venham a te conhecer e amar em santidade.

Peço-te, Deus onipotente, que, em sábia execução de teu governo, Tu impeças os malfeitores e poupes os inocentes na comunidade.

Peço-te, consolo eterno, que hoje consoles todas as almas oprimidas que partem cheias de medo de seu corpo, para que Tu, Deus misericordioso, sejas seu salvador e lhes concedas a vida eterna.

Peço-te, Senhor, pela perfeita purificação, constância espiritual e proteção louvável da verdade divina em todas as áreas, especialmente por todos aqueles que ocupam uma posição de dignidade e poder espiritual por amor a ti.

Peço-te, Deus misericordioso, em gratidão verdadeira a todas as tuas dádivas, por aqueles que, por amor a ti, carregam fardos de tristeza.

Peço-te, Deus santo, que olhes com misericórdia para a minha vida inútil, pela constante união contigo em minha alma e pelo alimento seguro de teu Santo Corpo, para que este possa ser o último alimento para o meu corpo e a minha alma.

Peço-te também, sublime e maravilhosa Trindade, pela minha última hora. Que na separação de minha pobre alma do meu corpo pecaminoso, Tu te inclines para mim, para que todos os meus inimigos me abandonem decepcionados. E, assim, eu possa ver-te sem cessar, segundo o doce prazer e meu longo desejo, de modo que os olhos da minha alma encontrem sua alegria em tua deidade e que teu doce prazer amoroso possa preencher a minha alma.

Per dominum nostrum Iesum Christum filium tuum. Amem

Sexta parte

I – Como um prior, uma prioresa ou outros prelados devem se comportar diante de seus subordinados

Poder é causa de grande preocupação. Quando dizem: "És agora o nosso prelado, ou nosso prior, ou a nossa prioresa", por Deus, querido amigo, tu te encontras em grande tentação. Então deves ajoelhar-te com grande humildade e, imediatamente, começar tua oração, pedindo que Deus te console. Assim, deves mudar teu coração em santo amor de Deus para que ames todos os irmãos ou irmãs em todas as suas angústias. É necessário que sejas feliz, cheio de afeto, sério e cheio de bondade para com todos os teus irmãos e subordinados, e, cheio de misericórdia, compartilhar de toda a sua refrega. É preciso enviá-los com palavras amigáveis para que preguem com coragem e ouçam confissões com atenção – para isso Deus os enviou para este mundo –, para que ajudem os pobres pecadores à maneira de Cristo – Ele, o Salvador do mundo inteiro, desceu do palácio sublime da Santíssima Trindade para o lamaçal deste mundo.

Deves falar a cada irmão com a humildade infinita de um coração puro:

> "Bem, amado amigo, eu, que não mereço nada de bom, sou teu servo, pronto para qualquer serviço sempre que eu for capaz;

> não sou teu senhor. Infelizmente, porém, sou teu superior, e te envio em amor cordial de Deus. Tua refrega me compadece muito, mas vejo também o outro lado: alegro-me muito pela grande dignidade que o Pai celestial te concedeu. Agora te envio com a mesma intenção com a qual Jesus partiu de seu Pai quando procurou aquela ovelha perdida até morrer por amor. O verdadeiro amor a Deus te guie em caminhos santos e em trabalhos úteis. Eu te acompanharei com o anseio da minha alma, com a oração do meu coração e com as lágrimas de meus olhos pecaminosos, para que Deus te mande de volta santo e cheio de amor, para a minha alegria. Amém".

Deste modo, transmitirás confiança aos teus irmãos quando partirem e os receberá com alegria quando retornarem.

Deves ir para a casa de hóspedes e, segundo a bondade de Deus, preparar tudo da forma mais agradável possível para os discípulos de Deus. Ó amigo, tu mesmo deves lavar os seus pés – permanecerás mestre ou mestra, mesmo que os sirvas com humildade. Não fiques muito tempo com os hóspedes, sabendo dirigir o convento de modo ordenado. À noite, os hóspedes não poderão ficar acordados até tarde; essa é uma obrigação sagrada.

Todos os dias, visite os confrades doentes para ungi-los, consolá-los com a palavra de Deus e refrescá-los com dádivas terrenas, pois a riqueza de Deus supera tudo. Deves limpar sua cela e, unido em Deus, alegrar-se com eles. Tu mesmo deves recolher seus excrementos e, com empatia e amabilidade, conversar com eles sobre a sua doença, permanecendo fielmente ao seu lado. Assim, a doçura de Deus fluirá maravilhosamente para dentro de ti.

Vai para a cozinha e garanta que os confrades do convento sejam bem alimentados, para que a mesquinhez e o desleixo do cozinheiro não privem Nosso Senhor do coro agradável, pois um religioso faminto nunca canta lindamente; além disso, um homem faminto é incapaz de estudar com proveito. Em vista dessas coisas, Deus muitas vezes é privado de algo muito bom por causa de algo muito ruim.

Nos capítulos precisas ser justo e fazer uso de benevolência e cordialidade, para, desse modo, aplicar uma sentença correspondente à culpa. Não uses o teu poder contra a vontade dos irmãos ou contra a vontade do convento, pois isso gera grande conflito.

Faça oposição aos pensamentos de soberba. Quando, por exemplo, aparentemente de modo inofensivo, atacarem seu coração, dizendo: "Olha, tu como prior (ou prioresa) estás acima de todos. Poderias muito bem fazer o que te parece melhor". Se agir assim, quebrarás a santa paz de Deus. Deves adotar uma postura humilde: "Amados irmãos e irmãs, o que achais disto?", e orienta-te pela melhor proposta.

Quando teus irmãos ou irmãs prestarem honra a ti, estremeça interiormente, observe atentamente o teu coração, apresentando-te envergonhado em postura modesta. Deves ouvir as queixas com misericórdia e dar conselhos com benevolência.

Se teus irmãos quiserem construir com pompa, deves rejeitar isso no espírito da piedade:

"Ó irmãos muito amados, queremos construir um palácio maravilhoso para a Santíssima Trindade em nossa alma com a madeira de construção das Escrituras Sagradas e com as pedras das nobres virtudes. A primeira pedra do palácio maravilhoso no qual o Deus eterno amará sem fim a sua noiva, como corresponde ao seu prazer poderoso e ao desejo acolhedor dela, é a humildade infinita. Essa pedra é lindamente talhada com o doce comedimento em transitoriedade terrena; aqui a soberba gananciosa e a honra vã jamais desdobrarão o seu poder a ponto de construirmos como os senhores e as damas terrenos. Antes, construiremos na terra como príncipes celestiais; assim, no Juízo Final, sentaremos juntos ao pobre Jesus como os apóstolos sublimes. Amados irmãos, construiremos a nossa morada celestial com alegria divina, e nosso abrigo terreno será construído no espírito do temor, pois não temos certeza se estaremos vivos na manhã seguinte".

Deves ter olhos de águia e observar minuciosamente os seus subordinados em Deus, olhando para eles com amor, e não com suspeita. Se encontrares alguém que secretamente está passando por provações, apoia-o com todo o amor. Assim, Deus estará próximo de ti.

Aos irmãos que exercem algum ofício desejo transmitir esta verdade que vislumbrei na Santíssima Trindade quando fiz minha oração miserável. Sempre que o ser humano rezar cristãmente, com um coração tão humilde que não suportaria que uma criatura fosse inferior a ele, e rezar com uma alma tão repleta de sofrimento que, durante sua oração, tudo se afasta dele com exceção de Deus, então ele é um *deus divino* com o Pai celestial. Mas é justamente aí que o ser humano mais se conscientiza de quão miserável ele realmente é; e também no doce abraço ele tem tanto medo de si mesmo, que sua consciência se enche apenas com a honra de Deus.

Quando ele fizer um trabalho realmente urgente verdadeiramente útil com o mesmo amor com o qual ele rezou, então será um *deus humano* com Cristo. Mas tudo o que fizermos sem utilidade e sem necessidade é um nada diante de Deus.

Quando o ser humano instrui o ignorante exclusivamente por amor a Deus, e não por uma recompensa terrena, converte o pecador, consola o entristecido e traz o desesperado de volta para Deus, então ele é um *deus espiritual* com o Espírito Santo.

Ah, bem-aventurado aquele que realiza tudo o que é louvável diante de Deus e possível ao ser humano em amor constante para a glorificação de Deus, com a firme vontade de todo o seu coração, pois ele é verdadeiramente um com a Santíssima Trindade.

Mas a poeira do pecado que, quase sem a nossa vontade, cair sobre nós, é destruída tão rapidamente pelo fogo do amor como o olhar dos olhos da nossa alma tocam a deidade com o suspiro do doce anseio do qual nenhuma criatura pode se esquivar. Quando ela começa a ascender, a poeira do pecado se solta dela. Assim, ela se torna divina em Deus; isto é: o que ele quer ela também deseja, e eles só podem estar unidos em plena união.

Ah, ser humano, sempre deves ter uma hora livre ao nosso amado Senhor Deus, de dia ou de noite, na qual possas rezar sem perturbação, pois o dom celestial pelo qual Deus costuma falar e instruir seus amigos eleitos é, por natureza, muito nobre, puro e flui muito docemente quando o Deus eterno deseja visitar a alma sedenta de amor no estreito leito nupcial. Pois Ele está tão ferido pelo amor a ela que, durante mais de trinta anos, desistiu de tudo o que lhe era apropriado para poder beijá-la e abraçá-la. Se contemplares isso, como podes te comportar tão rudemente a ponto de não lhe dar uma hora por dia pelos seus trinta anos!

Se eu, a mais miserável entre todas as pessoas, desejo rezar, adorno-me de acordo com a minha baixeza; visto-me com a sujeira que eu mesma sou; calço como sapatos o tempo valioso que tenho desperdiçado em minha vida; cinjo-me com o tormento que mereci; cubro-me com o manto da maldade que me preenche; coloco sobre a minha cabeça a coroa da vergonha oculta que causei a Deus; coloco em minha mão o espelho do conhecimento verdadeiro, vendo nele o que realmente sou. Então vejo, para a minha infelicidade, nada além de ais e calamidades!

Prefiro vestir essas roupas a qualquer bem terreno que podemos querer possuir, e, ao mesmo tempo, elas são tão repugnantes, que preferiria me vestir com o inferno e me coroar com todos os diabos! Ai! Quão frequentemente vêm os ladrões da inconstância e tiram de nós essas roupas! Quando estamos satisfeitos conosco e, apesar do peso de nossa culpa, nos declaramos inocentes, somos atacados pela honra vã e derrubados pela soberba; então somos mais nus do que nus. Então nos envergonhamos muito diante de Deus, de seus amigos e de todas as criaturas!

Se quisermos superar toda a nossa vergonha com grandes honras devemos nos vestir de maneira descrita. Se estivermos adornados e procurarmos Jesus, meu amado Senhor, não o encontraremos tão rapidamente. Devemos nos colocar diante de Deus com coragem, com grande anseio, envergonhados, conscientes, com amor fluente e com temor humilde; então desaparecerão os excrementos dos pecados diante dos olhos de Nosso Senhor e Ele voltará sua luz para a alma, que começará a fluir em amor cordial. Dessa forma cairá da alma toda a sua culpa e miséria. Nosso Senhor a introduzirá em todo o seu querer e ela provará de sua doçura. Ele se voltará para ela em sua deidade, de modo que a força da Santíssima Trindade penetrará totalmente a alma e o corpo. Assim, a alma receberá a verdadeira sabedoria. Ele a amará de tal modo que ela ficará totalmente fraca, e ela o deixará doente de amor. Nosso Senhor estabelecerá novamente a medida para ela, pois Ele conhece a medida dela melhor do que ela mesma. Ela desejará demonstrar-lhe grande lealdade, e então ele lhe concederá conhecimento pleno. O corpo dela passará a chorar de alegria por causa do amor dele, e Ele fortalecerá nela todos os dons por meio de santa sensação. Se ela estiver disposta a se proteger contra o amor ordinário de sua carne e contra a doçura devoradora de todas as coisas terrenas, poderá amar de maneira perfeita e tomar todas as coisas como ocasião de grande louvor a Deus.

Agora, caro amigo, há ainda duas coisas das quais deves te proteger com zelo santo, pois jamais trouxeram fruto santo. A primeira é que um homem, ou uma mulher, poderá apresentar muitas boas obras e uma conduta reta com a intenção de ser escolhido, ou escolhida, para ser prior ou prioresa – tal postura é repugnante. Assim que ele ou ela tiver o poder em suas mãos, seus vícios se tornarão tão numerosos, que nenhum de seus subalternos receberão qualquer ajuda.

Assim ele ou ela perderá seu respeito, e as virtudes fingidas se transformarão em vícios. A segunda é que um homem ou uma mulher, quando eleito/a licitamente, poderá mudar tanto de comportamento, que desejará ficar para sempre no cargo. Isso é sinal de um grande vício. Mesmo que ele/ela preencha o ofício de modo louvável, sempre deverá ter temor e humildade.

Quem quiser falar comigo depois de minha morte, seja uma mulher verdadeira ou um homem reto, e não conseguir fazê-lo, deverá ler este livro.

II – Regra de conduta de um sacerdote; esta veio de Deus

Devemos saudar as pessoas com a plenitude divina do Espírito Santo e lhe agradecer por sua dádiva misericordiosa. Devemos ainda, em comunhão com todas as criaturas, agradecer diariamente e sem cessar o Pai celestial pela santa dádiva que Ele derrama no coração dos pecadores. A águia não deve agradecer à coruja por voar tão alto.

A pedido de um senhor, intercedi a Deus por ele. E esta foi a resposta santa de Deus:

> "Sua ambição é uma vida humilde, a minha dádiva que lhe dou é muito grande e seu desejo é santo, mas ele deve permanecer exatamente onde está".

Deus ainda instruiu:

> "Ele deve rezar sem cessar, como exige o ofício sacerdotal. Eu lhe darei a minha doçura divina, da qual ele deverá desfrutá-la na solidão de seu coração. Quando ele estiver em tentação deverá clamar a mim, que irei

ao seu socorro. Ele deverá cumprir fielmente sua obrigação e não fazer altas despesas. Ele não deverá convidar ninguém para a sua casa para aumentar a sua fama ou por um lucro qualquer; antes, deverá ter servos para as suas necessidades imprescindíveis. Ele não deverá se sobrecarregar com os seus parentes; mas se algum deles quiser segui-lo, deverá ajudá-lo.

Ele deverá usar roupas finas como agora; mas diretamente sobre a sua pele deverá vestir uma roupa áspera contra as muitas sensações doces que experimentou através de sua pele. Deverá dormir sobre palha, entre duas cobertas de lã, e dois travesseiros sob a sua cabeça; durante o dia deverá estender uma linda coberta sobre a sua cama, mantendo-a onde está, visível para todos. Assim, com um coração humilde, será um bom exemplo para a má conduta de vida. Ao lado de sua cama terá duas varas, com as quais deverá se flagelar ao acordar.

Uma vez ao dia se ajoelhará e fará uma oração como esta: 'Senhor, Pai eterno, Deus no Reino dos Céus, eu, homem indigno, agradeço-te por teres me concedido a tua graça. Agora eu te peço, amado Pai, juntamente com todos os teus amigos, que teu doce rio celestial, que flui sem cessar do poço vivo insondável de tua Santíssima Trindade indivisa, purifique a minha alma de todas as manchas per Dominum nostrum'."

Então perguntei:

"Senhor, como ele pode se manter livre de pecados nesta posição de honra terrena?"

Disse-me Nosso Senhor:

> "Ele deve viver em temor constante, como um rato preso numa armadilha, aguardando a sua morte. A parte inferior da armadilha é esta honra terrena; a parte superior é a minha força onipotente".

E Nosso Senhor ainda observou:

> "Aquele que deseja provar-me verdadeiramente deverá sempre, em todas as ocasiões, temer os prazeres do corpo. Quando comer, deverá ser comedido. Quando se deitar, deverá se controlar e estar a sós comigo. Quando tiver companhia, deverá ser um rato em seu coração. Quando se confessar, deverá ser verdadeiro e obediente, cumprindo as orientações de seu confessor".

III – Deus concede domínio; como bodes se transformam em cordeiros

O fato de que o senhor mencionado foi eleito decano é a vontade de Deus, pois ele mesmo comunicou isso deste modo: "Por isso eu o tirei de uma cadeira e o coloquei em outra, para que os bodes sejam alimentados". Glosa: A razão pela qual Deus chama os cônegos de bodes é que sua carne cheira a luxúria diante de sua Santíssima Trindade. A pele do bode é nobre; o mesmo vale para sua posição e seus privilégios. Mas quando essa pele se desprende depois da morte, todos eles perdem a sua dignidade. Perguntaram a Nosso Senhor como esses bodes podem se transformar em cordeiros. Nosso Senhor respondeu: "Quando comem a comida colocada em sua manjedoura – isto é, a santa penitência e o conselho confiável da confissão – então eles deveriam se transformar naquele tipo de cordeiro que chamamos de carneiro: cordeiro com chifres".

Os chifres são o poder espiritual, o qual usam para o louvor de Deus. É preciso ser forte e confiar plenamente em Deus, pois Ele diz: "Eu mesmo o ajudarei a executar sua tarefa".

IV – Sobre a esperteza e o medo que protegem os sentidos das coisas terrenas

Ai, pobre de mim, eu lamento diante de Deus, no Reino dos Céus, por ser pior do que trinta anos atrás. As criaturas que, na época, ajudaram a suportar minha miséria, não precisariam ter sido tão nobres quanto aqueles cuja ajuda necessito agora para curar o meu pobre corpo. Por isso é preciso ter dois guardiões entre a minha alma e todas as coisas terrenas, para que meu corpo não se agrade com elas mais do que minha necessidade miserável justifique. Eles protegem também os meus sentidos, para que essas coisas terrenas não despertem em mim a ganância de querer possuir muito ou desfrutá-las por muito tempo.

O primeiro guardião é a esperteza, que julga todas as coisas de tal modo, que elas sejam aproveitadas exatamente como corresponde à vontade de Deus, e assim o coração humano sempre as estranhe. Quando o ser humano perder coisas terrenas, que seu coração fique tão leve, sua alma tão livre e seus sentidos tão despreocupados, que ele se sinta tão bem em Deus quanto como se o seu melhor amigo tivesse retirado dele o fardo mais pesado. Isso porque, para quem as coisas terrenas não são um fardo pesado, não pode ser chamado de verdadeiramente espiritual diante de Deus. Disse Nosso Senhor: "Na necessidade deve-se usar corretamente todas as coisas corretamente. A pobreza boa é necessitada e santa, pois nenhuma abundância pode trazer escuridão para a alma".

Meu segundo guardião é o temor santo, que, com a sabedoria de Deus, impede que minha alma se incline para as coisas terrenas que lhe são dadas. Ela as aceita como uma tentação, temendo a ganância e a honra vã, que obscurecem tantas pessoas louváveis na vida religiosa, que elas perdem a luz da espertеza e o fogo do amor, deixando de provar a doçura de Deus, a paz, a misericórdia e o desejo por tudo isso, sem que percebam.

Diz Nosso Senhor: "Eles fazem contas bonitas, querendo amar coisas terrenas e se apoderar muito delas para que possam servir ainda melhor; mas, assim, servem mais a si mesmos do que a mim". O homem que adquire algum conforto ou busca sua própria vantagem vive para si mesmo, mas toda pessoa deveria ser em si mesma um Cristo, para que possa viver para Deus, e não para si mesma. Aquele que vive completamente para Deus não se importa com aquilo que possui além da santa pobreza na qual Deus o coloca com seu poder. Por isso, Ele tirou do céu o seu Filho mais amado e o colocou numa manjedoura à beira da estrada, igualmente retirando de seus amigos eleitos todo conforto terreno, para que tenham fome do conforto celestial.

Uma pessoa verdadeiramente santa tem mais medo da felicidade terrena do que preocupações com necessidades terrenas. Por quê? A morada dessas pessoas está no Reino dos Céus, e neste mundo está a sua prisão. Por isso, diz Nosso Senhor: "Aquele que reconhece a nobreza da minha liberdade e a ama também precisa me amar nas criaturas. Assim, sempre serei, em sua alma, o seu mais próximo".

V – Depois do amor e do desejo, a beleza da criatura comunica conhecimento misturado à tristeza

O primeiro conhecimento que Deus me concedeu após o toque do amor e o fluir do desejo foi a tristeza. Sempre que via algo bonito ou querido para mim, eu começava a suspirar, então chorava, começava a ponderar, a lamentar e falar assim: "Ah não, agora deves ter cuidado, pois este não é o teu Amado que saudou o teu coração, iluminou os teus sentidos e cativou a tua alma. Que a doçura múltipla de coisas terrenas não te afaste dele. Mas a excelência, a beleza e a utilidade das criaturas devem te fazer encontrar a Deus, e não a ti mesma".

VI – No último tempo deves ter amor, desejo e temor; três tipos de arrependimento

Perguntei a Nosso Senhor como deveria me comportar no último tempo antes do meu fim. Então Ele me disse: "No fim de tua vida deves comportar-te como fazia no início. Deves ter amor, desejo, arrependimento e temor. Essas quatro coisas foram o começo de tua vida e também deverão ser o teu fim". Então lhe perguntei: "Amado Senhor, onde ficam duas outras coisas que são o fundamento e a coroa da honra celestial: a fé cristã e a esperança verdadeira?" Ele me respondeu: "Tua fé se transformou em conhecimento e tua esperança se transformou em certeza real". Vi e conheço essa explicação em seu coração.

Tenho igualmente um triplo arrependimento. Aquilo que me traz mais arrependimento são os meus pecados, e isso provém do amor; a perda do tormento do arrependimento se dissolveu no amor.

Arrependo-me igualmente dos pecados de todas as pessoas, de modo que me sinto como um enfermo que deseja algo tão valioso que não pode tê-lo, ou apenas raramente. Por isso, meu coração se enche de choro e minha alma caça o grande animal selvagem. Disse Nosso Senhor: "Não é possível prender os animais grandes, a não ser que sejam levados para a água. Da mesma forma, um pecador jamais se converterá se o desejo de pessoas santas não o levar para as lágrimas profundas de seus corações".

Por último, arrependo-me de todas as boas obras que deixei de praticar por causa do meu amor à carne e sem necessidade urgente. Disse Nosso Senhor: "Não se pode construir uma morada a não ser que haja um lugar para isso. Da mesma forma, é impossível receber recompensa no céu sem a prática de boas obras". Ele nos abre a essa possibilidade do amor cordial e diz a cada alma: "Recebe, minha mais amada, esta grande dignidade; tu mesma a mereceste". Para que Deus possa falar estas palavras para a honra e a alegria da alma – como se Ele não fosse a causa de sua bem-aventurança –, Ele dá muito valor aos nossos esforços, à nossa pobreza e à nossa doença. Aquilo que suportamos aqui em amor verdadeiro serve para que Ele possa recuar de modo tão nobre de sua justiça, como convém à sua deidade.

Isto eu escolhi da abundância das dádivas de Deus.

VII – Nossa vontade própria consegue resistir à "barbela"; a alma boa é rápida a caminho de Deus

Próximo a mim há uma religiosa cujo mau comportamento devo suportar, pois ela não quer me obedecer em nada. Sobre isso, queixei-me a Deus de todo coração, perguntando-lhe pela causa disso. Ele me disse: "Vê em que ela está pendurada!" Então pude ver que um diabo especial seguia aquela pessoa, impedindo-a de fazer o que era bom. Perguntei ao diabo: "Quem te deu o poder de difamar a Deus nesta irmã?" Ele respondeu: "Foi a sua própria vontade livre que me deu o poder".

Então eu pude perceber que o diabo seguia da mesma forma as pessoas religiosas, dando-lhes o poder sobre elas mesmas ao levarem uma vida cheia de mentiras. Desse modo o diabo podia se declarar inocente diante de Deus. Eu lhe perguntei: "Quem ajudará essa pobre pessoa a se livrar de ti?" Então o diabo, obrigado por Deus, disse: "Ninguém pode ajudá-la senão sua própria vontade, pois Deus lhe deu o poder de mudar a sua postura. Se ela fizer isso, devo liberá-la imediatamente". "Agora te pergunto, em nome da eterna verdade: Como te chamas?" Respondeu o diabo: "Chamo-me 'barbela', e esta multidão que vês atrás de mim são meus companheiros na mesma tarefa que tenho. Seu número é tão grande quanto o número das pessoas por nós encontradas que não estão dispostas a obedecer à sua direção benevolente, que lhes aconselha praticar o bem".

Então minha alma desejou tanto a presença de Deus, que ela, sem qualquer esforço, elevou-se e se envolveu na Santíssima Trindade como uma criança se envolve no manto da mãe e se aconchega em seu peito. Minha alma disse com o poder e com a voz de todas as criaturas:

"Ai, muito Amado, agora contempla o meu sofrimento com essa pessoa, de modo que Tu, Senhor, mudes a sua postura através de tua divina doçura". "Não", disse o Nosso Senhor, "ela não é digna de minha doçura, mas farei com que seu corpo adoeça, de modo que seu tormento a paralise, para que não sinta mais qualquer vontade de seguir caminhos pecaminosos. Eu a deixarei tão muda, que não dirá mais qualquer palavra má. Ela também ficará cega, para que se envergonhe de ter contemplado coisas nulas. Mas, então, tudo o que farás por ela farás por mim".

E, verdadeiramente, tudo isso aconteceu após 14 dias. Amém.

VIII – Entre Deus e lúcifer existem dois tipos de purgatório; como o diabo atormenta as almas

O nosso irmão humano Jesus Cristo ascendeu ao céu com todas as virtudes para a glória de sua deidade, e ninguém pode segui-lo até lá se também não tiver todas as virtudes. Igual à Santíssima Trindade, Ele se assentou acima de tudo, na gloriosa altura, com todos os seus amigos virtuosos, que são gloriosos, belos e cheios de alegria na mesma medida em que trazem consigo a louvável imagem de suas virtudes divinas. Sim, os atos virtuosos praticados pelas pessoas aqui na terra, com boa vontade e sem má intenção, adornados com amor e realizados sem pecado são, no Reino dos Céus, as cordas da alma fiel e do corpo obediente que soam na Santíssima Trindade, de modo que o Pai agradece ao Filho por tê-las conduzido até lá com as suas virtudes, e ao Espírito Santo que, com sua doçura, levou-as a contemplar e amar todas as coisas com Deus.

Por outro lado, lúcifer afundou sob todas as coisas com aqueles que só pensam em vício.

Entre a altura de Deus e o abismo do diabo encontram-se dois tipos de purgatório, com muito tormento e sofrimento. O primeiro purgatório é a dor salubre que sofremos neste mundo através de muitos tormentos. O segundo purgatório, depois desta vida, é tão grande, que ele começa antes da boca do inferno e termina diante do portão do céu.

Mas os diabos só podem atormentar as almas na terra, no ar, nos lugares em que os homens pecaram e nas alturas, onde agitaram o ar com seus pecados. É com isso que o diabo os condena, para que sua vergonha e seu tormento sejam ainda maiores por causa de todos os pecados que não são pagos aqui. Mas quando se tornam beatos ao ponto de serem libertos das garras do diabo, eles ardem – como castigo menor – em si mesmos. Depois, através de intercessão e do suportar paciente, eles se elevam acima de toda tortura; ou seja, aproximam-se tanto do Reino dos Céus, que passam a possuir todas as alegrias, com exceção de três: não veem a Deus, não receberam a dignidade e não foram coroados.

Destarte, é o purgatório na terra e no ar, entre o inferno e o Reino dos Céus. Isso, porém, deve ser entendido de modo figurado, pois a alma não pode sofrer tortura de coisas terrenas quando deixa o corpo.

IX – Aquele que honra os santos é louvado por eles e deles recebe confiança na morte

Quando honramos os santos com memória festiva e com todo o amor que somos capazes de sentir no dia em que Deus os honrou com uma morte santa, eles aceitam isso com tanta benevolência, que se manifestam a nós em toda a glória por causa da excelência que lhes foi concedida.

Vi isto verdadeiramente no dia de Santa Maria Madalena, quando louvávamos a Deus com lindo cântico por causa da grande dignidade que ela tinha recebido como recompensa. Ela dançava no coro à música sagrada. Olhou nos olhos de cada cantor, dançou e disse: "Todos aqueles que honram a minha morte eu os visitarei na hora de sua morte e os honrarei. Irei em seu socorro exatamente segundo o seu mérito".

Quatro grandes arcanjos a conduziam em seu meio, e o número dos anjos menores era maior do que um homem poderia contar. Então perguntei como se chamavam os quatro príncipes. Ela respondeu: "O primeiro se chama Força, o segundo, Anseio; o terceiro, Boa Vontade; e o quarto, Constância. Isto porque essas são as quatro virtudes com as quais superei todo o sofrimento do meu coração. Por isso, Deus deu-me mais dois como recompensa: Servo e Coroa. Com os outros santos aconteceu o mesmo".

Então disse Nosso Senhor: "Quando se sopra a menor centelha ela doa calor e luz no fogo celestial, que é alimentado pelos santos ardentes".

X – As orações, as missas, a palavra de Deus, a vida de pessoas pias e o jejum libertam as almas do purgatório

Intercedi por uma alma cujo corpo havia sido assassinado em meio a uma vida pecaminosa.

Nosso Senhor disse: "Sete anos de jejum e sete carências; isto seria como uma gota de chuva num poderoso fogo. Durante trinta anos não o libertarei, mesmo que intercedam por ele. Pois, por tola arrogância, ele perdeu sua vida trinta anos antes do tempo; estes ele terá que me devolver no tormento".

A alma disse: "Ai, Senhor, então minha intercessão não pode alcançar a tua graça?"
Deus disse: "Sim, onde dois lutam um com o outro, o mais fraco sucumbirá. Eu quero ser o mais fraco, apesar de ser onipotente. Seu resgate foram três mil missas, pois ele nunca ouviu uma missa completa, a não ser que o fazia por vergonha".

"Senhor, através de que ele foi salvo?"
"Quando ouvia a minha palavra, ele suspirava. Eu o recompensei porque, no fim de sua vida, ele suspirou sobre os seus pecados".

"Senhor, se um tio por parte de mãe, que levou uma vida religiosa cheia de penas e dores desde a juventude até a idade avançada, sacrificasse isso por ele e assumisse a posição pela qual chamou atenção por causa de seu amor por ti, então libertarias a alma?"
"Sim", disse Nosso Senhor, "se eu fosse comovido a tal ponto, eu teria que conceder sua liberdade".

"Senhor, se o religioso doasse todas as suas boas obras à pobre alma, o que aconteceria?"

No mesmo instante, Deus me mostrou o beato. O que, antes, não havia sido possível por causa de seu castigo pela luxúria, que minha alma não suporta, agora, ele estava mais belo do que o sol e flutuava em glória brilhante muito acima de toda miséria terrena. Então ele disse cheio de alegria:

> "Dize aos meus amigos: se a terra fosse dourada e o sol brilhasse sem cessar de dia e de noite, e a isso se juntasse o ar amável de maio e lindas flores com frutas maduras, mesmo assim eu não desejaria estar ali, de tão cheia de alegria que é esta vida".

E ele ainda nem havia alcançado o céu eterno!

XI – Um erudito morto foi visto como pregador

Assim disse Nosso Senhor: "Eu te digo em minha deidade flamejante e em minha humanidade viva que sua natureza foi mortificada numa morte santa, de modo que ele jamais poderá cometer um pecado mortal na terra". Então o erudito foi visto em forma de um pregador; ele estava no topo de uma coluna de mármore vermelha e pregava isto para o povo: "Venite, benedicti Patris mei, vinde para mim, todos vós bem-aventurados, e parti de mim, todos vós malditos!" Então se viu e reconheceu que todos os Pregadores nos instruem acerca dessas palavras.

XII – Como deves te comportar em 14 casos

> Quando rezares deverás te rebaixar em grande humildade.
> Quando confessares deverás ser verdadeiro.
> Quando cumprires penitência deverás ser zeloso.
> Quando comeres deverás ser comedido.
> Quando te deitares deverás fazer isso de forma disciplinada.
> Quando estiveres a sós não deverás pensar nada mau.

Quando estiveres entre pessoas deverás ser sábio.

Quando te ensinarem bons costumes deverás ser estudioso.

Quando repreenderem tua maldade deverás ser paciente.

Quando fizerem algo bom deverás considerar mau a ti mesmo.

Quando agires mal deverás implorar pela graça.

Quando fores hipócrita deverás ter medo.

Quando estiveres desanimado deverás ter grande confiança em Deus.

Quando fizeres trabalho físico deverás apressar-te; assim, poderás afugentar pensamentos maus.

XIII – Como pessoas religiosas resistem à intimidade com Deus por cegueira; sobre a força sêxtupla da dádiva de Deus

"Ah, amado Jesus, Deus no Reino dos Céus, devo consultar-te em um assunto que não consigo mais suportar por causa da grande ilusão que vejo nele." Muitas pessoas religiosas resistem à intimidade divina sempre que Deus permite que seu coração divino resplandeça tanto de amor diante da alma abençoada, que uma pequena centelha salte para a sua alma fria. Tanto absorve dela, que o coração humano começa a arder, sua alma começa a fundir e seus olhos começam a transbordar. O Senhor deseja tornar uma pessoa tão celestial, que as outras pessoas possam ser conduzidas por ela, mediante a imitação, ao amor e ao conhecimento de Deus. Mas seus sentidos humanos dizem:

"Não, eu posso ser útil com atividades externas". Esta é a postura de certos religiosos.

> Nosso Senhor lhes diz: "Minha deidade veio para a terra. Como homem, eu fui torturado, minha deidade tomou a cruz sobre si; como homem eu sofri a morte, minha deidade ressuscitou dela e me conduziu para o céu. Todos os que me rejeitam deverão ser rejeitados por mim. O que o homem consegue fazer por força própria – além do pecado –, pois, como homem, nunca realizei algo que não tenha sido premeditado por minha deidade".
> Eles dizem: "Senhor, é um sinal de sabedoria poupar o corpo: quando o sopro divino de tua Santíssima Trindade desce tão amigavelmente e penetra a alma com tanto poder que o corpo perde a sua força, então o homem nada pode realizar".
>
> Disse-lhe Nosso Senhor: "Não se deve oferecer comida ao rei antes de ter suprido suas necessidades terrenas. Minha dádiva concede ao homem dignidade especial ao corpo e à alma. Ela instrui os tolos e consola os sábios; ela também leva ao poço inesgotável, do qual flui louvor eterno e honra infinita quando, como fruto maduro, volta a ascender para o lugar de onde fluiu".

Sim, a graça com que Deus, de acordo com o seu costume, sobrepuja o homem é tão nobre e vem com tanto afeto, que este não pode cometer um único pecado pelo bem de coisas transitórias. Ai, alma ordinária, como podes suportar afastar Deus de ti antes mesmo de ter desfrutado da maneira correta segundo a sua vontade, pois a sua mais alta alegria está oculta em ti.

Queres saber como deves aproveitar a santa dádiva de Deus e segundo a sua vontade? Ela mesma te instruirá sobre isso se for bem-vinda. Com conduta externa virtuosa e com anseio interior deves recebê-la, obedecendo-lhe em todas as necessidades. Concede-lhe tempo e espaço dentro de ti – ela não pede mais do que isso. Ela te fundirá tanto em Deus, que tu reconhecerás a sua vontade: por quanto tempo deves ceder ao seu carinho amoroso, quando e de que modo deves te empenhar em prol dos pecadores e daqueles que estão no purgatório e contemplar a necessidade de cada pessoa, esteja ela viva ou morta.

Quando completares isso em teu interior, para a alegria de Deus e na medida que a força de tua alma permitir – pois ela se cansa enquanto estiver presa ao seu corpo mortal, – esta dirá, após este deleite: "Senhor, afasta-te agora de mim no interior e me sustenta no exterior, para que todas as minhas obras brilhem através da tua dádiva, eu sofra e não me queixe da minha dor".

XIV – Às pessoas que se queixam no tormento faltam seis coisas; como devemos suportar doença e humilhação

Aquele que se queixa em voz alta sobre aquilo que o atormenta, este ou é cego em conhecimento ou é pobre em paciência; ele também esfriou no amor e enfraqueceu em suas virtudes, ou seus sentidos são tolos e incapazes de encontrar palavras apropriadas.

> Disse Nosso Senhor: "O ser humano não quer estar doente e não quer ser desprezado. Em que, então, fundamentarei a sua honra?"

"Senhor, quando o ser humano está doente e é desprezado, com que deveria aumentar a tua honra?"

"Quando está doente, ele deve me honrar, servir, amar, simplesmente através de bom ânimo e paciência; quando é desprezado, ele deve me amar e ser paciente. Pois quando os pregadores e confessores estão tão sobrecarregados em seu ofício, que eles não conseguem exercê-lo, mesmo tendo boa vontade, isso não impede a sua bem-aventurança; é um adorno para a sua auréola".

XV – Sobre o tormento de Henoc, Elias e dos últimos pregadores; sobre a maldade do anticristo

Eu disse a Nosso Senhor: "Ó poderoso amor de Deus, tu me levaste a um sofrimento tão doce que, cheia de tormento, minha alma anseia por um milagre. Pois quando penso que meu corpo deve se apagar na morte de tal modo que meu amado Jesus não me preencha mais com anseio ou louvor, fico tão triste que desejo viver até o Juízo Final – se isso fosse possível. A isso me obriga o amor fiel, que pertence exclusivamente a Deus, e não a mim".

Ele me respondeu: "Quando tua morte se aproximar, arrepende-te de toda a tua vida, por mais santa que sejas!"

Continuei: "Ó Senhor, eu te peço que meu anseio não morra quando não conseguir mais realizar nada com o meu corpo".

Ele: "Teu anseio viverá, pois ele não pode morrer; é eterno. Se ele perseverar por minha causa até o fim dos tempos, então alma

> e corpo voltarão a se unir. Então eu o inserirei novamente; assim ele me louvará sem fim. Ele me serviu desde o início, pois tu desejaste viver por mim desde o tempo de Adão até hoje; assim, quiseste tomar sobre ti o sofrimento e o refrego de todas as pessoas. E digo mais: Deves permanecer até o último homem".
>
> "Ó meu muito Amado, quem será o último homem ao qual meu ser se juntará? Pois no fim do mundo não haverá mais religiosos." Respondeu-me ele: "Henoc será o último homem a levar uma vida religiosa".

Então Deus me revelou novamente o fim deste mundo, quando os últimos irmãos serão torturados. Para seus cabelos, que jamais deverão ser cortados, a vontade de Deus tem um plano especial: com eles o anticristo os enforcará em árvores; lá estão pendurados e sofrerão uma morte honrosa, pois, em seu interior, seu coração arderá no doce fogo celestial com tanta força quanto seu corpo se distorce em tormento. Visto que o Espírito Santo concederá consolo enquanto o pobre corpo sofrerá o tormento, a alma se separará de seu corpo sem que o tormento provoque qualquer pavor.

Elias e Henoc caminham da Índia até o mar, e uma multidão de cristãos segue cada um deles, fugindo do anticristo. Ambos serão mortos como se faz com cachorros raivosos. A eles seguirão os outros cristãos, que reconhecem nitidamente a ajuda de Deus e que não existe outra forma de fugir da descrença.

Elias será o primeiro a ser torturado; ele será amarrado em uma cruz alta e suas mãos serão perfuradas por pregos. Isso será feito devido ao ódio dos torturadores, porque ele sempre falou da sagrada cruz e daquilo que fizeram com Cristo. Eles não o matarão, para que sofra até renegar a doutrina cristã e se tornar um anticristo. Mas o santo amigo de Deus será perseverante, e nenhuma queixa sairá de sua boca. Ele consolará a santa Cristandade durante três dias e três noites, até sua alma deixar o corpo. Vislumbrei Cristo acolhendo a alma de Elias com suas mãos humanas, e dizendo: "Vem, meu querido, teu tempo se cumpriu!" E Deus o conduziu num brilho celestial. O maldito homem anticristo não permitiu que o amigo de Deus fosse sepultado em lugar algum, pois ele quer que todos os cristãos se desanimem. Nisso ele se enganou, pois todos que olham para o seu corpo são conduzidos para a fé cristã e se enchem com tanta doçura, que esquecem o tormento da morte e todos os bens terrenos.

Nesse tempo, Henoc ainda estará vivo, pois o anticristo quer ouvir todo o conhecimento que Henoc tem de Deus, para que ele possa refutá-lo publicamente com sua heresia; e se ele pudesse puxar Henoc para o seu lado, seria o senhor do mundo inteiro, com grandes honras.

No entanto, os pedidos do anticristo não serão respondidos por Henoc, e por isso este será atacado com palavras raivosas. Então Henoc passará a dizer-lhe toda a verdade:

> "Tu és um flagelo para o mundo inteiro, enviado por Deus por causa da maldade dos maus e por causa da santidade dos bons. Tu conheces tão bem as Escrituras, tanto o Antigo quanto o Novo Testamentos; agora vês o que acontecerá contigo de acordo com as tuas obras. Tu escolheste isto com dedicação total; segundo as Escrituras, estás perdido –

tu mesmo podes ler isto. Pois não criaste a terra e o céu, tu não concedes aos anjos a vida eterna, tu não criaste alma nem corpo para o homem, jamais deste um corpo natural a nenhuma das criaturas. Como então poderias ser Deus? Tu realizas as tuas obras exclusivamente através da mentira, com arte enganosa. A verdade eterna é Jesus Cristo, que é Deus eterno juntamente com o seu Pai".

O anticristo dirá, cheio de raiva: "Como ousas dizer o nome do meu inimigo na minha presença, a quem tu, ao mesmo tempo em que me ignoras, concedes as devidas honras? Posso muito bem viver sem ti e libertarei o mundo inteiro de ti. Prendei-o – ele está em meu poder –, derramai piche fervente em sua boca e apertai a sua garganta; assim, meu inimigo logo se calará. Se eu suportasse as suas palavras o faria sofrer mais. Então, quando estiver morto, pendurai-o mais alto do que todos os assassinos, para que todos que olharem para ele renunciem à fé cristã. Suas palavras mancharam a minha honra; ninguém precisa de sua instrução. Desde sempre, a providência me destinou; acontecerá comigo como eu vos disse".

Henoc faz, em seu coração puro, esta oração santa:

"Eterno Pai e Filho e Espírito Santo, eterno Deus trino, eu te agradeço, Senhor, por teres me eleito há muito tempo, e te louvo, Senhor, agora nesta tortura. Eu te peço, Senhor, por tuas e minhas ovelhas, que ficarão para trás sem pastor. Protege, Senhor, cada uma e consola-as com tua proximidade íntima. Agora, Senhor, recebe a minha alma; não estou preso a este corpo terreno".

A resposta que Deus dará às suas graças e à sua oração eu a vi escrita assim na Santíssima Trindade:

> "Amado filho, agora vem correndo até mim, estou verdadeiramente dentro de ti! Teus amigos pelos quais oraste batizarão os seus filhos. Eu os libertarei em breve do anticristo; eles permanecerão cristãos em seu coração e eu os protegerei de toda dúvida. Vem, amado amigo, eu te espero, e meu coração vai ao teu encontro".

XVI – Como vive a alma de Nosso Senhor na Santíssima Trindade e qual é a sua tarefa; como ela intercede pelo pecador; qual é a tarefa de Nossa Senhora

Quando acordo de noite testo a minha força, se eu consigo rezar por esta infiel Cristandade, que causa tanta dor ao meu Amado. Por vezes, porém, Ele me leva por outro caminho sem pontes, pelo qual devo seguir, descalça e despida de todas as coisas terrenas. Quem pode conquistar a natureza humana de forma tão suave, quem pode elevar a alma tão rapidamente, quem pode iluminar os sentidos de modo tão maravilhoso quanto Deus que os criou? Ele realiza atos miraculosos em nós.

Certa noite refleti sobre a Santíssima Trindade no doce fluir da minha alma, sem qualquer esforço. Vislumbrei na Santíssima Trindade indivisa – sem que tivesse pedido por isso – a alma de Nosso Senhor Jesus. Sua alma vive constantemente acima de toda dignidade na Santíssima Trindade; esta a envolve maravilhosamente e ela brilha de maneira linda diante de todas as criaturas através das Três Santas Pessoas.

Então desejei em postura nobre, como convém à corte, falar com sua alma para a glória do Nosso Senhor, pois parecia-me que ela fazia milagres especiais. Então flutuei para perto dela, saudando-a:

"Bendito sejas, muito Amada! Quais milagres realizas neste espelho eterno, no qual todos os beatos o contemplam de modo tão maravilhoso? Bem-aventurado é o teu agir em seu movimento alegre".

Disse a alma do Nosso Senhor a esta miserável:
"Sê bem-vinda, imagem minha, pois eu também sou uma alma como tu, e carreguei o fardo de todas as almas com meu corpo sem culpa. Esta é a minha tarefa: ajo sem cessar na deidade insondável; assim lembro ao Pai celestial o infinito amor que Ele tem pela alma do homem. Saúdo também a minha natureza humana divina, agradeço-lhe por minha bem-aventurança e lembro-a de sua comunhão, para que ela pense, quando eu era homem, de onde veio e que parentesco grande e nobre a humanidade recebeu através dela e que, por isso, não deve permitir que as pessoas pereçam: 'Pois ninguém gerou ou pariu a si mesmo; por isso, Tu sofreste todo o teu tormento sem pecado!' Assim imploro que o Deus que se fez homem tenha misericórdia especial e que se lembre de como o homem é fraco, que ele não foi criado sem inimigos e que sempre precisa lutar como um homem bem equipado, mas de olhos vedados: é a natureza humana sombria que veda os seus olhos. 'Lembra, nobre Filho de Deus, que tristeza me enchia na terra em ti, e também agora ajuda a todas as pessoas que têm a minha

imagem em si, pois eu sou a tua alma'. Devo insistir também que o Espírito Santo dê a sua dádiva, pois Ele deve trazer do céu toda a bem-aventurança para o homem".

"Se tu, Pai eterno, trancasses a porta da tua justiça tão bem que os pobres pecadores jamais conseguissem entrar aqui, eu me queixaria a Jesus, teu Filho amado, que tem em sua mão humana a chave para o teu reino com o teu poder onipotente. Essa chave foi feita pelas mãos dos judeus naquela terra. Se Jesus virar a chave o pecador perdido pode alcançar a tua graça."
Esta é a palavra do Pai celestial: "Minha alma não suporta rejeitar o pecador; por isso, sigo muitos até cativá-los e salvá-los numa região-limite tão estreita, que ninguém consegue me seguir com seus sentidos".

Disse novamente a alma de Nosso Senhor: "Esta é a minha dignidade e este é o meu adorno: a deidade é minha coroa, sua natureza humana é a minha recompensa, o Espírito Santo me envolveu e me penetrou, de modo que nenhuma criatura pode se igualar a mim nem consegue me alcançar. Assim, aos poucos, trago todos os pecadores terrenos para esta Santíssima Trindade, para que Ela não os deixe cair no abismo eterno. Mas a virgem, na qual eu me abriguei, quando, abandonando a santa deidade, assumi a natureza humana do Filho dela, é protetora de toda castidade e defensora de todos os que foram tentados, que agora estão aqui diante da Santíssima Trindade cheios de arrependimento e temor. A sentença ainda está em suas mãos".

XVII – Deus vê o pecador como justificado; o que é vontade boa e correta; sobre o fardo que salva

É insondável como Deus vê o pecador como uma pessoa convertida.

> "E nisto se revela a vontade verdadeira de servir a Deus: quando o homem corre para mim sem olhar para trás eu suporto todo o fardo que, por amor a mim, ele toma sobre si."

XVIII – Deves sempre contemplar o teu coração

> Sonda sempre na verdade do Espírito Santo o teu coração. Assim, toda mentira será repugnante para ti; pois as mentiras afastam o amor divino e fortalecem no coração falsidade, ódio e raiva ocultos.

XIX – Sobre a boa vontade que não pode ser praticada

Sofri muito por não ter conseguido transformar a boa vontade em boas obras. Inconstância e fraqueza me impedem de fazer isso e também porque ninguém ousa me aconselhar nesse sentido. Eu, infelizmente, não ouso ultrapassar os limites impostos à minha natureza. A razão é esta: desde o momento em que Deus me fez cair da mais alta felicidade, pela minha livre-vontade – eu estava tão cheia de admiração por onde o amor poderoso tinha me levado com suas chamas ardentes, que não consegui entender as coisas –, esse tormento me encontrou. Agora ele me afundou num lamaçal sem fundo; não encontro chão. Isso significa: tudo aquilo que sofro não chamo tormento, pois eu gostaria de ter avançado ainda mais nas profundezas; ou seja, de ter sido rejeitada como um cão raivoso e amiga de homem algum, ignorada na miséria, com pessoas pobres num país estranho.

Agora não quero viver sem obediência, pois a obediência humilde e santa é o selo de todas as virtudes. A boa vontade que uma pessoa possui e não consegue realizar numa boa obra se parece com as lindas flores de aroma doce. Com isso Deus me consolou, mostrando que toda boa vontade a partir da plenitude de uma boa vida fará parte das flores da glória eterna, com as quais Deus fará guirlandas para a sua festa sem fim. Elas vestirão os eleitos que aqui trabalham para Ele com muita lealdade e boa vontade, mas que não conseguem transformar isso tudo em boas obras.

Ó Deus misericordioso, dá-me agora a tua mão paterna e me conduz para a terra do amor, pois infelizmente perdi muito tempo precioso. Quero recuperá-lo com a tua ajuda, pois o conforto para o corpo e o consolo para os sentidos devem ser aceitos com humildade e temor, se quisermos permanecer na verdade perfeita.

XX – Este livro se deve a uma dádiva tripla: o amor flui, ele é rico e cheio de desejo, ele se torna fraco; quem possui o Reino dos Céus; Deus envia tormento e consolo

A dádiva da qual fala este livro foi-me dada por Deus de maneira tripla: primeiramente com grande delicadeza, depois, em íntima confiança, agora com tormento profundo; prefiro permanecer nele do que nos outros dois estados, pois, mesmo que a delicadeza e a confiança em Deus sejam eternas e nobres em si mesmas, seu lar não é este mundo. Todos os que as conhecem verdadeiramente não conseguem falar sobre isso. Além disso, sinto o maior temor na beatitude, pois Cristo sofreu neste mundo muitas dores horripilantes.

Mas a natureza do amor é transbordar primeiramente cheio de doçura; depois, ele se torna rico em conhecimento; e em terceiro lugar, ele se torna insaciável no querer ser rejeitado. – Sim, tu és verdadeiramente inconstante: lamentavelmente, por vezes, o verdadeiro amor a Deus se torna tão fraco pela doçura da honra vã, do orgulho inflado, da fúria raivosa e do grande desejo por coisas terrenas, que todos os seus membros ficam paralisados. Em tudo o que começa tem essa conduta por natureza.

Ninguém, porém, carrega um céu inteiro em seu coração senão aquele que não espera qualquer consolo e ajuda neste mundo. O prazer nos separou de Deus, e por isso devemos retornar em tormento. Mas Deus não tem como agir de modo diferente – e nós não podemos abrir mão disso – do que nos conceder o seu apoio em tudo que fazemos, deixamos de fazer e sofremos.

XXI – Como os religiosos corrompidos são humilhados; sobre os últimos irmãos

Ai, coroa da santa Igreja, como estás manchada! Tuas pedras preciosas se soltaram, pois tu enfraqueces e depravas a santa fé cristã; teu ouro apodreceu no lamaçal da luxúria, pois ficaste pobre e não possuis o amor verdadeiro; teu comedimento queimou no fogo ganancioso da tua gula; tua humildade afundou no pantanal da tua carne; tua verdade foi destruída na mentira deste mundo; todas as flores das virtudes murcharam em ti.

Ai, coroa da santa religiosidade, como te perdeste! Em verdade, possuis apenas a casca de ti mesma, o poder sacerdotal; com ele lutas contra Deus e seus amigos eleitos. Por isso Deus te humilhará antes que percebas, pois Nosso Senhor disse:

> "Encherei o coração do papa com grande lamentação, e nela me dirigirei a ele. Queixarei dos meus pastores de Jerusalém, que se transformaram em assassinos e lobos, pois matam diante dos meus olhos os cordeiros brancos. O espírito das ovelhas velhas está confuso, pois não querem comer do pasto saudável que cresce no alto das montanhas; isto é, o amor divino e a santa doutrina.
>
> Quem não conhece o caminho para o inferno só precisa olhar para os religiosos corruptos, como sua vida leva diretamente para o inferno com mulheres e filhos, e com outros pecados evidentes. Assim, torna-se necessário que venham os últimos irmãos; pois quando o manto está velho, ele não aquece mais. Então devo dar um novo manto para a minha noiva, a santa Cristandade".

Estes serão, como explicado, os últimos irmãos.

> "Filho papa, isto deves realizar! Assim podes prolongar a tua vida. Seus precursores tiveram uma vida tão curta porque não cumpriram minha vontade."

Assim, vislumbrei o papa em sua oração e pude ouvir que Deus lhe proclamava essas coisas.

XXII – Sobre sete coisas, cinco das quais são encontradas no céu e duas na terra

De sete coisas devo falar em honra a Deus. Senhor Deus, se for possível, faça com que eu nunca me esqueça delas na terra. Cinco são encontradas no céu, duas precisam ficar aqui. A primeira é o prejuízo da minha culpa, quando pequei e deixei de fazer as boas obras que deveria ter feito. A outra, que te aguardo sem cessar, para que venhas e me dês um fim sagrado. A terceira, um desejo ardente que tenho por ti. A quarta, o fogo que me consome e me apaga por meio de ti. A quinta, a primeira visão de teu semblante quando Tu olhares para mim. Infelizmente, isso nunca pôde acontecer na terra como eu desejava; disso canta minha alma a ti! Eu me emudeço quando confesso isso: na terra nunca o vi. A sexta é a onda transbordante do amor com que Deus inunda secretamente o meu coração e depois a retira novamente com o seu poder. O que ocorre entre os dois ninguém sabe, mas aquilo que aqui gastou lá tudo lhe será devolvido.

> Este é o amor ao Deus celestial,
> que aqui começa pequenino
> e lá aumentará sem fim.

A sétima mal pode ser expressada com palavras. Com louvor cristão possamos talvez sentir como é grande, alta, vasta, prazerosa, sincera, alegre e cheia de alegrias eternas. Bendito aquele que ali habitar para sempre! O rosto feliz cheio de prazer e o deleite sagrado conforme desejado, o mosto sobremaneira doce, prazeroso, sedento e cheio de amor inunda a alma, transbordando de Deus. Disso preserva a alma sua doce fome e, mesmo assim, vive sem preocupação.

XXIII – Como Deus fala com a alma em três lugares

No primeiro lugar o diabo fala forçosamente à alma; nos dois outros lugares ele não é capaz de fazer isso.

O primeiro lugar é a razão humana. Nesse lugar, Deus, os diabos e todas as criaturas podem penetrar e falar como querem.

O segundo lugar em que Deus fala é a alma. Ninguém consegue chegar a esse lugar além de Deus. E quando Ele o faz, isso acontece sem qualquer tipo de conhecimento dos sentidos, mas na união poderosa e rápida de Deus com a alma. Assim, os sentidos não conseguem ouvir a fala bem-aventurada, a não ser que se tornem tão humildes que não conseguem suportar nenhuma criatura abaixo de si. O homem deve se humilhar mais do que o diabo? Sim, estando convencido de que desprezou tanto a Deus em sua vida, que frequentemente carregou em sua alma a imagem do diabo através de pecados perdoáveis e que, por vezes, feria gravemente a sua alma através de pecados mortais. A alma que é abraçada pelo Espírito Santo não pode senão afundar constantemente abaixo de todo consolo terreno e de todos os confortos desse consolo. Porém, a alma presa em sua própria vontade se inclina com grande prazer para as coisas terrenas.

O terceiro lugar em que Deus fala com a alma é o Reino dos Céus, quando Deus puxa a alma para o alto com sua vontade prazerosa e lá a faz flutuar, de modo que ela deseja o seu milagre.

XXIV – Como Cristo mostra suas feridas na doença; quatro coisas batem à porta do céu

Em minha doença grave Deus se revelou à minha alma, mostrou-me a ferida de seu coração e disse: "Vê como me machucaram!"

Então minha alma disse: "Ai, Senhor, por que sofres tanto? Muito de teu sangue puro foi derramado em tua oração pura, que o mundo todo deveria ser redimido com ele". "Não", disse ele, "isso não basta para o meu Pai, pois toda a pobreza, todo o esforço, toda a tortura e toda calúnia foram apenas um bater à porta do céu até a hora em que o sangue do meu coração molhou a terra. Apenas então o Reino dos Céus se destrancou".

Disse-lhe a alma: "Senhor, tudo isso aconteceu, e então morreste. Admira-me que um morto possa sangrar".

Respondeu Nosso Senhor: "Na época, meu corpo estava humanamente morto, quando o sangue do meu coração jorrou do meu lado com o fluxo da deidade. O sangue fluiu com a mesma graça que o leite que bebi da minha mãe virginal. Minha deidade vivia enquanto eu estava morto em todos os meus membros; assim, como antes e depois. Enquanto isso, minha alma descansava em minha deidade de sua longa tristeza – uma imagem espiritual da minha natureza humana; porém, sempre flutua sem começo em minha deidade eterna".

XXV – Sobre o amor queimado

"Ai, amado Senhor, compadece-te daquele que queimou aqui no fogo do teu amor, que pereceu na humildade por tua causa e que foi totalmente destruído."

Deus diz: "Minha deidade te queimou, minha natureza humana te reconheceu, meu Espírito Santo te santificou em tua pobreza. Aqueles que amam muito gostam de ficar calados; aqueles que não amam sempre veem o amor com olhos ciumentos".

XXVI – É bom pensar na morte e viver muito tempo

Fico admirada e surpresa, em minha razão humana, que minha alma seja tão admirável. Quando penso na morte minha alma se alegra tanto, que meu corpo flutua em felicidade sobre-humana e minha razão reconhece milagres indizíveis na partida da alma. Visto dessa forma, adoraria morrer na hora que Deus predeterminou. Mas também adoraria viver até o Juízo Final. E, mais ainda, meu desejo se estende até o tempo dos mártires, para que eu pudesse derramar o meu sangue pecaminoso em verdadeira fé cristã por causa de Jesus, que eu amo.

Uma dádiva especial leva-me irresistivelmente a ousar falar em amar a Deus; pois quando sou caluniada e torturada, minha alma se incendeia no fogo do verdadeiro amor a Deus com tanta e alegre doçura, que meu corpo flutua em divina felicidade. Mas em minha razão persiste uma tristeza, a partir da qual peço a Deus: que Ele proteja do pecado todos aqueles que me desdenham e difamam.

XXVII – Como deves agradecer e pedir

Senhor e Pai, eu te agradeço de coração porque Tu me criaste!

Senhor Jesus Cristo, eu te agradeço porque Tu me salvaste!

Senhor Espírito Santo, eu te agradeço porque Tu me purificaste!

Senhor, em toda a tua Santíssima Trindade indivisa eu te peço que lembres agora de minha fidelidade e envia-me agora uma morte misericordiosa, que me livre de todo sofrimento!

In manus tuas commendo spiritum meum.

XXVIII – Quando tua morte se aproximar, despeça-te dez vezes

Quando minha morte estiver próxima, eu me despedirei deste modo, do qual partilhei:

Despeço-me da santa Igreja e agradeço a Deus por ser uma cristã e por ter encontrado a verdadeira fé cristã. Se permanecesse aqui por mais tempo eu me esforçaria a ajudar a santa Igreja, que caiu em muitos pecados.

Despeço-me de todas as pobres almas que agora estão no purgatório. Se permanecesse aqui por mais tempo eu ajudaria a reduzir a sua culpa. Agradeço a Deus por terem encontrado misericórdia.

Despeço-me de todos aqueles que estão no inferno e agradeço a Deus por exercer a sua justiça. Se permanecesse aqui por mais tempo eu jamais lhes desejaria algo bom.

Despeço-me de todos os pecadores que carregam consigo pecados mortais. Agradeço a

Deus por não estar na companhia deles. Se permanecesse aqui por mais tempo eu levaria até Deus o fardo deles.

Despeço-me de todos aqueles que se arrependem e estão pagando penitência neste momento. Agradeço a Deus por estar na companhia deles. Se permanecesse aqui por mais tempo eu certamente os amaria.

Despeço-me de todos os meus inimigos. Agradeço a Deus por não terem me vencido. Se permanecesse aqui por mais tempo eu me deitaria sob seus pés.

Despeço-me de todas as coisas terrenas. Lamento, diante de Deus, que nunca fiz uso delas como prevê a sua sagrada ordem.

Despeço-me de todos os meus queridos amigos. Agradeço a Deus e a eles por terem me ajudado quando estive em apuros. Se permanecesse aqui por mais tempo sempre me envergonharia dos vícios que eles reconhecem em mim.

Despeço-me de toda a minha maldade. Lamento diante de Deus por ter estragado a sua santa dádiva em minha alma, de modo que nunca houve nela uma imperfeição, por menor que fosse, que não tenha sido visível no céu; e mesmo que tenha pago, ela é maligna. Queixo a ti, Senhor Jesus, mas a vergonha é totalmente minha.

Despeço-me do meu corpo não amado. Agradeço a Deus por ter me protegido de muitos pecados e em muitas ocasiões. Se permanecesse aqui por mais tempo eu jamais passaria a amá-lo verdadeiramente em vista de suas múltiplas maldades.

XXIX – Sobre dez formas de manifestação do fogo divino da perfeição de Deus

Uma pessoa indigna refletiu sobre a perfeição de Deus. Então Ele fez com que ela reconhecesse um fogo com a razão e o vislumbrasse com os olhos de sua alma. O fogo ardia sem cessar no alto, acima de todas as coisas. O fogo tinha ardido sem começo e também arderá sempre sem fim. Esse fogo é o Deus eterno, no qual toda a vida está contida e que fez emergir de si todas as coisas.

O fogo liberou centelhas; estas são os anjos santos.

O brilho do fogo resplandeceu; este são todos os santos de Deus, pois sua vida trouxe muita e bela iluminação para a Cristandade.

O carvão do fogo ainda arde; este são todos os beatos que aqui ardem no amor celestial e brilham como bom exemplo. Todos os que esfriaram em pecado podem se aquecer nessa brasa.

As pequenas centelhas do fogo se dispersaram e apagaram; estas são os corpos dos beatos, que, na terra, ainda aguardam a recompensa celestial.

O Mestre desse fogo ainda virá; este é Jesus Cristo, a quem o Pai celestial confiou a salvação inicial e o Juízo Final. Neste, Ele transformará as pequenas centelhas nos cálices mais lindos para o Pai, e em sua festa celestial Ele mesmo beberá toda a santidade que o Pai, juntamente com o seu Filho, derramou em nossa alma e em nossa razão humana. Sim, eu beberei de ti e Tu beberás de mim tudo de bom que Deus preservou em nós. Feliz aquele que agora se mantém firme e não desperdiça o que Deus derramou nele.

A fumaça desse fogo são todas as coisas terrenas das quais fazemos uso com prazer indevido. Quão belo é o seu brilho aos nossos olhos, quão prazeroso é seu jogo ao nosso coração, mas elas contêm muita amargura oculta, pois desaparecem como fumaça e cegam o mais poderoso; sim, turvam até mesmo os olhos dos mais santos.

O conforto desse fogo é o prazer alegre que Deus concede à nossa alma com tamanho calor sagrado do fogo divino, que somos tomados pelas chamas desse fogo divino e o alimentamos com virtudes, para que nós mesmos não apaguemos.

O terror do fogo é a palavra que Deus dirá no Juízo Final: "Afastai-vos de mim, amaldiçoados, e ide para o fogo eterno!"

O brilho desse fogo é a vista brilhante do semblante da Santíssima Trindade, cujos raios penetrarão o nosso corpo e a nossa alma, de modo que veremos a maravilhosa bem-aventurança que aqui não podemos expressar com palavras.

Todas estas coisas emanaram do fogo e fluem de volta para ele, cada uma como Deus determina, em glorificação eterna. Quem quiser dizer mais sobre isso, que se deite no fogo para contemplar e perceber

>   como flui a deidade;
>   como flui o Deus que se fez homem;
>   como o Espírito Santo se esforça
>   e conquista muitos corações,
>   para que este ame a Deus de todas as maneiras.

XXX – O amor puro possui quatro qualidades

O amor puro de Deus possui as seguintes qualidades. A primeira é que vivamos tão em harmonia com Deus, que lhe agradeçamos de coração por tudo o que acontece conosco, exceto o pecado. A segunda, que façamos uso correto da dádiva que Deus nos concedeu em corpo e alma. A terceira, que levemos uma vida inocente e ética, sem qualquer pecado. A quarta, que reunamos todas as virtudes em nós.

Eu queria possuí-las todas e realizá-las em todas as áreas! Eu trocaria isso por toda contemplação da qual já ouvi falar. Para que servem palavras sublimes sem obras misericordiosas; para que serve amor a Deus se, ao mesmo tempo, odiarmos pessoas justas? Então tu dirás: "Se Deus me concedesse, eu faria isso com prazer". Então ouvirás: "As virtudes são, em parte, dádiva de Deus e, em parte, nossas". Quando Deus nos concede conhecimento devemos ser assíduos na prática de nossas virtudes.

XXXI – Como Deus criou a alma; sobre o prazer e o tormento; como Deus se parece com uma esfera

Numa passagem deste livro eu disse que a deidade é meu Pai por natureza. Tu não conseguiste entender e disseste: "Tudo o que Deus fez conosco acontece por meio da graça, e não por natureza". Estás certo, e eu também estou certa. Ouça agora uma parábola: Não importa quão bons sejam os olhos de uma pessoa; eles só conseguem enxergar a distância de uma milha. Não importa quão afiada seja a sua razão; ela só consegue compreender o sobrenatural através da fé e tateia como um cego na escuridão. A alma amante, que ama tudo o que Deus ama e odeia tudo o que Deus odeia, possui um olho que Deus iluminou. Com ele, ela vislumbra a deidade eterna e vê como a deidade agiu em sua alma através de sua natureza. Ele a formou segundo a sua própria imagem; Ele a acolheu em si mesmo; Ele se uniu com ela mais do que com qualquer outra criatura; Ele a envolve em si mesmo e derramou nela tanto de sua natureza divina, que ela só pode dizer que Ele é mais do que seu Pai.

O corpo recebe sua dignidade do Filho do Pai celestial por meio da comunhão fraternal e como recompensa por sua refrega. Jesus Cristo, o Filho de Deus, também realizou a sua obra em amor cordial, necessariamente em pobreza, tormento, refrega, em humilhação até a sua morte sagrada. O Espírito Santo também fez as suas obras – como dizes –, através de sua graça, em todas as dádivas que recebemos. Essas obras são de três tipos; mesmo assim, foi um Deus indiviso que as efetuou em nós. Duas coisas cooperam na terra e até o purgatório incessantemente com o poder divino. Uma age no céu e a outra apenas no inferno; ou seja, alegria sem tormento no Reino dos Céus e tormento sem alegria no inferno.

Onde Deus estava antes de criar qualquer coisa? Ele estava em si mesmo, e todas as coisas lhe eram presentes e reveladas como hoje. Qual era a forma de Nosso Senhor e Deus? Exatamente como uma esfera; e todas as coisas estavam contidas em Deus sem tranca e sem porta. A parte inferior da esfera é um fundamento insondável sob todos os abismos; a parte superior da esfera é uma altura que nada pode superar; a circunferência da esfera é um círculo incompreensível. Deus ainda não havia se tornado Criador. Mas quando Ele criou todas as coisas, a esfera foi destrancada? Não, ela continua inteira, e sempre será inteira. Quando Deus se tornou Criador, todas as criaturas em sua singularidade se manifestaram: o ser humano para amar, desfrutar, conhecer a Deus e permanecer obediente a Ele; as aves e os animais para viverem de acordo com sua natureza; as criaturas inanimadas para preservarem a sua forma de ser.

Agora ouça: O que reconhecemos não tem valor se não amarmos a Deus do modo correto em todas as coisas, assim como Ele mesmo criou todas as coisas em amor ordenador, e nos ofereceu e ensinou o amor.

XXXII – Como podemos nos tornar semelhantes a Deus, a Santa Maria, aos anjos e aos santos

Na medida em que amarmos a misericórdia e provarmos ser confiáveis, nessa mesma medida seremos semelhantes ao Pai celestial, que produz isso em nós sem cessar.

Na medida em que suportarmos aqui a pobreza, a humilhação, o abandono e o tormento, nessa mesma medida seremos semelhantes ao verdadeiro Filho de Deus.

Na medida em que derramarmos aqui toda a misericórdia do nosso coração, doando aos pobres e colocando as nossas forças a serviço dos enfermos, nessa mesma medida seremos semelhantes ao Espírito Santo, que flui misericordiosamente do Pai e do Filho.

Na medida em que formos verdadeiros, comedidos e inteligentes, em simplicidade santa, nessa mesma medida seremos semelhantes à Santíssima Trindade, que é um Deus verdadeiro que criou e ainda cria todas as suas obras com ordem exata.

Na medida em que formos castos com toda a pureza, humildes em toda submissão, dispostos a servir em toda piedade, livres de toda maldade, nessa mesma medida seremos semelhantes à nossa amada Senhora Santa Maria, que foi enobrecida por essas virtudes, de modo que, como virgem, tornou-se mãe, e como mãe, permaneceu virgem, sendo que apenas ela é imperatriz diante de todas as criaturas.

Na medida em que formos bons, amorosos, pacíficos, nessa mesma medida seremos semelhantes aos anjos, que jamais praticam o mal.

Na medida em que vivermos no abandono e sem consolo na calamidade, nessa mesma medida seremos semelhantes a São João Batista, que foi elevado acima de muitos santos.

Na medida em que tivermos anseio pela glorificação de Deus, pelo conhecimento e pela aplicação de sua vontade, nessa mesma medida seremos semelhantes aos profetas e aos padres santos, que, com grandes virtudes, desbravaram o caminho até Deus.

Na medida em que adquirirmos sabedoria e, com ela, convertermos outras pessoas, e não abandonamos a Deus em qualquer necessidade, nessa mesma medida seremos semelhantes aos santos apóstolos, que confiaram em Deus até à morte.

Na medida em que formos pacientes em toda necessidade e que nossa fé for forte até à morte, nessa mesma medida seremos semelhantes aos santos mártires, que aspergiram para nós, com o seu sangue, o caminho verdadeiro para o céu.

Na medida em que suportarmos cheios de zelo a necessidade da santa comunidade dos cristãos, dos vivos e dos mortos, nessa mesma medida seremos semelhantes aos santos confessores, que vigiaram sob grandes dificuldades e ouviram as confissões cheios de preocupação.

Na medida em que permanecermos invictos na luta e preservarmos a honra virginal, nessa mesma medida seremos semelhantes às santas virgens, que conquistaram a vitória verdadeira.

Na medida em que nos enchermos de arrependimento e piedosamente fizermos penitência, nessa mesma medida seremos semelhantes às viúvas piedosas, que, quando abandonaram seus pecados, adquiriram grande honra.

Na medida em que participarmos de todas as virtudes, nessa mesma medida seremos semelhantes a Deus e a todos os seus santos, que o obedeceram, cheios de justiça.

XXXIII – Sobre o capítulo severo ao qual chegou um peregrino que revelou ser um grande senhor

Durante muito tempo uma pessoa costumava ir ao capítulo severo de seu coração e contemplar os seus danos e a humilhação que Deus sofreu através dela. Então expulsava de seu coração todos os desejos da carne e os substituía por sua disposição de suportar todo tormento em nome de Deus. Ele também expulsava qualquer alegria junto aos parentes e amigos e a substituía por toda a humilhação que seus adversários queriam cometer contra ele. Igualmente substituía todo o amor à riqueza e à honra – que alegram o mundo pecaminoso – por toda a pobreza que podia tomar sobre si com consentimento espiritual.

Nosso Senhor Jesus Cristo visitou esse capítulo na forma de um pobre peregrino. O espírito daquela pessoa se iluminou tanto, que ela reconheceu que era Nosso Senhor, e lhe disse: "Ai, caro peregrino, de onde vens?" Nosso Senhor lhe respondeu: "Venho de Jerusalém; lá fui gravemente ferido, sofrendo grande humilhação, pobreza e tormento; isso eu trouxe para ti". "Eu te agradeço por isso, amado Senhor, e tenho experimentado isso em muitos dias". Então, tomando uma coroa simples, Nosso Senhor colocou sobre a cabeça daquela pessoa e lhe disse: "Esta é a coroa da pobreza, da humilhação e do tormento. Esta coroa ainda será adornada com a minha imagem", e desapareceu.

A pessoa se entristeceu e disse: "Ai, ai, meu amado peregrino! Eu queria ter conversado contigo!" Então, ao olhar para o alto o avistou. Ele, que se parecia com um senhor poderoso e estava envolto em glória celestial, disse: "Eu te abençoo e te saúdo; minha paz esteja sempre contigo! Amém".

XXXIV – Devemos honrar nove vezes aquele que despreza o mundo

Fez-se ouvir uma voz, e estas palavras foram ditas:
"Sim, vede, vem aquela que o mundo desprezou,
que afugentou a mentira,
que amou a verdade
e que me abençoou!
Que ela seja recebida com toda honra,
firmada na verdade,

abençoada para sempre,
vestida com toda a beleza,
coroada com toda a dignidade,
instalada na cadeira da alegria eterna,
saudada por todas as bocas,
servida com toda disposição,
alegrada com toda dádiva".

XXXV – Como a alma beata fala ao seu corpo no Juízo Final

Levanta-te, meu amigo, e descansa de todo tormento, de toda a tua doença, de toda a tua vergonha, de toda a tua tristeza, de toda a tua miséria, de toda a tua dor e de toda a tua refrega. Nasceu a Estrela da Manhã; é o nascimento de Santa Maria em sua vida. O sol fez resplandecer o seu brilho; e isso significa a encarnação de Deus, suas obras e sua ascensão. A lua permanecerá imutável; isso significa que nós seremos imutáveis na vida eterna. No passado, toda a minha salvação dependia de ti; agora, toda a tua esperança se apoia em mim. Se eu não tivesse voltado para ti, tu jamais serias libertado dessas cinzas. Nasceu para nós o dia eterno; agora receberemos a nossa recompensa.

XXXVI – O fato de João Batista ter celebrado uma missa para uma menina pobre foi conhecimento espiritual na alma

Não é possível compreender dádivas divinas com os sentidos humanos. Por isso, pecam aquelas pessoas cujo espírito não se abre para a verdade invisível. Aquilo que podemos ver com os olhos do corpo, que podemos ouvir com os ouvidos físicos e que podemos dizer com a nossa boca, tudo isso é tão diferente da verdade, que se manifesta abertamente à alma amante quanto uma vela se parece com o sol brilhante.

João Batista celebrou uma missa para uma pobre menina, mas isso não aconteceu no corpo; aconteceu de modo espiritual, de modo que apenas a alma a viu, reconheceu e desfrutou. Porém, o corpo não teve proveito disso, senão na medida em que, com seus sentidos humanos, conseguiu compreender a nobreza da alma; e, assim, também as palavras não humanas.

Meus fariseus fazem objeção a isso, alegando que João Batista era leigo. O mais sagrado na missa é o Corpo de Deus. João Batista tocou este Filho de Deus com humildade e temor; ele foi honrado em sua vida santa com uma dignidade tão grande, que ouviu a voz do Pai celestial e viu o Espírito Santo, reconhecendo o Filho nos dois. João Batista também pregou publicamente diante de todas as pessoas a santa fé cristã e apontou com o seu dedo para o verdadeiro Filho de Deus, que estava presente: "Ecce agnus Dei!"

Nenhum papa, bispo ou padre consegue proclamar a palavra de Deus com tanto zelo quanto João Batista, a não ser com a ajuda da nossa fé cristã, que ultrapassa a razão. Ele era um leigo? Refutai-me, ó cegos! Vossa mentira e vosso ódio jamais serão perdoados sem castigo!

XXXVII – Doze vezes deves louvar a Deus, apresentar-lhe queixas e pedir

Bendito sejas, amado Senhor Jesus Cristo, Deus, Filho do Deus vivo! Crendo, sei com certeza que Tu estás presente aqui, Deus verdadeiro e homem verdadeiro! Hoje eu te adoro como Deus que se fez homem, como meu Deus e meu Senhor, como meu Criador e meu Salvador, como aquele que mais amo entre todos os homens e entre os mais nobres dos senhores, hoje e para sempre!

Senhor, Pai celestial, agora choro diante da tua Santíssima Trindade por ter pecado diante de teus olhos sem hesitação e vergonha. Ai, concede-me hoje, Senhor bondoso, tua graça irrestrita, pois meu coração se escureceu por causa do vício dos pecados. Purifica hoje, Senhor, o meu coração de todo amor terreno e derrama teu rio celestial sobre a minha alma árida, para que eu possa chorar a grande vergonha que causei em ti e a minha miséria pecaminosa.

Senhor, eu te agradeço por todas as graças que Tu nos concedeste, nos concedes e nos concederá por toda a eternidade. Eu te peço, Senhor, Pai celestial, em nome de Jesus Cristo, que, em tua misericórdia, me purifiques de todos os meus pecados e me santifiques através de todas as virtudes, para que eu receba a vida eterna!

Eu te peço, Senhor Jesus Cristo, em nome de tua santa morte e de teu tormento doloroso que teu corpo sofreu na sagrada cruz, que contemples todo o meu sofrimento e minha morte com os olhos de tua misericórdia divina, com teu amor humano e com a graça de teu Espírito Santo; e dá-me, Senhor, o teu próprio Corpo para que, então, eu possa receber-te com verdadeira fé cristã, com amor cordial, de modo que teu Corpo sagrado seja o último alimento do meu corpo e o pão eterno da minha pobre alma.

Peço-te também, Senhor mais amado, que dês coragem à minha pobre alma e que me libertes de todos os meus inimigos. Peço-te, amado Senhor Jesus Cristo, que recebas a minha pobre alma em tuas mãos paternais, que me tires com toda a alegria desta miséria e me conduzas à terra de teu Pai bendito, onde eu te bendirei e louvarei com todos os santos bem-aventurados que agora estão lá e que ainda irão. Conceda-me isso, amado Senhor Jesus Cristo, e também a todos os que agora permanecem fielmente do meu lado; ajuda todos aqueles que, contrariando a tua vontade, comportam-se de forma infiel e mal-intencionada em relação a mim e também todos aqueles que são cristãos fiéis.

Peço-te, Senhor, em nome de tua honra, que Tu sempre coloques no trono de Roma uma cabeça cheia de virtudes cristãs, para que a santa Cristandade possa crescer em número, ser salva de todos os pecados e ser santificada por meio de todas as virtudes, para que Tu, Senhor, te disponhas a libertar Jerusalém com a tua mão poderosa e todos os locais e terras que sofrem sob dominação injusta, em nome de tua sublime Trindade!

Juntamente com todos os santos eu te peço, amado Jesus Cristo, pela paz cristã, pela colheita necessária e pela proteção de tempestades para esta terra e todas as terras cristãs.

Eu te peço, amoroso Senhor, que dês constância a teus amigos em teu serviço, que convertas teus inimigos e destruas a sua maldade.

Peço-te, Imperador de todas as honras e Coroa de todos os príncipes, Senhor Jesus Cristo, pelos príncipes desta terra e de todas as terras cristãs, para que Tu, Senhor, os inclua na ação de teu Espírito Santo, para que não iniciem nenhuma guerra pecaminosa em contradição ao teu pacifismo e para o mal da salvação de sua alma.

Peço-te, amado Jesus Cristo, por todos os cristãos que se encontram necessitados de água, por aqueles que estão doentes, na prisão, tristes e em grande pobreza. Eu te peço, em nome de tua bondade amorosa, que Tu os consoles hoje de tal modo, que jamais percam o teu consolo eterno e tua benevolência cheia de bênçãos.

Peço-te, Santo Pai no Reino dos Céus, por todas as almas cristãs que hoje partem de seu corpo. Que tu, Deus misericordioso, sejas seu Salvador e lhes conceda alegria eterna.

Ó amado Senhor, compadeça-te das almas de meu pai, de minha mãe e de todas as almas que se encontram no purgatório. Liberta-as, Senhor, nesta hora, em nome de tua sublime Santíssima Trindade. Requiescant in pace! Amem.

Eu te peço, Senhor, por minhas irmãs. Que Tu lhes dês todas as virtudes que purificam e santificam a nossa vida, para a tua glória, para o teu serviço e para o bem da santa Cristandade.

Recebe agora, Senhor, esta oração e o meu lamento, e me ouças, como corresponde à tua graça! Amém.

XXXVIII – Ninguém consegue destruir o céu de Deus; o inferno recusa Deus

"Ah, amado Senhor, Deus todo-poderoso, quanto tempo terei de ficar aqui na terra da minha carne como uma vara ou um alvo, em cuja direção as pessoas correm, lançam ou atiram e, há muito, tentam manchar a minha honra com sua maldade?" Ouvi então esta resposta: "Ninguém é tão veloz em sua corrida, ninguém é tão forte em seu lançamento, ninguém é tão esperto em seu tiro, ninguém é tão mau em seu ódio que possa destruir, quebrar ou danificar os meus céus, onde tenho as minhas moradas. Mas onde me obrigam a tomar abrigo hoje e amanhã me expulsam, esses se parecem com o inferno. Aquele cujo fundamento eu sou, dele permanecerei também a torre".

"Ah, Senhor, que me ajudará a trilhar todos os meus caminhos, de modo que, quando eu escorregar, eu não caia!"

O temor de Deus me sustentará, a vontade de Deus me conduzirá.

XXXIX – Sobre o reflexo de Deus, visível em Nossa Senhora, e sobre seu poder

Ó, ó, ó, Três Pessoas têm uma natureza num Deus indiviso. Elas fluem com alegria em direção ao semblante de Maria num único rio indiviso com força total, em disposição amorosa de presentear, com o brilho claro das honras celestiais. Com uma saudação inexprimível, Ele toca o coração dela, de modo que ela brilha e resplandece tanto, que o reflexo sublime da Santíssima Trindade se torna visível no semblante de Nossa Senhora. Ele ainda flui e enche todos os recipientes humildes do amor, concedendo-lhes brilho e honra, muito mais do que aos outros. Nesse reflexo, Nossa Senhora pode ordenar; mas ela quer pedir, cheia de humildade, pois Deus, em seu amor, se tornou homem por meio da humildade dela. Nossa Senhora precisa de humildade no Reino dos Céus? Apenas o suficiente para não colocar a honra do Deus todo-poderoso acima da dela, juntamente com todos os santos que seguem seu exemplo.

O reflexo de Nossa Senhora está refletido em toda dádiva fielmente preservada que ela recebeu de Deus; ela está perfeitamente adornada com todas as virtudes; também está coroada com toda dignidade. Assim, ela flui de volta para Deus, cheia de toda amabilidade.

É indescritível como Nossa Senhora desfruta da Santíssima Trindade e como Deus se une a ela, mas do que com todas as outras pessoas honestas. Assim como ela esteve unida aqui, Nosso Senhor desfruta ali. Ele se deixa fluir mais para ela do que para todos os santos. Nossa Senhora tem o poder de afastar todos os diabos das pessoas. Por isso, colocamos o nosso "Ave-Maria" sob a proteção de seu brilho divino, para que ela se lembre de nós.

XL – Tentação, o mundo e um fim beato nos põem à prova

Ninguém sabe o quão firme é antes de ser tentado por seu corpo.

Ninguém sabe o quão forte é antes de ser atacado pela maldade do mundo.

Ninguém sabe o quão bom é antes de ter recebido uma boa morte.

XLI – Sobre o reflexo de Deus nas pessoas e nos anjos; cinco coisas impedem de escrever

Quereis que eu continue a escrever, mas não posso. A glória, a honra, a clareza, o amor e a verdade me esmagam tanto, que eu seria obrigada a me calar se continuasse a falar sobre o conhecimento que tenho.

Mesmo assim, no céu eu vi espelhos na frente do peito de cada alma e de seu corpo. Nele resplandece o espelho da Santíssima Trindade que permite reconhecer todas aquelas obras virtuosas que o corpo realizou e todas as dádivas que a alma recebeu na terra. Assim, o nobre reflexo de cada pessoa volta e ilumina a majestade sublime da qual ele partiu. O reflexo dos anjos é de clareza amorosa flamejante, pois eles desejam com grande amor a nossa felicidade. Eles nos servem sem esforço, e sua recompensa aumenta enquanto este mundo existir. O verdadeiro amor a Deus possui o mesmo poder que os anjos têm sobre os homens. Nós servimos sob penas porque somos pecaminosos.

XLII – Isto escreveu Irmã Matilde num bilhete ao seu irmão B., da Ordem dos Pregadores

> "A maior alegria que existe no Reino dos Céus é a vontade de Deus. Quando indisposição se transforma em disposição, isso traz alegria divina para o coração da pessoa entristecida. Nisto consiste a confissão de um religioso: que ela desprezou a dádiva que vem de Deus. Devemos aceitar dádivas dolorosas com muita alegria; dádivas consoladoras devemos aceitar com temor. Assim podemos tirar proveito de todas as coisas que nos acontecem. Querido amigo, sê de uma só mente com Deus e alegra-te com a vontade dele!"

XLIII – Este registro fluiu de Deus

O registro que se encontra neste livro fluiu da deidade para o coração de Irmã Matilde e foi reproduzido aqui exatamente como emergiu de seu coração em missão divina, e como foi anotado pelas mãos dela. Deo gratias.

Sétima parte

I – Sobre a coroa e a honra que Nosso Senhor Jesus Cristo receberá após o Juízo Final

Nosso Senhor, o Pai celestial, reteve em sua sabedoria divina muitas dádivas indescritíveis que, após o Juízo Final, Ele usará para adornar seus filhos eleitos. Principalmente para o seu Filho unigênito Jesus, o nosso Redentor, o Pai celestial reservou uma coroa feita e adornada de tantas peças grandes, maravilhosas e diversas, que todos os mestres que eram, são e serão não conseguiriam descrever o seu brilho e a sua maravilha. A coroa foi vislumbrada com os olhos espirituais da alma amante na eternidade eterna e reconhecida em sua natureza. O que é isto, eternidade? É a sabedoria não criada da deidade infinita, que não tem início nem fim.

A coroa possui três arcos; o primeiro foi formado pelos patriarcas; o segundo, pelos profetas; o terceiro, pela santa Cristandade. A coroa é formada e adornada pela presença de todos os beatos que, no dia do Juízo Final, possuirão o Reino de Deus; mas a dignidade que possuirão corresponderá exatamente às suas obras.

O primeiro arco da coroa foi adornado e iluminado pelas pedras preciosas de toda devoção piedosa e de todas as boas obras praticadas pelos patriarcas. O arco também foi formado pela representação de seres humanos com corpo e alma. A primeira imagem no arco da coroa mostra Santo Estêvão, e com ele são representados todos os mártires que derramaram seu sangue na fé cristã. Ao lado são representados São Pedro e, com ele, todos os apóstolos de Deus; ao lado deles, todos os beatos que seguiram a doutrina dos apóstolos. Os cônjuges e seus filhos também são representados no arco, contanto que tenham sido obedientes a Deus com suas boas obras.

O segundo arco da coroa foi formado pelas representações de todos os papas e de todos os padres aos quais Deus confiou as suas ovelhas. O arco foi adornado de todo poder religioso e da doutrina cristã.

O terceiro arco foi lindamente adornado de imagens da nobre natureza humana de Nosso Senhor Jesus Cristo e de sua sublime mãe Maria a seu lado, em comunhão com todas as suas virgens que seguirão o Cordeiro. São João Batista é representado próximo do Cordeiro, e ao lado dele aparecem como adorno todos aqueles que se tornaram cristãos sob as suas mãos. O arco da coroa foi adornado com a representação de todas as criaturas, de acordo com a intenção amorosa do Criador, que o preencheu quando Ele criou todas as coisas segundo a sua vontade.

A coroa foi adornada por toda parte com muitos brasões dos cavaleiros da santa e forte fé cristã. O império também foi representado na coroa; um adorno até o último dos camponeses, sendo que a dignidade de todos reflete como eles serviram a Deus.

A coroa também possui pináculos do tempo do anticristo, adornados de muitas imagens maravilhosas como as de Elias e Henoc, como também de muitos mártires santos que serão adornados diante deles pela santidade de sua vida e consagrados com o seu sangue derramado em lealdade.

A coroa foi tingida com o sangue do Cordeiro e iluminada pelo amor forte que partiu do íntimo de seu coração doce. Nosso Pai celestial criou essa coroa, Jesus Cristo a mereceu, o Espírito Santo a produziu e a forjou no amor ardente e com a arte da Santíssima Trindade com tanta beleza, que o Pai celestial recebeu outras alegrias adicionais de seu Filho unigênito. Mesmo que a deidade tenha contido em si todo prazer e toda alegria sem começo, e sempre os terá, Ela se agrada especialmente quando contempla seu Filho eterno juntamente com todos aqueles que o seguiram.

Após Jesus Cristo realizar o seu Juízo Final, servir e celebrar a sua Ceia, Ele receberá essa coroa de seu Pai celestial com grande honra, juntamente com aqueles que vieram para a festa eterna com corpo e alma. Assim, cada uma das almas unidas com seu corpo verá sua dignidade na coroa.

Os anjos não estarão representados na coroa porque não são seres humanos, mas eles louvarão a Deus com cântico alegre pela coroa. O primeiro coro cantará assim: "Nós te louvamos, Senhor, por tua aliança maravilhosa pela qual todos aqueles que estão representados na coroa vieram aqui". O segundo coro: "Nós te louvamos, Senhor, pela fé de Abraão, pelo anseio ardente e pelas profecias de todos os profetas". O terceiro coro: "Nós te louvamos, Senhor, pela sabedoria e piedade de todos os teus apóstolos". O quarto coro: "Nós te louvamos, Senhor, pelo sangue e pela perseverança de todos os teus mártires". O quinto coro: "Nós te louvamos, Senhor, pela oração piedosa e a doutrina cristã de todos os papas e daqueles que te confessam". O sexto coro: "Nós te louvamos, Senhor, pela constância do arrependimento de tuas viúvas". O sétimo coro:

"Nós te louvamos, Senhor, pela castidade de todas as virgens". O oitavo coro: "Nós te louvamos, Senhor, pelo fruto de tua Mãe virginal". O nono coro: "Nós te louvamos, Senhor, pela tua morte sagrada, pela tua vida sublime após a morte, pela tua rica abundância de todas as dádivas e por toda a bondade pela qual Tu, Senhor, nos elevaste e nos deste uma ordem honrável. Nós te louvamos, Senhor, pelo teu amor ardente no qual Tu nos uniste".

Acima da coroa tremulará a mais linda bandeira que já se viu neste império; será a cruz sagrada na qual Cristo sofreu a sua morte. Ela possuirá quatro extremidades. A extremidade inferior será adornada de alegria, mais brilhante do que o sol. Abaixo da trave da direita flutuará, em posição ereta, o poste de tortura, tingido com o sangue do Cordeiro e adornado dos pregos que feriram Nosso Senhor. Acima do madeiro da cruz flutuará a mais linda coroa de espinhos do império. Os espinhos terão as cores lilás, rosa e azul, maravilhoso e cristalino como o céu. Essa é a bandeira da coroa; com ela Jesus Cristo conquistou a vitória e voltou vivo para o seu Pai.

Imediatamente após o Juízo Final, durante a festa eterna, quando Deus fizer novas todas as coisas, essa coroa será visível. Ela flutuará sobre a cabeça de Nosso Senhor, encarnado para a honra e a glorificação da Santíssima Trindade e para a alegria de todos os beatos em eternidade.

Por sua encarnação Nosso Senhor nos dá uma imagem palpável de sua deidade eterna, de modo que podemos compreender a deidade por meio da figura humana, desfrutar a Santíssima Trindade, abraçá-la e beijá-la, abarcando a deidade incompreensível que nem céu, nem terra, nem inferno e nem purgatório podem fazê-lo, e à qual não podem resistir. A deidade eterna brilha e preenche todos os beatos com sua presença e prazer amoroso, de modo que eles podem ter alegria sem esforço e sempre viverem sem dor no coração. A natureza humana de Nosso Senhor saúda, alegra e ama sem cessar a sua carne e o seu sangue. Pois, apesar de não haver mais carne e sangue ali, o parentesco fraternal é tão grande, que Ele deve amar especialmente a sua natureza humana.

O Espírito Santo também derrama o seu rio celestial, dando aos beatos de beberem tanto, que eles cantam cheios de alegria, riem e dançam em postura nobre. Eles voam e sobem de coro para coro até a altura do reino. Lá, eles veem o espelho da eternidade, reconhecem a vontade e todas as obras da Santíssima Trindade, e como eles são representados, em corpo e alma, em sua figura eterna. No corpo, a alma possui uma figura humana e carrega dentro de si o brilho divino como o ouro através do cristal claro.

Lá, eles se tornarão tão felizes, livres, rápidos, poderosos, amorosos, brilhantes e semelhantes a Deus quanto for possível. Eles irão para onde quiserem com tamanha velocidade quanto se pensa – imaginai que tipo de movimento será esse. Mesmo assim, jamais poderão alcançar o fim do reino. O espaço amplo e as ruas douradas serão grandes, formosos e infinitamente melhores do que ouro e pedras preciosas, pois tudo isso é da terra e será destruído.

E para completar a coroa, o Espírito Santo a forjará até o Juízo Final. Então o Pai e o Filho lhe darão a recompensa por seu trabalho. Isto é, eles lhe darão todas as almas e todos os corpos que estão reunidos no

Reino de Deus; neles o Espírito Santo descansará para sempre, os saudará sem cessar e se alegrará. Todo o bem que jamais foi feito por amor a Deus ou que será feito no futuro, que foi negligenciado ou sofrido por causa de Deus aparecerá no adorno de flores da coroa. Ah, que coroa! Ah, quem me ajudará para que possa me tornar uma pequena flor na coroa, como os não batizados, que são as menores flores dela?

Se esta explicação foi longa demais, a razão disso é que a coroa me proporcionou múltiplas alegrias. Mesmo assim, retratei muitos objetos complexos em poucas palavras. Digo isto a mim mesma: "Por quanto tempo tu, pequena cadela miserável, pretendes latir? É melhor que te cales, pois devo ocultar o mais querido".

II – Como uma pessoa rezou pelas almas no Dia de Finados

No Dia de Finados, rezei, juntamente com toda a santa Cristandade, por todas as almas que pagam sua penitência no purgatório. Então percebi um purgatório que se parecia com um forno; era preto por fora e cheio de chamas por dentro. Pude ver como estavam no meio das chamas e queimavam como palha. Então vi alguém ao meu lado, que se parecia com um grande anjo. Eu lhe perguntei como as almas tentavam sair sempre que uma oração de pessoas boas as alcançava. Algumas conseguiam sair, outras não. Ele me respondeu: "Quando estavam na terra elas não queriam socorrer aqueles que se encontravam em apuros".

Então minha alma se compadeceu mais do que sua força lhe permitia e correspondia à sua dignidade, e eu clamei ao céu: "Senhor e Deus, eu não posso entrar, ficar e sofrer com elas, para que possam chegar a ti mais cedo?" Então Nosso Senhor permitiu que eu reconhecesse que Ele era o anjo ao meu lado e disse: "Se quiseres entrar aqui, eu entrarei contigo". Então Nosso Senhor envolveu o espírito humano e conduziu a alma para dentro. Quando ela entrou com Nosso Senhor, não sentiu dor alguma. Perguntou-lhe quantas almas estavam aqui. Disse Nosso Senhor: "Não podes contá-las. São aquelas pelas quais rezaste quando viviam na terra".

Então descobri aquele por quem tinha rezado sempre, trinta anos atrás. Eu fiquei triste, pois não tinha nada que pudesse dar a ele; em minha miséria não ousei pedir tamanho favor a um senhor tão nobre. Por isso, disse apenas: "Ai, Senhor, queria que Tu os redimisses!" E logo eles se elevaram em maravilhosa e grande multidão, mais branca do que neve, e voaram em agradável e maravilhosa clareza em direção ao paraíso; lá descansaram cheios de alegria. Quando se levantaram do fogo cantaram todo o salmo "Laudate Pueri Dominum". Depois cantaram: "Nós te louvamos, Senhor, pela grandeza de tua bondade, por tua rica dádiva e pela constância de teu socorro".

Nosso Senhor ainda estava no local do fogo e continuava envolvendo o espírito humano. Então disse a alma da pessoa: "Ai, Senhor, sabes bem o que desejo", pois queria cair aos pés de Nosso Senhor para lhe agradecer. Nosso Senhor permitiu que ela o fizesse. E assim ela lhe agradeceu por vivenciar a grande honra que Deus tinha concedido às pobres almas. Ela, vendo em seus pés as feridas rosadas da nossa verdadeira redenção, pediu-lhe: "Senhor, dá-me a tua bênção!" Disse-lhe Nosso Senhor: "Eu te abençoo com minhas chagas". Isso aconteça comigo e com todos os amigos meus e de Deus.

Isso não foi alcançado pelos meus esforços, pois considero que o clamor da santa Cristandade tem mérito muito maior do que o meu.

III – Como é salubre quando uma pessoa sonda seu coração constantemente com palavras humildes

Não conheço ninguém que seja tão perfeito a ponto de não precisar sondar o seu coração constantemente, reconhecer o que há nele e, além disso, reprovar todas as suas obras. Isso deve ser feito com palavras humildes, foi o que me ensinou a palavra de Deus, pois nenhuma das obras humanas foi tão bem-feita, que não pudesse ter sido feita melhor. Daí minha reprovação.

Devemos repreender a nossa fraqueza neste modo: "Ai de ti, mais miserável das criaturas, quanto tempo mais pretendes abrigar o teu vício maldito em teus cinco sentidos?" Minha infância foi tola; minha juventude cheia de provações; o que fiz depois não permaneceu oculto para Deus. E para a minha infelicidade, esta idade que tenho dá grande ocasião para reprovação, pois ela é inútil para obras luminosas; é fria em graças; é fraca, pois carece da força da juventude com a qual eu poderia resistir ao amor flamejante de Deus; é lamentável, pois sofre muito com toda dor pequena que a juventude teria ignorado. Porém, é paciente e confia apenas em Deus.

Há sete anos um homem velho e entristecido se queixou deste mal ao Senhor. Deus lhe deu esta resposta:

"Tua juventude era uma amiga do meu Espírito Santo; tua idade adulta, cheia de força, era uma noiva da minha humanidade; tua idade de agora é uma esposa da minha deidade".

Ai, amado Senhor, o que adianta o cão latir? Se o dono da casa não acordar, o ladrão a invadirá!

Por vezes, porém, a oração do coração puro desperta o pecador morto. Ai, pecador, como deves ser chorado! Pois tu matas a ti mesmo e destróis tudo o que é bom; e mesmo assim o incentivas. Para determinadas pessoas é de grande proveito ver que outras agem de maneira pior e caem em pecado; então, tomam cuidado para que não ocorra o mesmo com elas. Desse modo, a pessoa boa é aprimorada pelo mal – disso facilmente resultam boas obras. Mas o mau piora ainda mais quando vê exemplos maus, tornando-se tão intenso que chega a desprezar boas obras e pessoas de bem. Nesse sentido, agrada-se mais com a própria sabedoria desviada.

Meu amado Mestre, que me ensinou este livro em minha falta de erudição, também me ensinou o seguinte: não importa o que o homem faça; se ele não for verdadeiro não deves conviver com ele. Tenho um inimigo que é destruidor da verdade divina no coração humano. Se alguém lhe der oportunidade, ele inscreve sua falsa sabedoria no coração dele. Esse alguém pode chegar a dizer: "Sou irritado e fraco por natureza". Essa desculpa não fica de pé, nem diante de Deus nem diante da honra. Mediante a graça deves tornar-te manso e forte. Se não estiveres nela deverás clamar a Deus, no estado da desgraça, com lágrimas humildes, com oração constante e desejo piedoso. Assim, a serpente da ira morrerá. Deves disciplinar a ti mesmo para que não seja necessária a disciplina dolorosa de Deus ou de alguma outra pessoa. Então, a serpente da ira será destruída.

Se quisermos superar e expulsar nossa ira e toda nossa imperfeição com a ajuda de Deus, devemos trancar em nosso íntimo nossa aprovação pelo pecado, comportando-nos externamente como devotos a Deus.

Ai, pobre de nós! Não importa até onde formos em nossa ira; se houver qualquer coisa boa em nós, sempre retornaremos para o nosso coração. Então teremos boa razão para nos envergonhar: a ira terá gasto a nossa força e nosso corpo estará exausto, e assim desperdiçamos o tempo precioso no qual deveríamos ter servido a Deus. Ai, que perda eterna! E ai! Lamento as lágrimas pecaminosas que choramos em ira orgulhosa. Isso escurece tanto a alma, que o homem não pode fazer uso correto de qualquer coisa boa. As lágrimas penitentes, porém, são muito santas; se um grande pecador derramasse uma lágrima penitente sobre todos os seus pecados, ele jamais iria para o inferno eterno se permanecesse nessa postura.

Por mais insignificantes que possam ser os pecados habituais de uma pessoa boa, dos quais ela não quer desistir, se ela morrer nesse estado sem confissão e sem penitência, por mais piedosa que seja, deverá ir para o amargo purgatório. Pois por mais misericordioso que Deus seja, Ele é igualmente justo e inimigo de todos os pecados. Isto eu aconselho a mim mesma: o amor deve sempre estar presente! Jamais devemos ser arrogantes, pois, assim, a humildade sempre estará presente.

IV – Sobre a vara da disciplina de Nosso Senhor

Pouco tempo após minha entrada para o mosteiro, fui tão atormentada pela doença, que minha superiora se compadeceu de mim.

> Eu disse a Nosso Senhor: "Amado Senhor, o que pretendes com esta tortura?"
> Ele me respondeu: "Todos os teus caminhos foram medidos, todos os teus passos foram contados, tua vida está santificada, teu fim será alegre e meu reino está muito perto de ti".
>
> Eu: "Senhor, por que a minha vida está santificada se eu posso fazer poucas coisas boas?"
> Ele: "Tua vida foi santificada porque minha vara não se afasta de tuas costas".

Te Deum laudamus, pois Ele é bom.

V – Por que o mosteiro esteve sujeito a provações em determinado tempo

"Eles devem praticar o bem em silêncio para aqueles que lhes apontam a necessidade que sofrem. Pois o bem que lhes é negado, este eu não quero ter no mosteiro." Esta é a glosa: cada um, segundo o seu ofício, faça, cheio de misericórdia, o bem para aqueles que se encontram em necessidade".

VI – Sobre capítulos; como o ser humano deve contemplar e chorar os seus pecados; sobre dois centavos dourados; sobre a boa vontade e o desejo

Todos os que fizeram a experiência seguinte lamentem e chorem comigo!

Quando os filhos eleitos de Deus recebem frequentemente e com piedade o Corpo do Senhor eu preciso ir para a casa do meu capítulo com coração ardente. Então vem a minha indignidade e me repreende, vem o meu ócio e me acusa, vem o meu coração leviano e aponta minha inconstância, vem a miséria de minha vida inútil e me entristece, vem o temor de Deus e me flagela. Por fim, arrasto-me como um verme na terra e me escondo sob o capim das minhas muitas faltas constantes.

> Fico sentada e clamo ao céu: "Ai, Deus misericordioso, concede-me no dia de hoje participar da tua graça que teus eleitos receberam agora!"
> Responde-me Nosso Senhor: "Toma dois centavos dourados, ambos de peso igual, e faze compras. Se tiverem o mesmo valor, eles são igualmente bons".

> "Ai, amado Senhor, como a minha miséria pode se comparar à tua bondade, pois não sou como gostaria de ser, para a tua honra; não possuo nada que seja apropriado a ti, e nada no mundo pode dar confiança à minha alma. Sou tão depravada e destruída; não é assim que eu ansiava ser."
> Assim fala Nosso Senhor: "Com boa vontade e com desejo piedoso podes restituir o que desejas".

VII – Como o ser humano pode se unir a Deus em qualquer hora

A felicidade celestial, que ultrapassa toda a alegria terrena, está no fato de que o homem pode permanecer unido a Deus.

Nosso desejo deve estar presente em todas as nossas obras; devemos contemplar e analisar todas as nossas obras na fé cristã e no conhecimento devoto e jamais ser inúteis. Assim, louvamos a Deus, Nosso Senhor, com todas e por todas as obras que Ele realizou por nós na terra. Desse modo, nossas obras terrenas nos unirão a Ele em amor celestial. Seremos iluminados espiritualmente e louvaremos a Deus, Nosso Senhor, por todas as dádivas que Ele nos deu: nosso corpo e nossas posses, nossos amigos e parentes, e todo o prazer terreno que podemos desejar; agradeceremos a Deus por todas as ricas dádivas concedidas ao nosso corpo e à nossa alma na terra. Uniremos novamente a Deus em grande amor e em humilde gratidão, deveremos guardar todas as suas dádivas em nosso coração. Assim, este se encherá de amor, nossos sentidos se abrirão e nossa alma se iluminará tanto, que vislumbraremos o conhecimento divino como uma pessoa que vê seu semblante num espelho límpido. Poderemos reconhecer a vontade de Deus em todas as nossas obras, de modo que honraremos e aceitaremos a sua vontade com alegria, em dádiva dolorosa e consoladora, alegrando-nos em tudo, com exceção do pecado. – Este devemos lamentar e odiar, pois é amaldiçoado para sempre. Desse modo, seremos unidos para sempre na terra com os santos no Reino dos Céus, pois neste eles se alegram com a vontade de Deus.

Não sei como o inimigo percebeu isto: quando Deus me concedeu este conhecimento durante a noite e eu me entreguei completamente a Ele, o inimigo me visitou e falou comigo num tom que inspirava confiança, pois queria me enganar. Ouvi sua voz com ouvidos físicos e vi sua aparência com olhos espirituais: preto, sujo e igual a um homem repugnante. Mesmo assim, não tive medo dele, pois quando a graça de

Deus preenche a alma e domina os sentidos, o corpo não precisa temer a sua presença. Mas quando o corpo ainda se ocupa com esforços inúteis, se ele vir, o corpo estremecerá tanto em sua presença, que jamais sofri tamanho tormento na terra.

> Ele me disse: "Sonhei de noite que eu era poderoso e possuía muito". – Com isso ele queria me levar a crer que também a união sagrada de Deus com a alma nada mais é do que um sonho.
>
> Então disse a senhora da casa no interior do corpo, na alma: "Tu não és verdadeiro!"
> Ele respondeu: "Sou sim! Pois existirei enquanto Deus viver!"
>
> A alma questionou: "Já que és tão erudito, dize-me: O que devo fazer?"
> Então o diabo exagerou: "Deverias alegrar-te, e este grande conhecimento deveria encher-te com grande autoconfiança".
>
> A alma: "Infelizmente, ainda não sou tão pequena para poder passar pelo buraco da agulha dos meus inimigos e estender a mão ao portão do céu da minha pátria eterna".
> O diabo: "Estás rodeada por uma cerca protetora forte demais".
>
> A alma: "Em tuas palavras reconheço a tua falsidade, infidelidade, honra vã e orgulho. Se eu estivesse cercada de um muro de aço, alto como as nuvens, mesmo assim meu coração jamais estaria seguro de meus inimigos".

Então ele tremeu – como isso me pareceu totalmente falso! Puxou seus cabelos e correu dali cheio de raiva.

VIII – Como um ser humano deve buscar a Deus

Quando Deus se afasta de uma pessoa, esta o busca e diz:

> "Senhor, meu tormento é mais profundo do que o abismo;
> o sofrimento do meu coração se estende para além do mundo;
> meu medo é mais alto do que as montanhas;
> meu desejo alcança as estrelas;
> e não te encontro em nenhuma dessas coisas".

Enquanto lamentava deste modo, a alma percebeu que seu Amado estava com ela, igual a um jovem belo, indizivelmente belo. Mas Ele ainda se mantinha oculto. Então ela se prostrou aos seus pés e saudou suas feridas. Elas eram tão doces, que ela nem percebeu sua grande dor e sua idade avançada. Então pensou: Ai, como gostaria de ver seu semblante, assim não precisaria de suas feridas; como gostaria de ouvir suas palavras e seu desejo! Então, ao se levantar, ela se percebeu nobremente vestida e adornada. Então ele disse: "Sê bem-vinda, minha mais querida!" Ao ouvir essas palavras de saudação ela percebeu que, para Ele, cada alma que serve sob a proteção de Deus é a mais querida. Ele continuou: "Devo ter cuidado contigo no prazer, por tua e por minha causa". O prazer é indescritível. Ele também disse: "Toma esta coroa das virgens!" Então colocou a coroa sobre a cabeça dela. Brilhando como se fosse feita de puro ouro, a coroa era dupla, pois também era a coroa do amor. Disse Nosso Senhor: "Esta coroa deve ser visível para todos os exércitos celestiais!" Ela lhe perguntou: "Senhor, não queres receber amanhã a minha alma, assim que eu tiver recebido o teu Corpo Sagrado?" "Não", disse ele, "deves enriquecer ainda mais através no sofrimento". "Senhor, o que eu poderia fazer neste mosteiro?" "Deves iluminá-los e instruí-los, vivendo entre eles em grande honra".

Ela pensou: "Agora estás sozinha aqui com Nosso Senhor". Enquanto pensava, ela viu dois anjos do seu lado; eram tão temíveis quanto príncipes terrenos em comparação com pessoas comuns. Ela lhes disse: "Como me esconderei agora?" Eles lhe disseram: "Nos te conduziremos de tormento em tormento, de virtude em virtude, de conhecimento em conhecimento e a uma profundeza cada vez maior no amor".

O fato de que uma boca pecaminosa seja obrigada a expressar isso me oprime; mas não ouso deixar de fazê-lo por respeito a Deus e ao voto de obediência. Vergonha diante dos homens e temor de Deus permanecerão comigo enquanto eu viver!

IX – Como a alma amante louva Nosso Senhor com todas as criaturas

A alma amante jamais se satisfaz com a glorificação de Deus. Por isso, ela reúne em si tudo que Deus jamais criou e clama ao céu:

> "Senhor, se todas essas pessoas fossem tão perfeitas e santas – se isso fosse possível –, como tua bendita Mãe Maria, isso não me bastaria para chegar a um fim com a glorificação de teu Filho unigênito. Senhor, é possível chegarmos a um fim com a tua glorificação? Não, e isso me alegra".

Nosso Senhor lhe respondeu: "As virgens que me serviram por muito tempo devem me glorificar!"

X – Isso aconteceu num tempo em que havia graves injustiças

Dirigi-me a Nosso Senhor por causa da guerra e dos numerosos pecados do mundo.

Então Nosso Senhor deu-me a seguinte resposta:

"O fedor dos pecados se levanta do abismo do mundo e me alcança no céu; se fosse possível, ele me expulsaria de lá. No passado, os pecados tinham me expulsado; então vim cheio de humildade e servi ao mundo até à minha morte. Agora isso não pode mais acontecer. Assim, deverei aplicar a minha justiça por causa do pecado".

Perguntei-lhe: "Amado Senhor, o que nós devemos fazer?"
Ele me respondeu: "Deveis humilhar-vos sob a mão aterrorizante do Deus onipotente e temê-lo em todas as vossas obras! Ainda salvarei pessoas de todo seu sofrimento; isto é, meus amigos. A oração satisfaz o meu coração, e nela revelo o que pretendo fazer. Gosto de ouvir a oração de religiosos, contanto que eles sejam sinceros: Adjutorium nostrum in nomine Domini. Laudate Dominum omnes gentes. Gloria Patri. Regnum mundi. Eructavit cor meum. Quem vidi. Gloria Patri...".

Então eu lhe disse: "Senhor, Pai celestial, aceita o serviço e a glorificação das mãos de teus filhos entristecidos, liberta teu povo deste sofrimento atual e liberta-nos de todos os laços, mas não dos laços do amor; estes jamais devem ser retirados de nós".

XI – Como Nosso Senhor foi vislumbrado na forma de um homem trabalhador

Nosso Senhor me mostrou em uma parábola como Ele tem agido sobre mim.

Vi como um pobre se levantou da terra. Ele vestia panos miseráveis, demonstrando ser um homem trabalhador. Ele trazia um fardo igual à terra.

> Eu lhe disse: "Bom homem, o que carregas?" "Carrego", disse ele, "o teu tormento. Volta a tua vontade a ele, levanta-o e carrega!"

> Disse a pessoa: "Senhor, eu sou tão pobre que não nada tenho!"
> Respondeu Nosso Senhor: "Foi isso que ensinei aos meus discípulos quando disse: 'Beati pauperes spiritu'". – Isto significa que é pobreza espiritual quando uma pessoa não é capaz de fazer algo mas gostaria de fazê-lo.

> A pessoa: "Senhor, se fores Tu, volta teu semblante para mim para que eu te reconheça!" Respondeu Nosso Senhor: "Reconhece-me no íntimo!"

> A alma: "Senhor, se eu te visse entre milhares, facilmente te reconheceria!" – Pois no íntimo meu coração se instalou como um guardião, e eu não ousei negar isso a Ele.

> Então eu disse: "Senhor, este fardo é pesado demais para mim!"

Respondeu Nosso Senhor: "Eu tomarei sobre mim tanto dele, que tu conseguirás carregá-lo facilmente. Segue-me e lembra-te de como eu estive diante do meu Pai na cruz e persevera!"

Eu disse: "Senhor, dá-me a tua bênção para isso!"

Ele: "Eu te abençoo sem cessar. Serás libertada de teus tormentos".

Então lhe pedi: "Senhor, ajuda todos os que sofrem tormento por tua causa!"

XII – Como um homem de honra nula deve resistir à tentação

Quando alguém supervaloriza a si mesmo emerge uma honra vaidosa de algum canto de seu coração com algum prazer pecaminoso tentando ocupar seus cinco sentidos. Para superar isso, ele deverá bater em seu peito em temor humilde e abençoar-se com a sagrada cruz; então o prazer desaparecerá imediatamente, como se nunca tivesse existido. Eu experimentei isso muitas vezes. Devemos fazer o mesmo quando somos tomados por pensamentos pecaminosos; estes também desaparecem pelo poder da sagrada cruz quando não são bem-vindos.

XIII – Como Nosso Senhor foi vislumbrado na forma de um peregrino

Eu, coitada e indigna, negando a mim mesma, digo o que vi e ouvi de Deus.

Numa noite, vi Nosso Senhor na figura de um peregrino; parecia ter atravessado todo o mundo cristão. Prostrei-me aos seus pés e lhe disse:

"Meu amado Peregrino, de onde vens?" Ele respondeu: "Venho de Jerusalém" – Ele se referia à Cristandade – "e fui expulso do meu abrigo. Os gentios não me reconhecem, os judeus não me querem e os cristãos me atacam".

Então orei pela Cristandade. Nosso Senhor apontou de maneira apropriada quão desmerecida é a vergonha que Ele sofre através da Cristandade. Expôs quantas coisas boas Ele tem feito por ela, desde o começo; o quanto se esforçou por ela; como procura uma oportunidade para fazer fluir para dentro dela a sua graça.

Disse-me: "Com sua vontade própria as pessoas me expulsam do abrigo de seu coração. Quando não encontro aposento nelas permito que permaneçam em sua vontade própria e eu as julgarei segundo o estado em que se encontrarem em sua morte". Então intercedi pelo mosteiro: "Amado Senhor, não o deixe perecer!" Colocarei uma luz em sua igreja; nela eles te reconhecerão".

XIV – Sobre a eleição e a bênção de Deus

Numa outra noite, quando eu estava imersa em minha oração e cheia de desejo, percebi Nosso Senhor. Ele estava no pátio da igreja e ordenara diante de si todos os religiosos do convento, segundo a data de ingresso nele.

Nosso Senhor lhes disse: "Eu vos escolhi. Se me escolherdes, eu vos darei algo".

Perguntei-lhe: "Senhor, que pretendes dar a eles?"

Ele respondeu: "Farei deles espelhos brilhantes na terra, de modo que todos que os virem reconhecerão minha vida neles; e no céu farei deles espelhos brilhantes, de modo que todos que os virem reconhecerão por que eu os escolhi".

Levantando as mãos, Nosso Senhor disse: "Eu vos abençoo se, em vosso espírito, decidires completamente por mim". – Aqueles que, em seu espírito, decidem-se completamente por Nosso Senhor são beatos que o glorificam de modo correto.

Então eu disse: "Eles me perguntarão em que forma eu te vi".

Ele respondeu: "Há alguns entre eles que me conhecem".

XV – Como o ser humano que ama a verdade deve pedir

Aquele que ama a verdade gosta de pedir desta forma:

"Ó amado Senhor, permite e me ajuda a procurar-te sempre sem cessar, com meus cinco sentidos, em todas as coisas, pois eu te escolhi acima de todos os senhores e te elegi acima de todos os príncipes, Noivo da minha alma. Concede-me, também, Senhor, que eu te encontre com todo o meu desejo, que é desfrutar-te no amor fluente de tuas dádivas. Concede-me, Senhor, a plenitude de teu fluxo; que ele preencha minha mente, para que tormento, vergonha e amargura sempre me pareçam suaves. Que isso sempre me seja concedido através de tua graça – Deus misericordioso, concede-me isto! Ajuda-me, também, Senhor, a agarrar-me a ti e a desistir da minha vontade, como Tu o desejas. Assim, jamais voltarei a perder meu amor ardente. Amém".

XVI – Como um ser humano desejou e pediu

Uma pessoa desejou por muito tempo, mais do que toda dádiva graciosa e mais do que todo tormento, que Deus libertasse sua alma numa morte santa.

Disse Nosso Senhor: "Aguarda-me!"
A pessoa respondeu: "Amado Senhor, não consigo controlar o meu desejo: queria tanto estar contigo!"

Falou Nosso Senhor: "Eu te desejei desde o início do mundo. Eu te desejo e tu me desejas. Onde dois desejos ardentes se encontram o amor é perfeito".

XVII – Como o conhecimento fala à consciência

O conhecimento disse à consciência: "Não importa quanta humilhação e tormento sofras, tu descansas em Deus!"
A consciência: "Nobre conhecimento, disseste uma palavra verdadeira! Aquele que aceita todas as adversidades deve ter um coração humilde".

O conhecimento: "Nobre consciência, tens um espelho muito nobre no qual tu te contemplas com frequência: o Filho vivo de Deus com todas as suas obras. Sem isso, não poderias ser tão sábia".

A consciência: "Nobre conhecimento, quando me contemplo nele sinto-me alegre e triste ao mesmo tempo. Sinto-me alegre porque Deus é o bem que flui ao meu encontro; sinto-me triste porque sou tão pobre em boas obras".

O conhecimento: "Nobre consciência, em todas as coisas dás mais valor à vontade e à honra de Deus do que à tua vantagem ao corpo e à alma. És o inferno do diabo e o Reino dos Céus de Deus. O que se iguala a ti?"

A consciência: "Nobre conhecimento, tudo o que tenho de Deus Ele me emprestou para que eu multiplique a sua fama e sua honra e também aumente a minha salvação, e devo devolvê-lo a Ele. Dependo totalmente de sua graça".

O conhecimento: "Nobre consciência, estás sobrecarregada com os pecados do mundo, e a imperfeição dos religiosos te causa grande sofrimento. Eles têm o livre-arbítrio, de modo que podem ir para o Reino dos Céus, para o inferno ou para o longo purgatório; este é teu fardo pesado".

A consciência: "Nobre conhecimento, não me queixo das hostilidades que sofro e por estar doente; lamento o pecado do mundo tanto quanto o meu próprio. O tormento purifica o corpo dos pecados e santifica a alma em Deus. Então obedeceremos ao seu mandamento com alegria".

O conhecimento: "Nobre consciência, as pessoas ricas e de boa vontade sacrificam a Deus o seu bem, com esmolas; os religiosos sacrificam a Deus o seu serviço, a sua carne e o seu sangue; sobretudo, porém, sacrificam a Deus a sua própria vontade. O que pesa mais deve valer mais".

A consciência: "Nobre conhecimento, e isso não é tudo. Se quisermos desfrutar Deus nas alturas devemos ter a coroa da humildade, da pureza e da castidade, inata ou adquirida, e a altura do amor que ultrapassa tudo. É esse vestido maravilhoso que a Santíssima Trindade veste: o Pai, a altura do amor; o Filho, a castidade humilde; o Espírito Santo, o fogo do amor por nós em todas as nossas boas obras".

O conhecimento: "Nobre consciência, a constância no bem é amor ativo. Não podemos abrir mão dela se quisermos possuir a mais alta honra juntamente com Deus, aqui e em seu reino eterno. Feliz aquele que se esforça por isso aqui na terra".

XVIII – Como as sete horas que lembram a tortura de Nosso Senhor são confiadas a Deus

Matinas

Ó poderoso orvalho da nobre deidade,
ó flor delicada da virgem amável,
ó fruto salvador da linda flor,
ó sagrado sacrifício do Pai celestial,

ó fiel resgate para o mundo inteiro,
Senhor Jesus Cristo!
Aceita tua santa vigília para o louvor e a honra
de teu nascimento em terra estranha,
de teu sofrimento miserável,
de tua tortura dolorosa,
de tua morte sagrada,
de tua ressurreição gloriosa,
de tua linda ascensão,
de teu domínio onipotente
para honra e louvor!

Lembra-te de mim, amado Senhor, para que, em tudo que eu faça e em toda a minha vida, eu cumpra a tua santa vontade até um fim bem-aventurado para a honra de tua Santíssima Trindade, e juntamente comigo todos aqueles que são os meus e os teus amigos em teu nome!

Laudes

Ó miserável humilhação,
ó dor opressora,
que mataram o teu corpo sublime e teu coração amável!
Ajuda-me, amado Senhor,
para que toda a minha humilhação
e todo o sofrimento do meu coração
possam descansar em teu amor,
como te agrada em tua honra eterna,
para que eu possa permanecer eternamente nela!

Terça

Ó fardo pesado,
ó peso miserável,
que Tu, Senhor, carregaste por nós sob a tua cruz!
Carrega-nos, Senhor, em todo o nosso sofrimento, para a vida eterna!

Sexta

Ó sofrimento sangrento,
ó feridas profundas,
ó grande dor!
Não permite, Senhor, que eu pereça
sob os ataques de todos os meus tormentos. Amém.

Noa

Ó sofrimento mais bendito,
ó morte mais bendita,
ó espelho mais alegre do Pai celestial,
Jesus Cristo, perfurado em mãos e pés no alto da cruz!
Confio-te, Senhor, a minha alma em minha última hora, para que eu possa permanecer unido contigo para sempre, como teu Pai celestial esteve e está unido contigo. Concede isto a mim e a todos os que são leais a ti! Amém.

Vésperas

Ó fluxo imutável do amor,
ó fiel derramamento do coração,

ó corpo sublime
que foi morto por minha causa, Jesus Cristo muito amado!

Eu te peço que meus cinco sentidos se alegrem sem cessar diante da lança sangrenta e da ferida de teu amado coração; que minha alma miserável sempre se alegre nisso e comigo todos aqueles pelos quais intercederei segundo o costume cristão. Amém.

Completas

Ó santa profundeza de toda humildade,
ó misericordiosa extensão de todas as dádivas,
ó gloriosa altura de todo amor com o qual Tu, Jesus Cristo, pedes ao teu Pai celestial!

Cumpre agora, Senhor, a tua oração em nós e nos santifica na verdade. Dá-nos a profundeza de toda humildade na qual nós nos curvamos sob todas as criaturas, pois elas resistem àqueles que não agem como nós. Dá-nos, Senhor, a amplitude de toda amabilidade, para que cumpramos todos os preceitos por amor a ti! E dá-nos, Senhor, a altura do teu amor, que nos preserva puros em ti e isentos de todas as coisas terrenas. Amém.

XIX – Sobre a "Ave-Maria"

Eu te saúdo, senhora, amada Maria:
tu és a alegria eterna da Santíssima Trindade!
Eu te saúdo, senhora, amada Maria:
tu és o início de toda a nossa bem-aventurança!
Eu te saúdo, senhora, amada Maria:

tu és a companheira dos anjos santos, aqui e no Reino de Deus!

Eu te saúdo, senhora, amada Maria:
tu és a flor dos patriarcas!

Eu te saúdo, senhora, amada Maria:
tu és a esperança dos profetas!

Eu te saúdo, senhora, amada Maria:
tu és o lírio branco das virgens humildes!

Eu te saúdo, senhora, amada Maria, e lembra-te de como a saudação da boca de Gabriel te alcançou. Saúda minha alma em minha última hora e leva-me com alegria e sem tristeza desta miséria para a terra feliz de teu amado Filho, onde eu encontrarei descanso!

Eu te saúdo, senhora, amada Maria:
tu és a sabedoria dos apóstolos!

Eu te saúdo, senhora, amada Maria:
tu és a rosa dos mártires!

Eu te saúdo, senhora, amada Maria:
tu és a protetora daqueles que confessam!

Eu te saúdo, senhora, amada Maria:
tu és a ajudante de todas as viúvas!

Eu te saúdo, senhora, amada Maria:
tu és a honra de todos os santos em teu Filho amado!

Intercede por mim, para que, com todas as minhas obras, eu seja santificada com eles, na medida do possível, Maria, amada imperatriz!

Eu te saúdo, senhora, amada Maria:
tu és o refúgio dos pecadores!

Eu te saúdo, senhora, amada Maria:
tu és a grande ajudante dos desesperados!

Eu te saúdo, senhora, amada Maria:
tu és a consoladora de toda a santa Cristandade!
Eu te saúdo, senhora, amada Maria:
tu és o terror de todos os espíritos malignos, porque foram afugentados por ti! Afasta-os de mim, amada senhora, para que jamais voltem a se alegrar comigo e eu sempre seja constante em teu serviço!

XX – Como devemos confiar a "Ave-Maria" à Nossa Senhora

Eu te saúdo, imperatriz celestial, Mãe de Deus e minha amada senhora! Aceita hoje, senhora, a tua "Ave-Maria" para o louvor e a honra do maravilhoso reflexo do Pai e do Filho e do Espírito Santo, que se volta tão maravilhosamente para o semblante virginal e materno, aberto e não oculto, cheio de felicidade. Ó senhora, lembra-te de todo o meu anseio e de toda a minha petição, de todo o meu tormento e de todo o meu sofrimento, de toda a dor do meu coração, da minha honra, da minha alma e da minha última hora, quando eu deixar esta triste miséria. Confio tudo isso à tua fidelidade materna, à tua honra virginal e à tua bondade feminina, e comigo todos aqueles que são teus e meus amigos em nome do Deus todo-poderoso, minha amada Senhora, Maria, nobre imperatriz!

XXI – Como o ser humano deve sondar o seu coração antes de participar da Ceia do Senhor

Quereis ser instruídos por mim, mas eu mesma sou inculta! Aquilo que sempre exigis se encontra em abundância em vossos livros.

Quando eu vou para receber o Corpo de Nosso Senhor, contemplo o semblante da minha alma no espelho dos meus pecados. Nele eu me vejo a forma como vivi, como vivo agora e como ainda viverei. Nesse espelho dos meus pecados não vejo nada além de ais! Então me prostro ao chão, lamento e choro, quando consigo, porque o Deus eternamente incompreensível é tão bom, que se dispõe a se inclinar para o lamaçal imundo do meu coração. Então penso que nada seria mais justo do que se meu corpo fosse arrastado para a forca como um ladrão que roubou de seu senhor o precioso tesouro da pureza, que Deus me confiou no santo Batismo. Lamentamos isso com tristeza enquanto vivemos, por termos turvado ela tantas vezes. Que Tu, Senhor, perdoes isso paternalmente! Mas por um pecado que a pessoa não confessou e não quer confessar, com esse, ela não deve receber o Corpo do Senhor.

Agora quero confiar na esperança verdadeira e agradecer a Deus por ter me agraciado com a dádiva do Corpo do Senhor. Agora irei com alegria para a Ceia do Senhor e receberei o Cordeiro sangrento que se dispôs a ser pendurado na cruz sagrada; sangrento, com suas cinco chagas abertas. Consideremo-nos agraciados por isso ter acontecido! Que sua sagrada tortura satisfaça a minha queixa sobre todo o meu desconforto. Assim, com alegria, com amor cordial e com uma alma aberta, recebemos o nosso amado, nosso mais Amado, e o deitamos em nossa alma como que em um berço doce, cantando-lhe louvores e honra pelo primeiro desconforto que Ele se dispôs a sofrer quando foi deitado na manjedoura. Assim nos curvamos diante dele com nossa alma e nossos cinco sentidos, e agradecemos ao nosso Amado:

"Senhor, eu te agradeço por ti mesmo. Agora te peço, muito Amado, que Tu me dês a tua joia para que eu possa levar uma vida pura, livre de pecados.

Senhor, onde te deitarei depois? O que eu tenho, isto eu te darei. Eu te deitarei em minha cama, que consiste totalmente de tormento. Quando me lembro de teu tormento, eu esqueço do meu. O travesseiro é o sofrimento do meu coração por não ter estado sempre pronta para receber as tuas dádivas dolorosas. Este, Senhor, é todo o meu lamento. A coberta desta cama é o meu desejo, que me envolve. Se Tu quiseres satisfazê-lo, Senhor, então cumpras a minha vontade e dá-me os pecadores emaranhados em pecados capitais. Com isso, alegras meu coração!

Senhor, por que falaríamos sobre o amor, agora que estamos deitados lado a lado na cama do meu tormento? Senhor, eu te recebi assim como Tu ressuscitaste da morte. Amado amante do meu coração, dá agora confiança à minha alma, para que eu permaneça sempre pura em ti! Disso resulta grande felicidade. Dá-me, Senhor, as almas culpadas do purgatório, mesmo que o resgate seja alto demais para mim! Agora, Senhor, eu te recebi como ascendeste para o céu. Não me poupes demais agora, muito Amado! Em algum momento terei que morrer de amor; de outra forma, Senhor, não poderás me calar. Dá-me e tira de mim, Senhor, tudo o que queres, mas não tira de mim esta decisão: de morrer no Amor por amor! Amém".

XXII – Sobre o louvor ao Pai celestial

Eu te louvo em todos os meus caminhos, Deus, por tua nobre bondade, por teres me escolhido para o teu santo serviço! Santifica meu coração, para que eu receba com devoção piedosa todas as tuas dádivas e persevere contigo com alegria!

XXIII – Como devemos agradecer ao Filho

Eu te agradeço, Filho imperial de Deus. Eu te agradeço sem cessar por me libertares do mundo no mundo. Teu tormento sagrado é o meu, o tormento que sofreste por minha causa. Tudo que sofro devolverei a ti; mesmo que não seja de valor igual, isso liberta a minha alma. Protege-me em tua graça para o teu eterno louvor! Jesus, meu muito Amado, desfaze meus laços, permite que eu esteja sempre contigo!

XXIV – Sobre a enchente de amor

Eu te agradeço, Espírito Santo. Creio que Tu és uma pessoa da Santíssima Trindade. Tuas doces fontes cheias de amor expulsam todo o sofrimento do meu coração, pois elas jorram suaves da Santíssima Trindade. Eu te peço, Senhor, Espírito Santo, que Tu me protejas com teu amor divino de todo ardil dos espíritos maus, para que não encontrem o que procuram em mim!

XXV – Sobre a adoração da Santíssima Trindade

Eu, pobre em virtudes, eu, miserável em meu ser, saúdo, se é que posso ousar ou sou capaz, a sublimidade, a clareza, a glória, a sabedoria, a nobreza, a maravilhosa união da Santíssima Trindade, da qual tudo que era, é e será surgiu imaculado. Para lá desejo retornar sempre. Como isso será possível? Devo arrastar-me de volta, pois eu sou culpada. Com boas obras, devo trilhar o caminho do aprimoramento, correr com zelo incansável, voar com asas de pomba, isso significa: com virtudes, bondade e um coração piedoso. Devo, em todos os aspectos, superar a mim mesma. Quando estiver totalmente exausta, então poderei retornar. O olho de nenhum ser humano já viu, o ouvido de nenhum ser humano já ouviu, a boca de nenhum ser humano pode expressar como eu serei recebida.

Gloria tibi, trinitas!

XXVI – Como devemos fugir para Deus na tentação

Senhor Jesus Cristo, eu, esta pobre pessoa, fujo para ti e peço o teu socorro, pois meus inimigos me perseguem. Senhor e Deus, volto-me para ti com lamento, pois eles querem afastar-me de ti. Senhor, Filho do Deus todo-poderoso, afasta-os de mim, tira-me de seu poder e preserva-me pura em ti, pois Tu me livraste com a tua tortura. Sê Tu agora o meu socorro e o meu consolo, e não me deixa perecer, pois Tu te dispuseste a morrer por mim. Senhor Jesus Cristo, eu imploro a tua ajuda; desperta a minha alma do sono da inércia e ilumina os meus sentidos na escuridão da minha carne. Acompanha-me, para que eu percorra todos os meus caminhos sem pecado – na medida em que isso for possível para um ser humano –, pois teus olhos veem as minhas falhas.

Maria, Mãe de Deus, Imperatriz celestial,
sê tu a minha ajudadora

– pois, para o meu desespero, eu sou culpada! –
para que eu encontre graça
junto ao teu Filho amado!
Mãe de toda castidade,
A ti choro todo o sofrimento do meu coração!
Salve regina!

XXVII – Como o religioso deve desviar o seu coração do mundo

Quando o religioso vê diante de si os seus parentes e amigos mais queridos lindamente adornados e vestidos segundo a moda do mundo, é indispensável que ele esteja armado com o Espírito Santo, para que não pense: Tu também poderias ter tido tudo isso! Esse pensamento escurece tanto o seu coração, tornam seus sentidos tão indispostos em relação a Deus, sua boca tão preguiçosa para a oração piedosa e sua alma tão alienada de Deus que, em seu íntimo, ele se torna mais semelhante aos seus parentes do mundo do que a um religioso.

Se ele quiser perseverar em pureza junto a Deus, deve aceitar essa luta. Turvou-se a sua consciência, que é uma lâmpada do Espírito Santo, pois a consciência não brilha sem a sua luz. Quando a luz brilha lindamente na lâmpada, a beleza da lâmpada é visível. O mesmo acontece com o religioso que em seu coração despreza a beleza do mundo inteiro: ele cuida para que sua lâmpada permaneça íntegra e não se apague. Mas quando seu coração se abre para o mundo, sua lâmpada quebra; e o gélido vento do Norte da ganância mundana sopra a partir de seus parentes, quando lamentam que sua parte no lamaçal, no qual afundam miseravelmente e se afogam em pecados, é tão pequena. Isso apaga a sua luz, mesmo quando ele não tem parte no mundo. Então vem o vento do Sul, o prazer traiçoeiro do mundo, e se apresenta como belo, apesar de estar repleto de tormento amargo. Se isso lhe agradar ele sofrerá dano eterno. Ele deve evitar isso com toda a sua força, pois nenhum pecado é tão pequeno que não cause dano eterno à alma. Por quê? O pecado foi pago de forma tão penitente, que teria sido melhor jamais cometê-lo. Por isso, é preciso que o religioso viva em constante temor, se quiser perseverar puro junto a Deus. O que ele não deu a Deus não pode ser exigido, pois se entregou a Deus com honras. O peixe na água vê com grande desejo a isca vermelha com a qual pretendem fisgá-lo; mas não vê o anzol. O mesmo acontece com o veneno do mundo: ele não revela a sua perdição.

Se realmente quiseres te converter, olha para o teu Noivo, o Senhor do mundo inteiro; Ele foi maltratado, açoitado e amarrado ao poste de tortura. Lá recebeu muitas feridas profundas por amor a ti. Grava-as em teu coração, pois assim poderás escapar da enganação do mundo. Se quiseres segui-lo com teus pensamentos piedosos, levanta os teus olhos; vê como Ele estava pendurado na cruz, diante dos olhos do mundo, banhado em sangue – estas roupas devem ser o consolo do teu coração! Seus olhos imperiais cheios de lágrimas, seu doce coração inundado de amor! Agora ouça o barulho – este te ensina o amor a Deus – que os martelos faziam quando perfuravam seus pés e suas mãos. Lembra também a ferida da lança, que perfurou seu lado até o íntimo do seu coração, e confessa a Ele todo o teu pecado; assim experimentas Deus! Contempla a coroa de espinhos afiados que Ele vestia sobre a cabeça; elege-o dentre tudo o que existe; Ele te concede a plenitude de toda alegria. Agradeça-lhe pela sua morte por amor a ti e não deixa que ninguém te engane; assim, poderás ser um rei eterno em seu reino. Se escolheres isto, superarás com alegria o sofrimento do mundo inteiro.

XXVIII – Sobre o sofrimento causado por uma guerra

Fui encarregada a interceder por sofrimento decorrente da guerra entre a Saxônia e a Turíngia. Quando fiz isso com louvor e desejo, nosso amado Senhor não quis me ouvir, permanecendo em profundo silêncio. Tive de suportar isso durante 17 dias com paciência amorosa.

> Então disse-lhe: "Ai, Senhor amado, quando poderei pedir o teu consentimento para amenizar esse sofrimento?"
> Ele respondeu: "A gloriosa e colorida aurora são os pobres que sofrem tantas necessidades neste momento. Depois nascerá para eles o sol eterno da luz eterna. Eles se tornarão santos e claros como o sol brilhante, quando, no meio do dia, alcança sua altura. Alguns estão no exército por coerção e cheios de medo. Esses serão presos e mortos, para que possam vir para mim. Os autores da guerra, porém, são terríveis em seu íntimo e espalham terror com seus atos, pois ousam roubar até mesmo as imagens da minha casa".

Então não reconheci nisso a perdição eterna. Mas aqueles que, como soldados bandidos, aterrorizam as ruas, se não houvesse guerra seriam ladrões e enganadores. Destarte, são os rejeitados que sempre conduzem os eleitos para a salvação. Por isso, Deus é obrigado a demonstrar seu amor através do sofrimento; não existe outra maneira de salvá-los.

Ainda não sei como tudo terminará. Sei, porém, muito bem o que os amigos de Deus sofrem e que Ele jamais se esquece deles, sendo seu socorro e consolo em todo o seu sofrimento. Esta deve ser a nossa ambição e devemos sofrer cheios de alegria. Destarte, podemos brilhar diante de Deus.

XXIX – Sobre um ensinamento

Se quiseres voltar o teu coração completamente para Deus deverás seguir este triplo ensinamento: estar com medo do pecado, disposto a todas as virtudes e constante em todo bem! Assim poderás levar tua vida a um final feliz. Se estiveres disposto a obrigar-te a isso, podes realizá-lo com a ajuda de Deus. Peça a Deus com constância; assim todos os teus fardos se tornarão leves! Peça com coração puro e sirva a Deus com zelo; então serás rico em alegrias.

XXX – Uma oração para a coroação das virgens

Recebe, Senhor, as tuas noivas e vai ao encontro delas com os lírios da castidade enquanto elas viverem!

Recebe, Senhor, as tuas noivas e vai ao encontro delas com as rosas da busca de um fim bendito!

Recebe, Senhor, as tuas noivas, vai ao encontro delas com as violetas da humildade abismal, conduze-as até o teu leito nupcial e abraça-as com todo amor que não conhece separação! Amém.

XXXI – Sobre um lamento

Este é o lamento que a alma amante não consegue carregar sozinha. Ela deve contá-lo aos amigos de Deus para que o serviço por amor lhes agrade ainda mais:

"Doença de amor e transitoriedade do corpo,
sofrimento cheio de tormento e coerção dura,
isso prolonga muito o meu caminho
até o meu amado Senhor!
Como, Amado, devo viver tanto tempo sem ti?
Ai, estou muito distante de ti!
Se Tu, Senhor, não quiseres ouvir o meu lamento,
devo entregar-me novamente à minha tristeza
e esperar e sofrer em segredo visível para todos.
Sabes bem, amado Senhor, o quanto eu gostaria de estar contigo!"
Nosso Senhor: "Quando eu vier, virei com poder!
Jamais houve tamanha dor
que eu não pudesse curá-la facilmente.
Deves perseverar um pouco mais;
quero preparar-te ainda mais
antes de levar-te para o meu Pai,
para que nós nos agrademos ainda mais de ti.
Ainda gosto de ouvir o teu lamento de amor".

Quando nosso entendimento humano se escurece despertamos com este lamento o amor divino em nosso coração.

XXXII – Como as obras de uma pessoa boa refletem as obras do Nosso Senhor

Estas palavras vos dirão como as obras de uma pessoa boa brilharão na glória celestial:

Na medida em que formos inocentes aqui, a inocência santa de Deus iluminará a nossa inocência santa.

Na medida em que nos desgastarmos aqui com boas obras a ação santa de Deus iluminará a nossa ação santa.

Na medida em que alcançarmos aqui intimidade com Deus, a intimidade santa de Deus iluminará a nossa intimidade santa de múltiplas maneiras.

Na medida em que aceitarmos aqui o nosso tormento com gratidão e paciência, o santo tormento de Deus iluminará o nosso santo tormento.

Na medida em que nos esforçarmos aqui por grande perfeição, a santa perfeição de Deus iluminará a nossa santa perfeição em múltiplas honras. Isso durará por toda a eternidade!

Na medida em que ardermos aqui em amor e brilharmos numa vida piedosa, o amor de Deus arderá e brilhará em nossa alma e em nosso corpo, sem cessar, para todo o sempre, sem apagar.

O brilho desse reflexo parte da deidade eterna. Nós recebemos essas boas obras através da santa natureza humana de Deus e as realizamos com a ajuda do Espírito Santo; assim, as nossas obras e a nossa vida retornarão para a Santíssima Trindade. Nela se manifestará o estado em que nos encontramos aqui. Na medida em que vivermos aqui piedosos em amor divino, flutuaremos lá com alegria e seremos recompensados com a força do amor, de modo que poderemos viver completamente segundo a nossa vontade, para que sejamos reconhecidos pelos santos como havíamos sido. Desse modo podemos ser os seus companheiros! Amém.

XXXIII – Sobre a bebida espiritual

Estou doente, desejo muito a bebida salubre que o próprio Jesus Cristo bebeu. Quando Ele, Deus e homem, foi deitado na manjedoura, sua bebida estava pronta. Ele bebeu tanto dela, que se embriagou de amor; assim pôde suportar todo o sofrimento de seu coração de modo perfeito até o fim. Ele sempre doava força, sua bondade jamais enfraqueceu. É essa bebida salubre que desejo; ela é tormento por amor a Deus.

O tormento é amargo. Por isso misturamos a ele uma erva que se chama "sofrer com disposição". Uma segunda erva se chama "paciência no tormento". Esta também é amarga. Por isso, misturamos uma erva que se chama "intimidade piedosa". Esta torna doce a paciência e todo o nosso esforço. A quarta erva é "longa espera na tortura por nossa vida eterna e nossa salvação". Esta também é muito amarga. Por isso misturamos uma erva que se chama "alegre e infatigável".

Ai, amado Senhor, se Tu me desses essa bebida, eu poderia viver alegre no tormento; eu até desistiria do Reino dos Céus por um tempo – tão doce desejo tenho por ela! Peço, ó Senhor, que Tu me concedas isso com teu consentimento, e também a todos aqueles que o desejam por causa do teu amor!

XXXIV – Sobre a comida espiritual

Depois de uma bebida amarga precisamos de uma comida suave. Desejo crescente, humildade cadente e amor fluente: estas três virgens conduzem a alma até o céu para diante de Deus, e lá ela encontra o seu Amante.

> Ela diz: "Senhor, lamento que és tão hostilizado por quem mais amas na terra, que é o cristão. Senhor, lamento que teus amigos são tão duramente assediados por teus inimigos".
> Nosso Senhor: "Se eles possuírem bondade verdadeira, transformarão tudo que os acomete, com exceção do pecado, em verdadeiro conhecimento de Deus. Por isso, o tormento abafa todo serviço de Deus. Recuai diante de mim, pois é melhor que o homem não tenha consolo segundo a vontade de Deus do que encontrar consolo segundo a sua própria vontade".

A vontade de Deus fala mais alto; nossa vontade está intimamente vinculada ao corpo. Todos os que amam muito em seu íntimo encontram descanso no exterior, pois toda ação externa impede o espírito no interior; aquilo que o espírito canta no interior supera todo som terreno.

O canto da paciência é o mais belo, acima dos coros de todos os anjos; estes não precisam ter paciência pois não sentem tormento. Isso nos é concedido através da natureza humana de Nosso Senhor, como também por toda a honra com a qual somos honrados na terra por Deus e com a qual seremos elevados no Reino dos Céus. Através da nobre labuta de Nosso Senhor e de seu tormento sagrado nosso esforço cristão e nosso santo tormento são igualmente enobrecidos e santificados, assim como todas as águas são santificadas através do Jordão, no qual Nosso Senhor foi batizado.

Ó amado Senhor, ajuda-nos para que o nosso santo desejo jamais se apague e a nossa humildade cadente jamais se erga na forma de orgulho! E que o fogo fluente do santo amor de Deus seja aqui o nosso purgatório, no qual todos os nossos pecados são apagados!

XXXV – Sobre os sete salmos

Amado Senhor Jesus Cristo, rezo estes sete salmos para o louvor e a honra de todo o teu tormento sagrado no qual estiveste disposto a morrer por minha causa.

> Muito Amado, eu te peço que, quando a hora se aproximar de cumprir o teu mandamento em mim com a minha morte, Tu venhas até mim como um médico fiel vai até o seu filho. Envia-me então, Senhor, uma doença santa na qual possa me preparar na postura interior correta e na verdadeira fé cristã!
>
> Domine ne in furore.
>
> Eu te peço, muito amado Senhor, que então, como meu amigo mais querido, venhas ao meu socorro e traze me então, Senhor, um arrependimento tão sincero para que, depois desta vida, eu não tenha que sofrer dor por causa dos meus pecados!
>
> Beati quorum remis.
>
> Eu te peço, Senhor, que então venhas como um confessor fiel vai ao seu amigo querido

e traze-me a verdadeira luz, a dádiva de teu Santo Espírito, na qual eu possa me contemplar e lamentar todos os meus pecados com tamanha esperança santa, que minha confissão não seja retida por meus pecados e que eu seja considerada pura. E dá-me, Senhor, teu próprio Corpo, para que então, muito Amado, eu possa te receber com tanto amor que um coração humano possa sentir! Que então sejas o alimento da minha pobre alma, para que eu, muito Amado, permaneça tua amada companheira juntamente contigo na vida eterna! Amém.

      Domine ne in furore.

Eu te peço, amado Senhor, que então venhas como um irmão fiel para a sua irmã amada e me traga a armadura sagrada para a minha alma, para que meus inimigos não me firam; para que, quando eles me acusarem, se envergonhem de seus esforços que aplicaram contra mim!

      Miserere mei Deus.

Eu te peço, Senhor, que então venhas até mim como um pai fiel vai até o seu filho amado e protejas o meu fim! Quando eu não conseguir falar com a minha boca pecaminosa, dize então no íntimo à minha alma que Tu a consolarás e protegerás por todo o sempre, para que eu me alegre e não me entristeça. É isso que peço, Senhor, em nome de tua bondade misericordiosa. Amém.

    Domine, exaudi orationem et clamor.

Eu te peço, Senhor, que então me envies a tua Mãe virginal – preciso dela! – para que ela satisfaça o meu antigo desejo e proteja a minha pobre alma de todos os inimigos!

>De profundis clamo.

Eu te peço, amado jovem Jesus, Filho da pura Virgem, que então venhas como meu Noivo mais querido e me faças rica como costumam fazer os nobres noivos quando trazem ricas dádivas, e então me acolhe no braço de teu amor e me cobre com o manto de teu longo desejo. Então estarei salva para sempre! Se pensássemos com frequência naquele momento, todo o nosso orgulho seria destruído. E quando Ele nos revelar o seu semblante sublime, a minha alma terá alcançado o destino de todos os seus desejos. O que eu anseio dolorosamente jamais poderei receber na terra como desejo.

>Domine exaudi orationem
>meam auribus percipe.

XXXVI – Sobre um mosteiro

Pedi que Deus, contanto que fosse a sua vontade, me dissesse que eu não deveria mais escrever. Por quê? Porque sei agora da minha miséria e indignidade de trinta anos atrás, quando tive que começar a escrever. Então Nosso Senhor me mostrou uma bolsinha em sua mão e disse:

>"Tenho aqui ainda alguns condimentos". Então eu disse: "Senhor, não sou especialista em condimentos!"

Ele afirmou: "Tu os conhecerás quando os vires. Eles servem para curar os doentes, fortalecer os saudáveis, ressuscitar os mortos e santificar os bons".

Então eu vi um mosteiro construído de virtudes.

A abadessa é o amor verdadeiro. Ela possui muita sabedoria santa, com a qual cuida do corpo e da alma do mosteiro com muito zelo, exclusivamente para a honra de Deus. Ela instrui de modo piedoso qual é a vontade de Deus; assim, sua própria alma se liberta.

A capelã do amor é a humildade divina. Ela sempre é submissa ao amor. Assim, o orgulho precisa recuar.

A prioresa é a santa paz de Deus. À sua boa vontade é concedida a paciência para instruir o mosteiro com sabedoria divina. Tudo que ela faz é para a honra de Deus.

A vice-prioresa é a amabilidade. Sua tarefa é reunir os pequenos erros e expulsá-los do mundo, cheia de bondade. Aquilo no qual erramos não devemos carregar por muito tempo; assim Deus multiplica a retidão do homem. O capítulo deve abarcar quatro coisas: A santidade no serviço a Deus. O trabalho manso traz muito sofrimento ao inimigo e grande honra a Deus; ela se alegra muito com isso. Ela se protege de honra nula e deve ajudar a aumentar a honra de todas as outras. Se elas servirem a Deus com zelo, Deus as recompensará igualmente.

A cantora é a esperança. Através de devoção humilde e piedosa ela faz com que a impotência do coração soe tão lindamente no canto diante de Deus, que Ele ame a melodia que ressoa no coração. Aquela que cantar assim com ela encontrará satisfação no amor celestial.

A mestra da escola é a sabedoria. Esta instrui, cheia de boa vontade, as ignorantes. Por isso ela é honrada por pessoas justas. O mosteiro é santificado e honrado quando nele se instrui as necessitadas com zelo e disposição.

A administradora da despensa é uma fonte de dádivas úteis. Ao fazer esse trabalho com alegria divina, seu espírito se torna santo através do dom de Deus. Todas as que desejam algo dela devem ser comedidas. Assim, a doce dádiva de Deus flui em seu coração. Todas que a apoiam recebem as doces dádivas de Deus de igual modo.

A administradora é a generosidade, que sempre pratica o bem de modo refletido. Cheia de boa vontade, ela dá aquilo que não toma para si mesma. Por isso, Deus a recompensará especialmente. Aquelas que dela recebem algo devem agradecer a Deus com intensidade piedosa. Então Ele julgará o seu coração como uma bebida nobre em cálice puro.

A enfermeira é a misericórdia transbordante, que sempre deseja estar pronta para as enfermas com socorro e higiene, com refresco e alegria, com consolo e amabilidade. Assim, Deus a recompensa para que ela sempre faça isso com alegria. Aquelas que são destinadas a ajudá-la receberão o mesmo de Deus.

A porteira é a atenção, que, em postura piedosa, sempre executa o que lhe é confiado. Assim, seu trabalho não se perde e fica bem preparada para o encontro com Deus. Quando deseja rezar, Deus está com ela numa paz santa para aquietar o tormento de seu coração. Quando sofre sob seu fardo, a santa obediência a recompensa para que ela possa ser submissa em alegria.

A disciplinadora é o cumprimento piedoso da obrigação. Ela sempre deve brilhar como uma vela que não se apaga na liberdade celestial. Assim carregamos todo o tormento do nosso coração até o fim bem-aventurado.

Assim, o mosteiro pode se firmar em Deus.

Aquela que quiser entrar para o mosteiro sempre viverá em alegria divina, aqui e na vida eterna. Felizes aquelas que perseveram nisso!

XXXVII – Sobre a festa eterna da Santíssima Trindade

Aquele que quiser se preparar em amor verdadeiro para o casamento eterno com a Santíssima Trindade deve começar aqui. Ele deve obedecer e servir ao Pai celestial sem cessar em temor e humildade, em todas as áreas. Deve seguir e servir ao seu Filho em tormento e com paciência, em pobreza voluntária e com obras piedosas. Deve seguir e servir ao Espírito Santo em esperança piedosa, que vence todo temor, com coração amoroso e um espírito sempre manso. Assim, experimenta a sua bondade.

As virgens puras devem seguir ainda mais ao nobre jovem Jesus Cristo, o Filho da Virgem pura; Ele transborda de amor. Assim como Ele era aos 18 anos de idade, esta sua figura é a mais querida e mais linda aos olhos das virgens. Assim, elas o seguem com delicadeza prazerosa até o campo florido de sua consciência pura. Lá o jovem colhe para elas as flores de todas as virtudes, e as virgens fazem delas nobres guirlandas que serão usadas na festa eterna.

Após a ceia, que o próprio Jesus Cristo servirá, testemunharemos a mais sublime dança de honra. Cada alma e cada corpo vestirão a guirlanda das virtudes que eles realizaram aqui com devoção piedosa. Assim, seguirão ao Cordeiro com prazer indizível; do prazer ao amor, do amor à alegria, da alegria à clareza, da clareza ao poder, do poder à maior altura diante dos olhos do Pai celestial. Então, Ele saudará seu Filho unigênito e também muitas noivas puras que foram para lá com Ele:

> "Ó amado Filho, eu sou o que Tu és, e eu me alegro com o que elas são. Minhas amadas noivas, alegrai-vos por toda a eternidade, alegrai-vos em minha eterna clareza, aquietai agora todo ai e todo sofrimento. Meus anjos santos vos servirão, meus santos vos honrarão, a Mãe da natureza humana do meu Filho estará preparada para o vosso louvor, porque sois as suas companheiras. Alegrai-vos, amadas noivas, meu Filho vos abraçará, minha deidade vos penetrará, meu Espírito Santo vos conduzirá eternamente em contemplação alegre, como vós desejais. Como poderíeis ser mais felizes? Eu mesmo vos amarei".

Aquelas que não são virgens puras participarão dessa festa, contemplando e se regozijando com ela na medida do possível.

Após ter visto tudo isso por um instante com os olhos da minha alma, voltei a ser uma pessoa de pó e cinza, como eu havia sido antes.

XXXVIII – Como um religioso deve lamentar e confessar a Deus diariamente os seus pecados

Eu, ser humano pecaminoso, lamento e confesso a Deus todos os meus pecados dos quais eu sou culpado diante de seus olhos. Confesso e lamento as boas obras que deixei de fazer. Confesso e lamento os pecados que cometi quando não sabia o que era pecado. Lamento os pecados que são piores: cometidos com conhecimento, por maldade e vaidade.

> "Compadece-te, Senhor, de mim, pois eu me arrependo deles de verdade, e dá-me, Senhor, a tua promessa de que Tu os perdoaste: não tenho como não viver em alegria! Jesus, meu amigo muito amado, preserva-me em arrependimento verdadeiro e amor cordial a ti e jamais me deixa esfriar, para que eu sempre sinta o teu amor cordial em meu coração, em minha alma, em meus cinco sentidos e em todos os meus membros! Assim não poderei esfriar."

XXXIX – Como os diabos se batem e perseguem, mordem e roem quando uma alma amante que arde em amor divino parte deste mundo

Bendito o nascimento de uma pessoa boa, que segue a Deus com todas as virtudes que ela consegue realizar; sua alma se libertará no amor. Em sua última hora virão os santos anjos e acolherão a alma pura com amor indizível em glória celestial, e levando-a com alegria e com grandes elogios, a apresentarão a Deus.

O trabalho dos inimigos infernais, que haviam chegado ali com raiva e ódio, é destruído. Quando veem que as coisas não aconteceram como queriam eles se batem e perseguem, mordem e roem, choram e gemem, pois temem os tormentos horríveis que seus mestres lhes causarão por terem perdido a alma! Assim, acusam-se mutuamente:

> "Maldito, a culpa foi tua!"
>
> "Cala-te! Eu nunca a encontrei em grande impaciência. Quando a atacava com pensamentos maus, o companheiro dela foi sempre o arrependimento."
>
> "A conversa sigilosa com o confessor nos priva de todo o nosso sucesso."
>
> "Temos um número muito maior de cúmplices! Como nos apresentaremos à corte?"
>
> "Ai, mestre, por que nos castigaste ao confiar essa pessoa aos nossos cuidados? Não conseguimos encontrar um único pecado grave nela."
>
> "Eu a tentei muitas vezes, e logo corriam lágrimas! Eu e meus outros comparsas jamais conseguimos fazê-la cair! Com choro ela me afugentava, com suspiros queimava meus cabelos e minhas garras; de forma alguma conseguia aproximar-me dela."
>
> "Sua obediência era tão grande, que jamais houve alguém comparável a ela, que é a causa do nosso fracasso. Este é o nosso maior prejuízo: todas as boas obras dela ardiam de amor divino, pois realizava todas as suas obras com boa vontade."
>
> Então disse o senhor deles: "Viestes para a corte para a vossa ruína! Deveríeis ter cuidado dela à minha ordem; jamais sereis libertos do tormento que vos causarei por causa disso. Não quereis estar com as pessoas, como eu gostaria de estar se esta honra me

fosse concedida. Agora sois obrigados a ficar aqui no inferno comigo; esta será a vossa penitência. Enviarei mestres mais capazes, para que eles obscureçam a razão de pessoas boas. Se conseguíssemos destruir seu zelo por Deus, isso aumentaria a honra de todos nós. Os jovens as seguiriam, assim toda a nossa raça se tornaria mais numerosa. Se eu conseguisse obter uma das almas que ardem tanto em amor divino, eu mesmo me coroaria com ela e me recompensaria por meu grande esforço; então todo o tormento do meu coração se aliviaria".

"Desiste de teu desejo arrogante! Desejas algo que jamais te foi concedido; mesmo que isto seja doloroso para ti. Todos os bem-aventurados que amam a Deus com coração sofrido estão tão cheios do amor, que irradiam virtudes santas e ardem de amor em todas as suas obras. Sabes muito bem que não adianta tentá-los assim; impacientes, aguardam que isso aconteça para que assim tenham a oportunidade de glorificar a Deus. Por mais que os persegues cheio de ardil, eles estão sempre preparados para o louvor."

Então, em seus grilhões, ele rugiu e esbravejou, mordeu e roeu. Isso é indescritível.

Senhor e Deus, nós te agradecemos. Dá-nos um fim bem-aventurado! Esta é uma das maiores alegrias de uma alma bem-aventurada: ver e saber que os inimigos que lhe causaram tanto sofrimento brigam entre si e pagam sua penitência no inferno. A alma conseguiu escapar deles e vestirá a coroa eterna por causa do tormento que eles lhe causaram.

XL – Assim fala a alma amante ao seu Senhor amado

Se o mundo inteiro fosse meu
e fosse feito de ouro por inteiro
e se aqui eu fosse a imperatriz mais nobre,
mais linda e mais poderosa
– eternamente feliz e satisfeita –
eu rejeitaria!
Tamanho é o meu desejo
de ver Jesus Cristo, meu amado Senhor,
em sua glória celestial!
Lembrai-vos do sofrimento daqueles
que não o têm!

XLI – Como um irmão pregador foi vislumbrado

Há 40 anos conheci um religioso. Na época os religiosos não eram pessoas de piedade modesta e cheias de amor ardente. Ele se aperfeiçoou na vida religiosa e na piedade, realizando para o Nosso Senhor, como sabemos, muitas obras piedosas. Agora ele faleceu. Intercedi por sua alma junto ao Senhor, segundo o costume cristão, para que, se Deus encontrasse alguma culpa nele, a perdoasse. Primeiro vi o brilho que Deus havia preparado para ele, mas não o encontrei nele. Isso entristeceu minha alma.

Mais tarde, quando voltei a interceder por ele, eu o encontrei numa nuvem flamejante. Lá, pediu que algo fosse sacrificado por ele. Então eu disse a Nosso Senhor, com toda a intensidade:

"Ah, amado Senhor, recompensa o mal com o bem!"

> Ele se ergueu na nuvem e disse: "Ó Senhor, como é grande a tua força, como é justa a tua verdade!"

Eu disse: "E agora, como te sentes?"
Ele respondeu: "Eu me sinto como tu me vês".

Eu: "Por que razão sofres este tormento?"
Ele: "Os hipócritas caluniaram os inocentes junto a mim; eu acreditei e tive uma opinião pecaminosa sobre eles. Por isso, sofro este tormento. Ah, se eu tivesse um suspiro!"

Eu não pude dar-lhe isso, pois ele também tinha se tornado culpado em relação a mim.

Intercedi por ele uma terceira vez. Então ele saiu flutuando em alegria. Nosso amado Senhor foi ao seu encontro e lhe disse:

> "O fato de teu caminho após a morte ter sido tão longo e duro, isso tu deves a pessoas más. Tu me seguiste como santo e me serviste fielmente. Deves receber a coroa das virgens, a coroa da justiça e a coroa da verdade".

Então ele se elevou brilhante acima dos oito coros e tocou o nono, e nada mais vi dele. Se os mentirosos ardilosos não o tivessem enganado, ele teria entrado na alegria eterna sem tormento. O fato de ele ter acreditado neles foi o seu prejuízo.

XLII – Sobre a bebida de mel

> Eu disse: "Senhor, sela agora teu tesouro precioso com um fim bem-aventurado, e então o abre, para que ele sirva para o teu louvor no céu e na terra!"

Ele respondeu: "Deves guardar para mim a bebida de mel escondida em lugar trancado. Eu a abrirei; muitos ainda beberão dela".

XLIII – Sobre o amor simples que foi reconhecido como sábio

Aqueles que desejam conhecer e amam pouco sempre permanecerão no início de uma vida que agrada a Deus; por isso, devemos sempre viver em temor constante, buscando agradar a Deus. Aqueles que amam cheios de simplicidade e pouco conhecem, experimentam coisas grandes. A santa simplicidade é a médica de toda sabedoria. Ela leva o sábio a reconhecer-se em sua tolice. A simplicidade do coração preenche o pensamento com sabedoria; assim, muita santidade alcança a alma da pessoa.

XLIV – Sobre cinco pecados e cinco virtudes

Ganancioso na pobreza, mentiroso em relação à verdade, ocioso na misericórdia, caluniador na presença de outros, negligente em relação à regra; estas cinco imperfeições adoecem a vida religiosa.

Verdade sem falsidade, amor autêntico uns aos outros, comedimento nas palavras, amor secreto a Deus no coração, zelo aparente por todo bem; estas cinco coisas mantêm a vida religiosa saudável.

XLV – Sobre sete aspectos do desejo amante

Sete coisas devo apresentar para a honra de Deus. Senhor e Deus, se possível, concede-me que eu jamais me esqueça delas aqui na terra! Cinco são encontradas no céu, duas precisam ficar para trás aqui na terra.

A primeira é o prejuízo causado por minha culpa porque eu pequei e por não ter feito as boas obras que eu poderia ter feito.

A segunda é que eu, Senhor, sempre te aguardo. Quando Tu virás me visitar para um fim bem-aventurado.

A terceira é o desejo inquieto por ti, que me preenche.

A quarta é o arder amoroso inextinguível a qualquer hora por amor a ti.

A quinta é o reflexo de teu sublime rosto em mim. Para a minha dor, isso jamais pôde ser concedido a mim da forma como desejei. Por isso, minha alma lamenta com frequência.

A sexta eu mal ouso mencionar; calo-me quando a reconheço. Jamais ouvi falar dela na terra. É o dilúvio de amor provocado pelo desejo que secretamente flui de Deus para a alma e se volta para Deus, segundo a capacidade da alma. Que alegria há, então, entre os dois, como eles se tratam. Nenhum ser humano sabe isso sobre o outro, pois cada um faz o que lhe cabe. Aquilo que Ele emprestou aqui lhe será devolvido lá. É o amor de Deus celestial, que aqui começa delicadamente e lá jamais terminará.

A sétima mal pode ser expressada em palavras, mas com a fé cristã ela pode ser percebida; quão grande, quão alta, quão ampla, quão alegre, quão maravilhosa, quão cheia de bem-aventurança imperecível ela é. Bem-aventurado aquele que lá residirá para sempre! A visão feliz, repleta de alegria, e o deleite santo correspondente a todo desejo são de diversidade imprevisível e se realizam maravilhosa e lindamente na eternidade, pois partem do Deus vivo. O doce desejo – alegre, faminto e cheio de amor – sempre flui em abundância de Deus para a alma. E mesmo assim, a alma preserva sua doce fome e vive sem sofrimento.

XLVI – Como a alma se manifesta em pobreza espiritual

Aqui se manifesta a alma em pobreza espiritual, em amor eterno a Deus e em desejo inquieto de voltar para Ele.

> Assim ela fala: "A longa espera chega ao fim, o futuro traz a união de Deus com a alma, que jamais serão separados. Quando penso nisso meu coração se alegra muito. Ah, amado Senhor, como te calas! Eu sempre te agradeço por não vires a mim por tanto tempo. Assim serás louvado para sempre quando se faz a tua vontade, e não a minha. Hoje buscarei consolo em tuas palavras que eu ouvi em fé cristã. Pois dizes: 'Eu amo aqueles que me amam. Viremos até eles, meu Pai e eu, e habitaremos neles'. Bendita sou eu, amado Senhor, por seres tão bondoso e misericordioso; por isso não podes recusar nada!"
>
> Então disse Nosso Senhor: "Quando vier o tempo para o meu vaso, no qual lhe darei as dádivas celestiais, serei muito rápido. Eu o abrirei e o elevarei sobre a terra sangrenta, pois não há nada que eu queira mais".

O amor eterno por Deus habita na alma, o amor passageiro pelas coisas terrenas habita na carne; os cinco sentidos têm o poder de decidir a qual amor eles se entregam.

XLVII – Sobre um pecado que é pior do que todos os pecados

Ouvi falar de determinado pecado. Agradeço a Deus por não conhecê-lo. Ele é, como me parece, pior do que todos os outros pecados, pois é a incredulidade mais profunda. Eu a odeio com toda a minha alma, com todo o meu corpo, com todos os meus cinco sentidos e de todo coração. Agradeço a Jesus Cristo, o Filho de Deus vivo, por ela nunca ter entrado em meu coração.

Esse pecado não surgiu entre os cristãos; o inimigo arrogante enganou com ele as pessoas simples. Elas querem ser tão santas que desejam ter parte na santa divindade e mentem em relação à santa natureza humana de Nosso Senhor Jesus Cristo. E quando acreditam ter alcançado seus desejos, elas se entregam à maldição eterna e, mesmo assim, pretendem ser as mais santas. Elas zombam das palavras de Deus que nos falam sobre a encarnação de Jesus Cristo.

Pobres humanos, se realmente reconhecêsseis a eterna divindade seria impossível que vós também não reconhecêsseis a eterna natureza humana que flutua na deidade eterna. Reconheceríeis também o Espírito Santo, que ilumina o coração do cristão, emana em sua alma o seu aroma mais doce do que toda doçura e instrui a razão humana acima de toda erudição, levando-vos a confessar humildemente que não podeis ser perfeitos diante de Deus.

XLVIII – Como o amor foi vislumbrado com suas nobres servas

Certa noite eu disse a Nosso Senhor:

> "Senhor, vivo numa terra que se chama 'Miséria', que é este mundo, pois tudo o que nele existe não é capaz de consolar nem de alegrar sem tormento. Nele tenho uma casa, que se chama 'Atormentada', é a casa na qual minha alma está presa, o meu corpo. Esta casa é velha, pequena e escura. – Isso deve ser compreendido espiritualmente. Nessa casa tem uma cama que se chama 'Inquietação', pois sofro na companhia de todas as coisas que não pertencem a Deus. Na frente da cama tem uma cadeira que se chama 'Incômodo' – Incômodo me causa o conhecimento de pecado alheio, que eu nunca cometi. Diante da cadeira tem uma mesa que se chama 'Má vontade', porque não consigo encontrar vida religiosa entre os religiosos. Sobre a mesa há um pano limpo que se chama 'Pobreza' e traz em si muita bondade piedosa. – Se ele fosse usado de maneira correta seria amado de coração; o amor por riquezas é um ladrão da pobreza. Na mesa é servida uma refeição que se chama 'Amargura dos pecados' e 'Trabalho zeloso'. A bebida se chama 'Elogio raro', porque não posso apresentar muitas boas obras".

O interior da casa estava escuro. Então apareceu para mim o verdadeiro amor de Deus; ele tinha a aparência de uma nobre e jovem imperatriz, em juventude florescente. Trazia consigo muitas virtudes, que se apresentaram como virgens; todas elas queriam me servir. Sua coroa era mais preciosa do que o ouro mais brilhante. Seu vestido era como que feito de tafetá verde. Quando olhei bem para ela, minha casa escura se iluminou, de modo que reconheci tudo o que nela estava. Quando a vi, eu a reconheci muito bem, pois a tinha visto quando era minha amada companheira. Sobre isto me calarei, pois já foi descrito neste livro.

> Então eu disse: "Ah, mais amada e nobre serva. Agora estás mil vezes mais alta do que eu; mesmo assim, tu me serves com tão grande demonstração de respeito, como se eu fosse mais digna do que uma imperatriz!" Ela respondeu: "Quando te encontrei com a intenção pura de renegar todas as coisas terrenas, eu não queria ser apenas a tua senhora; precisava ser também a tua serva fiel. Tanto me alegra um coração puro que, por amor verdadeiro a Deus, te desprendeste de todas as coisas terrenas". – Com isso quis dizer: não importa quantos bens terrenos possamos ter, mas o coração não deve se apegar a eles.
>
> Eu lhe disse: "Amada serva, após me servir por tanto tempo, é o direito da senhora miserável recompensar maravilhosamente a nobre serva. Eu te dei como salário tudo que tinha e tudo que, na terra, me foi concedido". Ela disse: "Eu recolhi tudo; eu te devolverei tudo com grandes honras".
>
> Eu: "Não sei, senhora, o que devo te dar além daquilo; mas se quiseres aceitar a minha alma, te darei com prazer".
> Ela: "Eu desejei isso de ti por muito tempo; agora tu me concedeste. Ordena também

às minhas nobres servas que te sirvam com zelo. Assim, posso ficar contigo em verdadeiro amor de Deus, que eu mesma sou. Deus caritas est".

Então a alma se dirigiu a elas:

"Nobre e verdadeiro arrependimento, vem até mim e traga-me lágrimas piedosas. Elas me livram dos pecados!

Nobre humildade, senta-te do meu lado e afasta de mim a soberba e a honra vãs. Elas fugirão quando te virem junto a mim!

Amada e nobre mansidão, aconchega-te aqui sob o meu manto. Assim, a amabilidade sempre estará à minha disposição!

Ó nobre obediência, eu me submeto a ti em todas as minhas obras; jamais me abandonarás. Assim, posso manter livre da mentira a verdade divina em todas as minhas obras.

Amada e nobre misericórdia, ajuda-me quando sirvo aos enfermos, para que eu seja zelosa e não me arrependa do esforço de servir-lhes com meus bens e minha força!

Ó amada e nobre castidade, eu te entrego meu vestido virginal para que ele seja sempre puro, pois meu amado noivo Jesus Cristo está sempre comigo.

Nobre paciência, és muito forte em calar-se e sofrer. Tira o poder de todas as minhas tentações, para que elas não me prejudiquem! Sempre me esforçarei para não te perder.

Nobre santidade, aproxima-te de mim, beija a boca da minha alma e habita na profundeza do meu coração! Assim permanecerei sempre saudável.

Nobre esperança, faze um curativo em todas as feridas do meu coração que o amor me causou, para que a bênção de Deus sempre seja preservada para mim, não importa que sofrimento me atinja.

Ó fé sublime, santa e cristã, tu sempre iluminas a minha alma para que eu saiba como devo me comportar em assuntos da fé cristã. Eu te entrego as minhas obras e os meus pensamentos!

Ó vigília amada e nobre, não senta, mas fica sempre de pé ao meu lado! Assim posso estar sempre pronta para o serviço a Deus.

Nobre temperança, tu és minha querida camareira; devo amar-te de coração. Tu tornas macio o meu leito duro, minha comida comum tornas saborosa, tu me dás poder na pobreza, tudo isso provém da bondade de Deus.

Não posso viver sem vós, pacifismo e silêncio. Andareis comigo em todos os meus caminhos. Aqueles que falam e sussurram muito não conseguem preservar sua honra; aqueles que se gabam jamais tirarão proveito disso".

A sabedoria está sempre com o amor e é mestre sobre todas as servas. Ela preserva o que o amor dá; ela faz com que o ser humano tire proveito daquilo que aprende ou lê.

O pudor casto possui uma virtude especial: ele não gosta de ser elogiado publicamente.

Agora estou bem amparada pelas servas. Existem ainda duas que não devo esquecer: temor e constância. Essas duas sempre estarão comigo; assim, todas elas poderão cumprir bem o seu ofício.

"Eu te agradeço, amor de Deus, senhora, imperatriz. Tudo isso tu me deste como apoio em meu caminho difícil para o céu."

XLIX – Sobre um irmão leigo

Na Ordem dos Pregadores um frade foi morto por um raio. Uma pessoa rezou por sua alma com o desejo sincero de que, caso estivesse com alguma culpa não remida, esta lhe fosse perdoada. Então sua alma foi mostrada àquela pessoa que intercedia por ela; estava na glória celestial e não sofria tormento algum.

Sua alma explicou: "Eu era humilde em meu coração, eu tinha temor em meus sentidos, eu mostrava boa vontade em todas as minhas obras; por isso não sofro tormento".

A alma: "Por que não foste diretamente para o céu?"
Ele respondeu: "Aqui devo receber primeiramente o conhecimento divino e amor celestial. Eu não tive isso na terra".

A alma: "De onde vem a pequena mancha em teu semblante?"

Ele: "Eu me voltava com a face rigorosa para aqueles que não agiam de acordo com a minha vontade. Eu não paguei por isso".

A alma: "Como você pode ser livrado da mancha?"
Ele: "Se eu tivesse um suspiro!"

[Ele não pôde recebê-lo desta pessoa, pois naquele momento recebeu um.]
Então ele se alegrou e disse: "Agora ela se foi!"]

A alma: "Por que carregas esta coroa, mesmo não tendo ainda alcançado o céu?"
Ele: "Eu tive uma morte especialmente cruel. Por isso, Deus a deu para mim".

L – Sobre a dádiva cheia de tortura de Deus

"Ah, amado Senhor Jesus Cristo, que és um Deus eterno com teu Pai eterno, lembra-te de mim!
Eu te agradeço, Senhor, por tua dádiva visível com que me visitas constantemente e que transpassa todos os meus ossos, todas as minhas veias e toda a minha carne. Se eu conseguir agradecer-te com santa gratidão, estarei segura. Tu podes tratar teus inferiores de forma inferior, pois, Senhor, tua intenção é boa e mais do que boa; chamamos de boa muita coisa que não é tão boa quanto aquilo que Tu demonstras em mim.
Mas quando Tu me visitas com tua enorme doçura, que penetra totalmente a minha alma e o meu corpo, temo que poderia

absorver demais de teu prazer divino, pois não sou digna dela aqui na terra."

Por isso, peço mais por outras pessoas do que por mim mesma, para renunciar ao meu prazer por amor a Deus e por lealdade cristã. Depois, temo a soberba que fez cair o anjo mais digno do céu. Temo também a cobra da vaidade que enganou Eva. Temo a falsidade que afastou Judas de Deus.

Se eu for fiel a Deus, permanecerei protegida junto a Ele com todas as minhas virtudes, com toda a bondade, juntamente com a nossa amada Senhora, sua mãe virginal.

LI – Uma oração em caso de desleixo

Eu, a menor de todas, a mais miserável, a mais indigna de toda a raça humana, desejo eu te peço, Senhor, Pai celestial, Senhor Jesus Cristo, Senhor Espírito Santo, Senhor em tua Santíssima Trindade, que hoje me perdoes de todo o meu desleixo em teu santo serviço; não só por causa de coisas úteis e necessárias, mas por causa da minha maldade pecaminosa que eu poderia ter evitado se tivesse tido a vontade de fazê-lo. Aceita, Senhor, esta pequena melhora que agora te ofereço para a honra de tua amada Mãe e de todos os santos que hoje são celebrados na santa Cristandade, para o louvor de todos os santos de Deus e para a honra de sua perfeição, através da qual eles chegaram a ti, amado Senhor. Agora ajuda-me, amado Senhor, para que eu melhore em minha vida, para que eu possa ser companheira de teus santos na terra por meio de uma vida santa, para que, em teu reino, eu possa desfrutar de tua companhia diante de teu semblante sublime, e comigo todos aqueles que compartilham do desejo da minha oração!

LII – Como a alma amante se curva sob a mão de Deus

Assim admoesto os meus cinco sentidos:
> "Curvai-vos sob a mão onipotente de Deus, pois os inimigos que estão no inferno, por mais arrogantes que sejam em seus bandos flamejantes, devem se submeter e curvar sob a dura coerção do Deus onipotente. Aqueles que estão no purgatório devem se submeter à penitência em sua culpa até o último momento, para que sejam considerados puros. Os pecadores na terra devem se submeter ao fardo de sua culpa; ou no arrependimento, ou na penitência, ou no inferno eterno. As pessoas justas na terra devem se submeter à penitência enquanto viverem. Os eleitos puros, que amam a Nosso Senhor e Deus com toda lealdade, estão afligidos, e eles sofrem muitas dores salvadoras; eles se curvam sob todo tormento e sob todas as criaturas em amor bem-aventurado. Eles não conhecem a soberba. Disso me lembrarei, e beberei do mesmo cálice do qual bebeu meu Pai celestial, se eu quiser possuir o seu reino. O Reino dos Céus se curva juntamente com todos os anjos em maravilhosa santidade; pois o fato de existirem e viverem lhes foi dado por Deus sem mérito. Os santos se curvam diante de Deus em amor fluente e

desejo alegre. Assim, agradecem a Deus por terem recebido a sua dádiva na terra em suas necessidades, e assim, puderam, suportar todo o tormento de seu coração".

Que o mesmo aconteça comigo, pois eu também me encontro em muitos tormentos por causa de seu amor.

LIII – Sobre a prisão de religiosos

Compadeço-me em meu coração pela aflição neste mosteiro ao qual pertenço. Então, na noite do deserto do meu coração, eu disse a Nosso Senhor: "Senhor, como te agrada esta prisão?" Ele me respondeu: "Estou preso nela". Com estas palavras foi revelado para mim o sentido de todas estas outras palavras:

"Eu jejuei com eles no deserto.

Com eles fui tentado pelo inimigo.

Durante toda a minha vida esforcei-me, através da autodisciplina, a produzir fruto útil.

Em ódio fui traído com eles.

Fui vendido na obediência juntamente com eles, como eles se sacrificaram para servir a Deus.

Fui perseguido como eles.

Fui atacado com raiva selvagem como eles.

Fui preso com ciúme desenfreado como eles.

Fui amarrado na obediência como eles.

Fui caluniado com grande ódio como eles.

Em grande inocência fui golpeado como eles – o que eles ouvem contra a sua vontade não deve entristecê-los.

Fui levado ao tribunal como um ladrão culpado juntamente com eles – disso eles devem se lembrar no capítulo e na confissão.

Fui açoitado com eles – quando eles se flagelam, que se lembrem de mim.

Carreguei minha cruz com eles – quando se sentirem oprimidos, que se lembrem de mim.

Fui pregado na cruz com eles – por isso eles devem sofrer e não se queixarem daquilo que os oprime.

Moribundo, confiei meu espírito ao meu Pai com eles – da mesma forma eles devem se confiar a mim em suas aflições.

Sofri com eles uma morte santa – da mesma forma eles serão libertados de todos os seus laços.

Na terra, fui sepultado na rocha com eles – da mesma forma eles devem permanecer intocados pelas coisas desta terra.

Superei a morte – da mesma forma eles sempre devem superar os seus pecados, para assim poderem acolher em sua alma a clareza celestial.

Ascendi para o céu com minha força divina – para lá eles me seguirão com a força de todas estas palavras".

Espero sinceramente que façais e reconheçais isto constantemente. Aquele que ainda não for capaz disso, que o Deus verdadeiro complete isso nele.

LIV – Sobre quatro coisas da fé

Crer em Deus ao modo dos cristãos, amar a Deus de modo piedoso, reconhecer Jesus Cristo verdadeiramente e seguir seus ensinamentos fielmente até o fim da vida; com estas quatro coisas – assim creio firmemente – alcançamos a vida eterna.

Cremos de acordo com a doutrina cristã, não como os judeus ou os cristãos incrédulos. Eles querem crer em Deus, e não nas obras santíssimas que Ele realizou; ou seja, que Ele nos deu seu Filho unigênito, eles o desprezam. Senhor e Deus, lamentamos isso diante de ti! Nossa fé em Deus também inclui sua decisão de enviar seu Filho unigênito para este mundo. Cremos nas obras e na morte de Nosso Senhor Jesus Cristo, pelas quais Ele nos remiu. Cremos no Espírito Santo, que operou toda a nossa salvação no Pai e no Filho e ainda opera em todas as nossas boas obras.

Como devemos amar a Deus de modo piedoso? Devemos amar tudo que a Santíssima Trindade abarca. Deus não criou o pecado; por isso, Ele o odeia em nós. Deus ama em nós o bem, que Ele mesmo é.

Como devemos reconhecer Jesus Cristo? Em suas obras nós o reconheceremos e o amaremos mais do que a nós mesmos. Como devemos seguir seus ensinamentos? Assim como Ele nos ensinou e seus seguidores ainda nos ensinam enquanto estivermos aqui na terra.

Assim cresce a nossa salvação.

LV – Assim um amigo escreve ao seu amigo

Eu te envio esta carta porque amas a Deus para além de tua capacidade humana, porque amas a Deus com toda a força de tua alma, porque reconheces Deus com toda a sabedoria da tua alma e porque recebeste as dádivas de Deus com grande gratidão piedosa.

A grande abundância de amor divino, que jamais para, flui sempre sem cessar, sem qualquer esforço em fluxo tão doce, constante e incansável, que nosso pequeno vaso se enche e transborda. Se não o entupirmos por meio de nossa própria vontade, a dádiva de Deus sempre transborda nele.

Senhor, Tu és a plenitude e nos preenches com tua dádiva. Tu és grande, e nós somos pequenos; como devemos nos tornar iguais a ti? Senhor, Tu nos presenteaste, e nós também devemos presentear. Mesmo que sejamos um vaso pequeno, fostes Tu que o encheste. É possível derramar um vaso pequeno tantas vezes num vaso grande até o vaso grande se encher através do vaso pequeno. O vaso grande é a satisfação que Deus recebe através das nossas obras. Infelizmente somos tão pequenos; uma palavrinha de Deus ou da Escritura Sagrada nos preenche tanto que, por ora, não conseguimos conter mais. Assim, derramamos a dádiva de volta no vaso grande, que é Deus. Como fazemos isso? Nós o derramamos com desejo santo sobre os pecadores, para que eles sejam purificados. Assim nosso vaso se enche novamente. Então o derramamos sobre a imperfeição dos religiosos, para que eles continuem a lutar e se tornem perfeitos. Então ele volta a se encher. E nós o derramamos sobre a aflição das almas pobres que sofrem no purgatório, para que Deus as liberte de sua múltipla aflição. Depois de cheio, o derramamos com misericórdia piedosa sobre a aflição da santa Cristandade, que está presa em muitos pecados. Nosso Senhor nos amou primeiro, Ele também sofreu primeiro por nós, e foi quem mais sofreu. Devemos retribuir o mesmo se quisermos ser iguais a Ele.

Disse Nosso Senhor a uma pessoa: "Dá-me tudo o que tens; então eu te darei tudo o que tenho!" A dádiva do amor que devolvemos a Deus é muito doce. Infelizmente, porém, a dádiva do sofrimento é pesada para nós, pois aquilo que o amor gastou internamente, por vezes devemos abrir mão externamente. Quão difícil é isso, perguntam-me. Com sentidos humanos jamais poderia ser explicado. Nosso Senhor sofreu muito por nossa causa até à morte, mas para nós – como isso é triste! – um pequeno sofrimento já nos parece grande; devo desprezar a mim mesma por isso e lamentar diante de Deus a minha falta de virtudes. O amor torna doce o sofrimento, mais do que consigo expressar, e se quisermos ser iguais a Deus devemos vencer muitas batalhas. A lembrança de Deus e a lembrança da alma amante se unem como o sol e o ar se misturam através da força divina; assim, o sol supera o frio e a escuridão do ar, de modo que chegamos a pensar que tudo é sol. Isso provém da glória divina.

Deus nos dê e preserve em nós este amor! Amém.

LVI – Como Deus visita os seus amigos com o tormento

Assim diz Nosso Senhor quando o ser humano é atormentado por uma tristeza à qual ele quase não consegue resistir e sobre a qual não tem grande culpa:

> "Eu o visitei. – Glosa: da mesma forma como meu Pai me visitou na terra. Aque-

les que eu atraio para mim, essa atração lhes causa grande dor. Eles devem ter certeza disto: quanto maior a dor quando eu os atraio, mais eles se aproximam de mim. Quando o ser humano vence a si mesmo, de modo que dor e consolo lhe são equivalentes, eu o elevarei para a doçura; ele provará da vida eterna".

LVII – Algo sobre o paraíso

Isto foi revelado, e eu vi como é o paraíso. Não consegui reconhecer a sua largura nem o seu comprimento. Cheguei a uma região entre este mundo e o início do paraíso; lá eu vi árvores, folhas e capim, mas nenhuma erva daninha. Várias árvores produziam maçãs, mas a maioria só tinha folhas cheirosas. Águas corriam ali e o vento soprava do Sul para o Norte. Nas águas encontrei doçura terrena misturada com prazer celestial. O ar era mais doce do que consigo explicar. Não havia aves nem animais, pois Deus havia reservado isso para o ser humano, para que ele vivesse ali de maneira agradável.

Lá eu vi dois homens: Henoc e Elias. Henoc estava sentado; Elias estava deitado em profunda contemplação. Então me dirigi a Henoc, perguntando-lhe como viviam segundo a sua natureza humana.

> Ele respondeu: "Comemos um pouco das maçãs e bebemos um pouco da água, para que o corpo se mantenha vivo; mas a maior parte é efetuada pela força de Deus".

> Perguntei-lhe: "Como chegaste aqui?"
> Ele disse: "Não sei como cheguei aqui nem o que me aconteceu antes".

Perguntei-lhe também sobre a oração.
Ele: "Fé e esperança determinam a nossa oração".

Eu lhe questionei como se sentia, se ele estava triste por estar ali.
Ele: "Eu me sinto perfeitamente bem e livre de toda dor".

Eu: "Não tens medo da luta que ainda há de acontecer no mundo?"
"Deus me equipará com sua força, de modo que saberei conduzir bem a luta".

"Intercedes também pela Cristandade?"
"Peço que Deus a liberte dos pecados e a leve para o seu reino".

Elias se levantou. Seu rosto era belo, flamejante, de brilho celestial; seu cabelo se parecia com lã branca. Eles estavam vestidos como homens pobres que vão de casa em casa pedindo pão. Então perguntei a Elias como ele intercedia pela Cristandade.

"Eu rezo com misericórdia, humildade, lealdade e obediência."

"Rezas também pelas almas?"
"Sim. Quando desejo seu tormento é aliviado; quando peço seu tormento até desaparece."

"Elas serão remidas?"
"Sim, muitas."

"Por que Deus vos trouxe para cá?"
Para que, antes do Juízo Final, pudéssemos ajudar a Cristandade e auxiliar Deus."

Vi um paraíso duplo. Sobre a parte terrena já falei. O paraíso celestial se encontra acima; ele protege a região terrena de todas as tempestades. Na parte superior estão as almas que não mereceram o purgatório e, mesmo assim, ainda não tinham alcançado o Reino de Deus. Elas flutuam na glória, como o ar no sol. Elas não possuem domínio e honra, recompensa e coroa antes de alcançarem o Reino de Deus.

Quando o mundo inteiro acabar e o paraíso terreno também não persistir, então, assim que Deus realizar o seu juízo, o paraíso celestial também perecerá; tudo o que ir para Deus viverá numa mesma casa. Então não haverá mais hospital; aquele que alcançar o Reino de Deus será liberto de toda doença.

Louvado seja Jesus Cristo, que nos deu o seu reino.

LVIII – Sobre São Gabriel

Santo Anjo Gabriel, lembra-te de mim!
Eu te apresento a mensagem do meu anseio:
Dize ao meu amado Senhor Jesus Cristo
como estou doente de amor por Ele.
Se Ele quer que eu recupere a minha saúde,
Ele mesmo precisa ser o meu médico.
Podes dizer-lhe a verdade:
as feridas que Ele mesmo causou em mim
não posso suportá-las por mais tempo sem
pomada e curativo.
Ele me feriu mortalmente.
Se Ele me largar sem tratamento,
jamais voltarei a ser saudável.
Se todas as montanhas fossem uma pomada,
todas as águas uma poção de saúde

e todas as árvores e flores um curativo,
isso jamais me curaria.
Ele precisa deitar-se pessoalmente na ferida
da minha alma.
Santo Anjo Gabriel, lembra-te de mim!
Eu te encarrego com esta mensagem de amor!

Esta carta de amor desperta os sentidos daquele que deseja amar a Deus, se ele estiver disposto a segui-lo.

LIX – Como a mensagem chegou a Deus

Eu ouvi a verdade em meu espírito: minha mensagem chegou a Deus. A resposta que será dada a mim é tão grande, tão poderosa, tão insondável, tão diversa, tão alegre e tão brilhante, que não posso recebê-la enquanto estiver na terra; a não ser que, por um tempo curto, eu me despeça deste pobre corpo e não permaneça nele. Agora não posso mais falar disso; não consegui perceber nada que pudesse ser comunicado publicamente. Apenas isto: vi São Gabriel maravilhosamente honrado na altura celestial diante de Deus – na medida em que eu, coitada, pude perceber. Ele vestia novas roupas que ardiam de amor; ele as recebeu como recompensa por transmitir uma mensagem verdadeira de maneira tão maravilhosa. Vi como seu rosto brilhava no fogo do amor. A deidade o envolvia e impregnava. Não consegui entender nem ouvir as suas palavras, pois ainda sou uma tola terrena.

LX – Como a Criança foi vislumbrada

Na noite em que nasceu o Filho de Deus, vi a Criança embrulhada em panos pobres e amarrada com laços. Ela estava deitada sozinha na palha dura na frente de dois animais. Então eu disse à mãe: "Ah, amada Senhora, por quanto tempo tua pobre criança ficará deitada aí sozinha? Quando a colocarás em teus braços?" A nossa amada Senhora respondeu, sem jamais desviar o olhar da criança. Estendeu-lhe as mãos e disse: "Por sete horas durante a noite e durante o dia ficará deitada nesta palha. Este é o desejo de seu Pai celestial". Isso agradou muito o Pai celestial; reconheci isso naquele momento.

Pedi à criança por aqueles que tinham se confiado a mim. Então falou uma voz de dentro da criança – mas ela não mexeu a sua boca: "Se eles preservarem a memória de mim, eu preservarei a minha graça. Eu nada tenho para lhes dar senão o meu corpo e a vida eterna".

No presépio a criança se deitou em palha dura, esta era a vontade do seu Pai celestial.

LXI – Como devemos nos preparar para Deus

Quando o pássaro permanece muito tempo na terra suas asas ficam prejudicadas e suas penas se tornam pesadas. Por isso, ele se eleva até certa altura, experimenta suas penas e continua a subir enquanto o ar o carrega. Então sobe ainda mais em voo. Quanto mais voa, maior o seu prazer. Ele toca a terra apenas para descansar; as asas do amor o libertaram do prazer terreno.

Da mesma forma devemos nos preparar se quisermos chegar a Deus; devemos movimentar as asas do nosso anseio sempre para o alto, em direção a Deus; devemos elevar nossas virtudes e as nossas boas obras através do amor. Se persistirmos nisso nos conscientizaremos de Deus.

Ó amor desejoso, teu clamor canta muitos tons doces ao ouvido de teu amado Senhor. Teu sofrimento é pouco. Agora alegra-te e não te calas; ele se voltará para ti com alegria.

Ó amor cadente, sofres muita aflição doce. Tua miséria é grande. Como alcançarás Jesus? Ele está muito à tua frente! Tu o escolheste no lugar do pecado e te perdeste nele; por isso, deves suportar muitos tormentos. Eu me refrescarei nele.

Ó amor livre, tu seduzes meu coração e meus sentidos, tanto que quero partir daqui. Não posso te alcançar como desejo. Assim, devo amar-te de acordo com o meu lamento.

Ó amor forte, és bem-guardado; tu te voltas para todas as coisas cheio de bondade; tu sentes dor diante de toda aflição; tua esperança e tua fé são grandes. Superarás toda a tua aflição.

Ó amor sábio, tens uma ordem sagrada segundo a qual louvas, reconheces a Deus e realizas a sua vontade em todas as coisas. Se fizeres isso com lealdade poderás descansar em Deus. Nisso eu me alegrarei.

LXII – Como as nobres servas servem à sua senhora, a rainha

E também isto foi revelado a uma pessoa em seu espírito:

Eu vi um caminho que levava do Leste, onde nasce o sol, até o Oeste, onde ele desce. Nesse caminho andavam todos os que se voltam para Deus com boa vontade. Todos eles, sem exceção, estavam em caminhada, e mesmo assim avançavam com rapidez. Estavam viajando como peregrinos, que tinham abandonado o que amam e estavam à procura do melhor, isto é, de Deus. Alguns deram meia-volta, atraídos pelo prazer que tinham deixado para trás, e não alcançaram o destino. Alguns descansavam no campo do múltiplo prazer e nas flores da vaidade; sua viagem demorou muito tempo. A dolorosa vara da disciplina do purgatório os aguarda se viverem sem pecado mortal. Nosso Senhor comenta o seguinte:

> "Algumas pessoas seguem seu caminho com boa vontade para obras piedosas, mas se comportam tão mal e provocam o ódio de outros com seu jeito implacável, que é difícil suportá-las – em relação a estas pessoas meu juízo ainda não está decidido. Elas deveriam buscar sem cessar a minha misericórdia em temor e humildade; assim, suas boas obras seriam preservadas e a amargura em seu coração seria destruída. Desse modo, conseguiriam encontrar a si mesmas. Aquele que busca a minha misericórdia não suporta a escuridão".

Uma pessoa seguia sozinha nesse caminho, pois o prazer terreno não lhe dava o menor conforto. Então viu à sua frente duas pessoas; uma andava à esquerda e a outra à direita. A pessoa perguntou quem eram e qual era a sua tarefa. Disse a pessoa à esquerda:

> "Eu sou a justiça de Deus. Fui encarregada com o Juízo de Deus – ele é meu! – quando Adão caiu em pecado no paraíso. Meu poder durou muito e era poderoso. Agora veio esta virgem que me acompanha. Ela se tornou minha companheira; seu nome é misericórdia. Todos que a procuram e

> a invocam incessantemente superam toda a aflição em seu coração. Ela é perfeita; ela restringiu o meu direito. Qualquer que seja a aflição que oprima o ser humano, se ele se refugiar nela com arrependimento, colocará a sua mão delicada sobre o imperfeito; então fico com cara de tolo e nada posso fazer contra isso. Tudo isso é obra do verdadeiro Filho de Deus; com sua misericórdia Ele restringiu meu direito irrestrito. Ela consola o entristecido, cura o ferido, alegra todos os que a procuram. Ela retirou muito poder de mim. Ela me ama, e eu a amo. Sempre estaremos juntos até o Juízo Final; então eu terei que julgar".

O juízo de Deus e a justiça de Deus não são a mesma coisa. O juízo de Deus julga a culpa não remida. A justiça se manifesta numa vida santa; Deus a concedeu a todos os seus amigos amados, e Ele mesmo quis realizá-la em sua vida. Visto que Ele foi justo em todos os seus atos, sabe em que labutamos. Assim, podemos viver puros segundo o seu exemplo.

A misericórdia de Deus e a justiça santa de seu Filho – que Ele mesmo realizou em sua vida na terra – são a dádiva dos dois, o Espírito Santo.

Seguia no caminho uma multidão gloriosa; ela consistia apenas de virgens. Quando vi, eu as reconheci muito bem; mesmo assim, quis lhes fazer perguntas. Assim, comecei perguntando quem eram e qual era a sua tarefa.

> Elas responderam: "Somos servas nobres, bem-educadas e servimos para o louvor de Deus a sua mais amada rainha, que Ele escolheu acima de todas as outras coisas;

ou seja, a alma humana. Servimos a Nossa Senhora, a rainha, para que ela, com todo zelo e com todos os seus sentidos, cumpra a vontade de Deus em tudo o que faz, como prescreve a doutrina cristã. Assim, jamais será considerada culpada".

"Nobre sabedoria, em que consiste teu serviço, juntamente com tua irmã inteligência?"
"Nós ensinamos minha senhora, a rainha, a sempre discernir o bem do mal com sabedoria divina e, em inteligência santa, a contemplar como é e como poderia ser. Desse modo, ela extrai algo útil de todas as coisas."

"Nobre verdade, em que consiste teu serviço na corte, juntamente com tua irmã santidade?"
"Eu sirvo ao meu Senhor e à minha senhora, a rainha, com toda lealdade, para que ela permaneça fiel ao seu Senhor em todas as suas aflições – assim ela permanece longe do perigo e é livre –, para que em seu interior ela sempre seja santa, submissa em tudo ao seu Senhor. Assim, seus atos serão louváveis."

"Nobre humildade, em que consiste teu serviço, juntamente com tua irmã mansidão?"
"Eu ensino minha senhora, a rainha, a amar a vontade do meu Senhor e a todas as suas dádivas. Assim, ela pode descansar em santa mansidão e expulsar com alegria toda a aflição de seu coração."

"Nobre clemência, em que consiste teu serviço, juntamente com tua irmã obediência?"
"Eu ensino à minha senhora, a rainha, que ela sempre se lembre em sua oração dos bons e dos maus, dos vivos e dos mortos. Esse te-

souro é grande e múltiplo; ele retorna para o seu ventre. Se ela estiver disposta a cumprir a vontade de seu Senhor, deverá realizar a santa obediência em todas as suas obras. Assim, ela continuará a ser a rainha de Deus."

"Nobre força, em que consiste teu serviço, juntamente com tua irmã constância?"
"Eu ensino minha senhora a ser forte em toda briga – assim ela pode defender o seu reino – e a sempre ser constante – assim sempre poderá se apresentar livre diante de seu Senhor."

Há mais dessas virgens do que o ser humano possa contar; pois para tudo que o ser humano bom faz na proximidade de Deus, virtudes se fazem necessárias.

Juntamente com essas virgens caminhava um grande senhor; ele se parecia com um bispo muito santo e poderoso. Ele tinha a nossa fé cristã; era flamejante no interior e ardia de amor divino. Juntamente com todas as virtudes mencionadas, ele servia à rainha.

No alto flutuava uma virgem que se parecia com uma águia dourada. Um brilho celestial a envolvia; ela brilhava e instruía todas aquelas virgens sobre o seu serviço. Era o amor, que reside na fé cristã. Ele descansa no palácio de sua senhora, a rainha. Sua tarefa é conectar amor com amor, Deus com a alma, a alma com Deus. Por isso, é o mandamento mais importante.

LXIII – A vontade de Deus rege em tudo o que existe

Desejo constante da alma, doença constante do corpo, tormento constante dos sentidos, esperança constante do coração em Jesus; todos aqueles que se entregaram completamente a Deus entendem bem o que estou dizendo.

Durante dois dias e duas noites fui acometida por um sofrimento tão grave, que esperei ter chegado ao meu fim. Então, da melhor maneira possível, agradeci a Deus por suas dádivas. Desejei que ele me levasse para si, se esta fosse a sua vontade.

> "Se, porém, de alguma forma o teu louvor possa ser engrandecido, eu persistirei neste pobre corpo por amor a ti. Senhor, vivi muitos anos e muitos dias sem jamais fazer um sacrifício tão difícil a ti. Senhor, que seja feita a tua vontade, e não a minha, pois eu não pertenço a mim mesma, mas totalmente a ti."

Então, lá no alto, vi como os santos se preparavam, como se quisessem se reunir para o meu fim. Não consegui reconhecer quem eram, pois percebi uma luz tão forte brilhando em mim, que tive a impressão de estar reunida com eles. Isso era longo no Oeste, onde o sol se põe. Do Norte vieram malignos. Tiveram de assistir ao meu julgamento. Eles estavam emaranhados em si, cercados como cachorros punidos, e retorciam seu pescoço em minha direção. Eu não os temi; eu me alegrei! Então pude perceber que eles haviam sido obrigados a ir para aquele lugar no qual Deus liberta seus amigos de toda aflição para a honra dele, para que depois voltassem em vergonha para o inferno.

No entanto, percebi em meu corpo uma mudança, de modo que tive de permanecer nesta vida amarga e miserável. Eu estivera tão segura e tão livre, sem medo e sem tormento! Ai, ai, ai, por que não pude morrer? Se não fosse pela bondade de Deus, eu estaria triste agora. Se agora tivesse força humana e amor divino, eu começaria a servir a Deus de verdade. Eu levaria isso a um fim bem-aventurado, como sempre desejei e ainda desejo.

LXIV – Como Deus serve ao homem

Assim fala uma pedinte em sua oração a Deus:

"Senhor, eu te agradeço, agora que, pelo teu amor, tiraste toda a riqueza terrena de mim, por me vestires e alimentares com bens de outras pessoas, pois tudo o que, cheio de prazer, torna-se posse ao meu coração deve ser estranho para mim.

Senhor, eu te agradeço, agora que tiraste a força dos meus olhos, por me servires com olhos de outras pessoas.

Senhor, eu te agradeço, agora que privaste minhas mãos de sua força, por me servires com as mãos de outras pessoas.

Senhor, eu te agradeço, agora que tiraste a força do meu coração, por me servires com corações estanhos.

Senhor, eu te peço por eles, que Tu os pagues aqui na terra com teu amor divino, para que eles clamem a ti e te sirvam com todas as virtudes até um fim bem-aventurado.

[Todos aqueles que renegam a todas as coisas com um coração puro por amor a Deus são arquipenitentes; no Juízo Final, julgarão com Jesus, nosso Redentor.]

"Senhor, peço que perdoes tudo que confesso a ti.

Senhor, concede-me tudo que peço a ti, concede isso a mim e a todos os religiosos imperfeitos, para o bem te tua própria honra.

Senhor, teu louvor jamais se cale em meu coração; não importa o que eu faça, deixe de fazer e sofra. Amém".

LXV – Como Deus adorna a alma com o tormento

Se as virgens estiverem sempre vestidas segundo a vontade de seu noivo, elas não precisam de nada além de vestes nupciais, isso significa: que sejam torturadas por doenças, provações e diversas aflições do coração, para as quais a Cristandade pecaminosa nos dá muita ocasião. Esses são os vestidos nupciais da alma amorosa. Mas as roupas de trabalho são: jejum, vigília, flagelo, confissão, choro, suspiro, oração, medo do pecado, disciplina rígida para os sentidos e o corpo no caminho a Deus e por amor a Ele, doce esperança, um desejo amoroso constante e um coração que reza sem cessar. Estas são as roupas de trabalho da pessoa boa. Quando estamos doentes, vestimos a veste nupcial, mas quando estamos saudáveis vestimos as roupas de trabalho.

Assim fala o corpo atormentado à alma miserável:

"Quando tu usarás as penas do anseio para voar até Jesus nas alturas cheia de alegria, teu amor eterno? Agradece a Ele, senhora, em meu lugar porque, apesar de eu ser miserável e indigno, Ele quis ser meu quando veio para este vale das lágrimas e assumiu a natureza humana. Pede também que, em sua graça perfeita, Ele me preserve livre de culpa até um fim bem-aventurado, quando tu, mais amada alma, partires de mim".
A alma: "Ah, minha mais amada prisão na qual estou acorrentada, eu te agradeço por tudo em que me obedeceste; mesmo que me entristeças com frequência, tu foste uma

ajuda para mim. Ainda serás liberto de toda aflição no Juízo Final! Então não lamentaremos mais, então tudo o que Deus fez conosco será agradável para nós, se agora permaneceres firme e cheio de doce esperança".

A obediência é um laço sagrado; ele conecta a alma com Deus, o corpo com Jesus e nossos cinco sentidos com o Espírito Santo. Quanto mais longo for o tempo em que ele nos conectar, mais ama a alma; quanto menos exigente é o corpo, mais brilham suas obras diante de Deus e diante das pessoas de boa vontade.

Explicit liber.

Adendo sobre as sete horas
Da mesma mão e ao mesmo tempo

Nas Matinas deve-se examinar se a força da deidade alcançou a alma e levantou o ser humano da miséria do corpo e da cegueira do coração. Isso inclui dois aspectos, uma reconciliação do corpo com uma diligência que busca, constância do espírito em Deus.

Nas Laudes deve-se examinar se a sabedoria da deidade alcançou a alma, para que se possa confessar perfeição e imperfeição.

Na Terça deve-se examinar se o fogo da deidade alcançou a alma e queimou todas as manchas do pecado. Isso inclui dois aspectos: um desejo sincero por Nosso Senhor e um anseio profundo pelo amor de Deus.

Na Sexta, se a ternura da deidade alcançou a alma e contemplou todos os amigos mundanos. Isso inclui dois aspectos: miséria de todas as criaturas e constância do espírito em Deus.

Na Noa deve-se examinar o que levou Deus para a cruz: misericórdia humana e fidelidade divina. Isso inclui dois aspectos: confessar a Nosso Senhor e amar ao homem. Por mais virtudes que tenhamos sempre devemos ter fome e sede de Nosso Senhor.

Nas Vésperas deve-se examinar se a paz de Deus alcançou a alma, se o homem está em paz com Deus, com todas as pessoas, consigo mesmo e com todas as criaturas. Isso inclui dois aspectos: o silêncio e a solidão.

Nas Completas deve-se examinar se o milagre divino alcançou a alma: o milagre que Deus prometeu na cruz. Isso inclui esses aspectos: Buscar Deus com diligência e guardá-lo em amor cordial. O fiel servo de Nosso Senhor jamais passe um único dia sem exercitar boas obras ou o vazio; que ele esvazie seus sentidos para saber como amar a seu Deus de todo o coração. Um homem verdadeiramente espiritual sempre se preocupa menos com sua felicidade neste mundo do que com suas necessidades. São esses que agradam a Deus, os que estão bem em meio a todo mal.

Fragmento sobre a vida mística de um desconhecido

O mais nobre e mais útil que todos os mestres e amigos de Deus podem sobre Ele são as coisas que louvam Cristo. Existe um abrigo oculto na alma que clama sem cessar com uma voz selvagem e abismal do abismo divino, quando a razão é descoberta num instante. Assim, ela é arrastada numa busca imensa por isso, mas não consegue encontrá-lo no tempo. O mais alto, mais útil e mais nobre que pode alcançar aqui é que todas as palavras, todos os pensamentos, todos os desejos, todo o amor e a própria alma sejam atraídos, mergulhem e afundem no abismo, e nele reconheçam como é pequena a razão. Ela são as migalhas que caem da mesa dos senhores. Por maior e mais alta que pareça à razão que tenha recebido o amor, ela não pode ficar com ele, pois o perderá novamente no abismo divino sem fundo, que é o único lugar onde todas as coisas permanecem para sempre.

Mas o pão de cada dia que liberta o homem interior e exterior da necessidade é uma percepção sensata da ordem de Deus para si mesmo, para ele, para seus próximos, que o leva ao sacramento, ou a um descanso solitário, ou a um anseio interior de confessar a sabedoria divina, ou à oração, ou às revelações, ou a uma visão espiritual, ou à doçura divina, ou a obras de amor externas, ou a amigos de Deus sensatos, amorosos e ansiosos, da mais nobre sabedoria divina. E tudo que aqui nasce e é adquirido deve ser ofertado, de modo que o mais nobre seja perdido e novamente sacrificado ao abismo acima mencionado e que sejam compartilhadas as ordens acima mencionadas em uma única sabedoria divina em Cristo Jesus. Somente isso é a pobreza correta e a vida mais perfeita que deve ser buscada por todos os amigos de Deus, e aquele que nasce de outra forma, esse permanece em modo desordenado e miserável. Deus nunca responde a ele. Ou ele cai em liberdade desordenada do espírito, e esta é a pior escolha, ou ele se volta novamente para o mundo.

Índice

Sumário, 5

Prefácio e introdução, 7

Primeira parte, 9

I – Como conversaram o Amor e a Rainha, 9

II – Sobre Três Pessoas e três dons, 11

III – Sobre as servas da Alma e o golpe do Amor, 13

IV – Sobre a viagem da Alma para a corte, durante a qual Deus se revela, 14

V – Sobre a tortura e o elogio do inferno, 15

VI – Sobre o canto dos nove coros, 16

VII – Sobre a maldição óctupla de Deus, 17

VIII – O louvor décuplo do menor a Deus, 17

IX – Com três coisas habitas tu nas alturas, 17

X – Aquele que ama a Deus vence triplamente, 18

XI – Quatro participam da luta por Deus, 18

XII – O louvor quíntuplo da alma a Deus, 18

XIII – Como Deus entra na alma, 18

XIV – Como a Alma acolhe e louva a Deus, 19

XV – Como Deus acolhe a alma, 19

XVI – Deus compara a alma com quatro coisas, 19

XVII – O louvor quíntuplo da alma a Deus, 19

XVIII – Deus compara a alma com cinco coisas, 20

XIX – Deus acaricia a alma em seis coisas, 20

XX – Em resposta, a alma louva a Deus em seis coisas, 20

XXI – Sobre o conhecimento e o prazer, 20

XXII – Sobre a mensagem de Santa Maria; como uma virtude segue à outra; como a alma foi criada no júbilo da Trindade; e como Santa Maria amamentou e ainda amamenta todos os santos, 21

XXIII – Deves rogar que Deus te ame com paixão, com frequência e por muito tempo; então serás puro, belo e santo, 25

XXIV – Como Deus responde à Alma, 25

XXV – Sobre o caminho no qual aceitamos sofrer agonia em nome de Deus, 25

XXVI – Neste caminho a Alma conduz os seus sentidos e está livre, sem sofrimento no coração, 26

XXVII – Como podes ser digno deste caminho; como podes mantê-lo e ser perfeito, 26

XXVIII – O amor deve ser mortal, desmedido e incessante; para os loucos, isso é loucura, 27

XXIX – Sobre a beleza do Noivo e como a Noiva deve segui-lo em XXIII graus da cruz, 28

XXX – Sobre as sete horas do dia, 28

XXXI – Não deves considerar a humilhação, 29

XXXII – Não deves considerar honra, tormento e propriedade; entristece-te quando pecar, 29

XXXIII – Sobre a sinecura, o consolo e o amor, 29

XXXIV – Na tortura deves ser um cordeiro, um pombo, uma noiva, 30

XXXV – O deserto possui doze coisas, 30

XXXVI – Sobre maldade, boas obras e o milagre, 30

XXXVII – A Alma responde a Deus que ela é indigna da graça, 31

XXXVIII – Deus se vangloria da Alma que superou quatro pecados, 31

XXXIX – Deus pergunta à Alma o que ela traz, 31

XL – Então ela lhe responde: Aquilo que é melhor do que sete coisas, 32

XLI – Com um elogio, Deus pergunta pelo nome da joia, 32

XLII – A joia se chama "O prazer do coração", 32

XLIII – Coloca teu prazer na Trindade, 32

XLIV – Sobre o caminho do amor por sete coisas, sobre três vestidos da Noiva e sobre a dança, 33

XLV – Sobre oito dias nos quais o anseio dos profetas foi satisfeito, 38

XLVI – Sobre o adorno múltiplo da Noiva e como ela encontra seu Noivo, e de que tipo são os seus servos; ele é nônuplo, 39

Segunda parte, 42

I – O amor, e não o esforço desumano que resulta da vontade própria, eleva a alma, 42

II – Dois cânticos de amor daquele que foi vislumbrado no amor, 42

III – Sobre a fala da deidade e a luz da verdade; sobre as quatro flechas de Deus atiradas para dentro dos nove coros, sobre a Trindade e Santa Maria, 44

IV – Sobre a serva pobre, sobre a Missa de João Batista, sobre a transformação da hóstia no Cordeiro, sobre a beleza dos anjos, sobre os quatro tipos de pessoas santificadas e sobre o centavo dourado, 46

V – A alma canta a Deus cinco cânticos de louvor; Deus é um vestido da alma e a alma um vestido de Deus, 51

VI – Um cântico de resposta quíntuplo à alma, 51

VII – Glorifica a Deus no tormento, então Ele aparecerá a ti; sobre dois cálices dourados, a agonia e o consolo, 52

VIII – Sobre o purgatório em geral; dele uma pessoa livrou mil através das lágrimas do amor, 53

IX – Deus louva sua noiva cinco vezes, 54

X – A Noiva responde com um louvor quíntuplo a Deus, 54

XI – Sobre sete formas do amor de Deus, 55

XII – Sobre sete formas da perfeição, 55

XIII – Entre Deus e a alma só pode haver amor, 55

XIV – De onde vêm a amargura, o peso, a doença, o espanto, a agilidade do espírito, a miséria inevitável e o desconsolo, 55

XV – Como recupera a saúde aquele que foi ferido pelo amor, 56

XVI – Sobre as sete dádivas de um irmão, 56

XVII – Como Deus corteja a alma e a torna sábia em seu amor, 56

XVIII – Como a alma interpreta de oito formas o cortejo de Deus, 57

XIX – Como conversam o conhecimento e a alma, e como aquele diz que é trino; sobre três céus; o conhecimento fala primeiro, 58

XX – Como a Irmã Hildegund é adornada no Reino dos Céus com três mantos, com sete coroas, e como os nove coros a louvam, 61

XXI – Se quiseres vislumbrar a montanha precisas satisfazer sete precondições, 63

XXII – Como a contemplação pergunta à alma amante pelos serafins e o homem mais humilde, 63

XXIII – Como o amor interroga e instrui a alma cega; como gostaria de levá-la até o seu amado, sendo o primeiro a falar, e a alma cega responde, 65

XXIV – Como a alma amante se une a Deus, como ela será igual aos seus amigos eleitos e a todos os santos, e como o diabo e a alma conversam um com o outro, 68

XXV – Sobre o lamento da alma amante quando Deus a poupa e a priva de sua dádiva; sobre a sabedoria com a qual a alma pergunta a Deus como ela está e onde Ele está; sobre o jardim de árvores, as flores e o canto das virgens, 71

XXVI – Sobre este livro e o seu autor, 76

Terceira parte, 80

I – Sobre o Reino dos Céus; sobre os novos coros; quem deve preencher adequadamente a lacuna; sobre o trono do Apóstolo e de Santa Maria; onde Cristo se encontra; sobre a recompensa dos pregadores, mártires e virgens; e sobre as crianças não batizadas, 80

II – Como a alma louva a Deus sete vezes e Deus a alma; sobre o bálsamo e a persistência, 87

III – Lamento sobre o fato de que a alma permanece intocada pelo amor de Deus, 89

IV – Como a Nossa Senhora, Santa Maria, pôde e como não pôde pecar, isso ensina o Espírito Santo, 91

V – Como lamenta a alma por não ouvir uma missa, e como Deus a elogia dez vezes, 93

VI – Se quiseres seguir a Deus de modo correto deves fazer sete coisas, 94

VII – Sobre sete inimigos evidentes da nossa bem-aventurança que causam sete danos, 95

VIII – Sobre sete precondições que todos os sacerdotes devem cumprir, 95

IX – Sobre o início de todas as coisas que Deus criou por amor, 96

X – Sobre a paixão da alma amante que sofre com Deus; como ela ressurge e ascende para o céu; *fere XXX partes habet*, 100

XI – Entre Deus e a alma amante todas as coisas são belas, 102

XII – Deves louvar, agradecer, desejar e pedir; sobre o castiçal e a luz, 103

XIII – Sobre dezesseis tipos do amor, 103

XIV – Sobre virtudes falsas; quem as cultiva vive para a mentira, 105

XV – Com oito virtudes deves ir à mesa do Senhor; com o penhor da salvação uma pessoa redime setenta mil almas do purgatório, que conhece muitos tipos de terror, 106

XVI – À dádiva segue o flagelo, e à humilhação, a honra, 109

XVII – Sobre o purgatório de um homem espiritual; sobre as cinco possibilidades de ajudá-lo em seu tormento; e sobre a dignidade da Ordem dos Pregadores, 110

XVIII – Sobre a luta de um cavalheiro bem preparado contra o desejo, 111

XIX – Sobre dois tipos de pessoas pobres: pobres por amor e pobres por necessidade, 111

XX – Sobre cinco profetas que iluminam este livro, 112

XXI – Sobre o inferno e sobre suas três partes; como lúcifer e dezesseis tipos de pessoas são torturados; é impossível ajudá-los; sobre o vestido de lúcifer, 113

XXII – Sobre a misericórdia de Deus; sobre o seu desejo e a sua justiça, 119

XXIII – O poder do desejo rouba as palavras; Deus não pode abrir mão das virgens; o semblante de Deus, seu abraço e seu prazer superam mil mortes, 120

XXIV – A dois tipos de pessoas do clero são oferecidos dois tipos de espírito: de Deus e do diabo; sobre sete formas do amor, 122

Quarta parte, 124

I – As virgens puras devem possuir cinco qualidades, 124

II – Este livro veio de Deus; a alma louva a si mesma em muitos aspectos; a ela foram designados dois anjos e dois diabos; com doze virtudes ela luta contra a carne, 124

III – Os pecadores se afastam de Deus; sobre três dádivas da sabedoria; sobre a pedra; sobre o louvor da virgem, isto é, da Igreja, 130

IV – Sobre dois caminhos desiguais; um deles leva ao inferno, o outro para o céu, 134

V – Sempre devemos ter diante dos olhos os nossos pecados, nossa queda futura, nosso ser terreno, o Reino dos Céus e o dom de Deus, 137

VI – Ninguém pode impedir a eleição por Deus; arrependimento verdadeiro traz remissão de pecados e graça de Deus e protege do purgatório quem jamais levou uma vida religiosa; eu nada sabia da maldade do diabo, não conhecia a fraqueza do mundo e também ignorava a falsidade das pessoas de estamento religioso, 138

VII – Como uma alma livre fala a Deus em amor perfeito, 139

VIII – Sobre o corpo do Senhor que o enfermo expele e sobre a força, 139

IX – Sobre quatro formas de oferta aos sacerdotes, 140

X – Sobre a oferta dos leigos segundo as suas possibilidades, 140

XI – Como os cristãos devem se comportar em relação aos judeus em quatro pontos, 141

XII – Como a noiva unida a Deus rejeita o consolo de todas as criaturas e aceita apenas o consolo de Deus, e como ela se afunda no tormento, 141

XIII – O conteúdo deste livro foi visto, ouvido e vivenciado por todos os membros, 146

XIV – Sobre a Santíssima Trindade; sobre o nascimento e o nome de Jesus Cristo; e sobre a nobreza do homem, 146

XV – O amor puro e verdadeiro possui quatro poderes; se tu te doares a Deus, Ele se doará a ti, 148

XVI – O amor poderoso possui mais do que dez qualidades, e sobre um lamento duplo, 149

XVII – Sobre uma mulher nobre que gostava de estar na corte; sobre seu diabo que aconselhou sete maldades, 150

XVIII – Em sua natureza, o religioso se parece com o animal em trinta pontos, 152

XIX – A tarefa do amor abençoado é múltipla, 156

XX – Sobre seis virtudes de São Domingos, 157

XXI – Deus ama a Ordem dos Pregadores por dezesseis razões, 158

XXII – Sobre a coroa quádrupla de Frei Henrique e sobre a dignidade de São Domingos, 159

XXIII – Sobre o local do velório do Evangelista São João, 161

XXIV – Como Deus recebe as almas no Reino dos Céus e como Ele coroa três tipos de pessoas e as saúda, adorna, elogia e agradece, 162

XXV – Como estamos presentes agora no Reino dos Céus, no purgatório e no inferno, 163

XXVI – Sobre o consolo de Deus para o Frei Balduíno, sobrecarregado, 164

XXVII – Sobre o fim da Ordem dos Pregadores; sobre o anticristo; sobre Henoc e Elias, 164

XXVIII – Sobre a força quíntupla do amor; por causa da fraqueza e falsidade das pessoas é preciso ocultar a verdade, 172

Quinta parte, 173

I – Sobre três tipos de arrependimento; dez tipos de proveito; e sobre o caminho dos anjos e dos diabos, 173

II – Sobre dois tipos de tormento e muitos tipos de proveito; e sobre a multidão diversa de pecados, 175

III – Deus colocará todo o tormento não merecido e o sangue de três tipos de pessoas no prato da balança, 176

IV – O amor admirável possui múltipla força; como a alma afunda; sobre quatro tipos de humildade; e sobre a beleza sétupla da alma amante, 177

V – Sobre o purgatório de uma beguina à qual, por causa de sua vontade própria, nenhuma oração ajudou, 180

VI – Como a alma glorifica a Santíssima Trindade, 181

VII – Como Deus, por sua parte, louva a alma, 182

VIII – Uma pessoa boa deve ter três filhos, pelos quais precisa interceder, 182

IX – Sobre a honra dos setenta homens que ressuscitaram com Cristo para dar testemunho, 184

X – Como o pecado se parece com a grandeza de Deus, 185

XI – A dignidade espiritual será elevada; sobre o comportamento das irmãs; como elas devem rezar e trabalhar com Deus, 186

XII – Como Deus informa um irmão sobre o conteúdo deste livro, 188

XIII – Sobre os dez proveitos da oração de um bom homem, 188

XIV – Sobre o purgatório de sacerdotes ruins, 189

XV – Sobre o purgatório de um bom pregador, 189

XVI – É diabólico quando pecamos, 190

XVII – Esta é uma saudação, um louvor e uma oração da pecadora, 191

XVIII – Como Deus responde a isso, 191

XIX – Como 17 tipos de pecado caçam o homem, 192

XX – Uma glorificação óctupla de Deus; sobre o sacrifício dos pecados, 193

XXI – Por que o homem está perdido e mesmo assim é amado; e como deves fazer o sinal da cruz, 194

XXII – Sobre as sete exigências do juízo; sobre o pudor e a boa vontade, 195

XXIII – Sobre a oração de Santa Maria; sobre a luz de Gabriel; sobre o pano da criança; de onde veio o leite; sobre o sacrifício da criança; sobre os diabos; e sobre o pano de jejum, 197

XXIV – Sobre seis tipos de filhos de Nosso Senhor e de Deus; sobre as virtudes de São Domingos e como Deus honrou sua Ordem quatro vezes, 205

XXV – Através de uma coisa adquire-se no céu a maior alegria; disso seguem-se sete coisas; o louvor da pessoa entristecida traz sete proveitos, 208

XXVI – Como Deus se louva e canta, 210

XXVII – Com doze palavras o Pai celestial recebeu seu Filho Jesus, 211

XXVIII – Sobre as sete coroas de Frei Alberto; a lei de Deus é uma coisa, uma outra é a sua eleição, 211

XXIX – Se o homem cedesse à força de atração de Deus, ele seria igual a um anjo e à maldade do diabo, 213

XXX – Sobre vinte efeitos do amor de Deus e sobre suas múltiplas designações, 214

XXXI – Sobre dez efeitos do amor; nenhuma criatura pode mensurar completamente o anseio da alma por Deus, 216

XXXII – Sobre o fim sublime de Irmã Matilde, 218

XXXIII – Como os pecados pequenos prejudicam a perfeição; como o diabo se aproxima da alma por essa via, 219

XXXIV – Sobre cinco novos santos enviados por causa de pessoas pecaminosas; como Deus lavará a Cristandade em seu próprio sangue, 220

XXXV – Como Irmã Matilde agradece a Deus, louva-o, pede por três tipos de pessoas e por si mesma, 222

Sexta parte, 226

I – Como um prior, uma prioresa ou outros prelados devem se comportar diante de seus subordinados, 226

II – Regra de conduta de um sacerdote; esta veio de Deus, 233

III – Deus concede domínio; como bodes se transformam em cordeiros, 235

IV – Sobre a esperteza e o medo que protegem os sentidos das coisas terrenas, 236

V – Depois do amor e do desejo, a beleza da criatura comunica conhecimento misturado à tristeza, 238

VI – No último tempo, deves ter amor, desejo e temor; três tipos de arrependimento, 238

VII – Nossa vontade própria consegue resistir à "barbela"; a alma boa é rápida a caminho de Deus, 240

VIII – Entre Deus e lúcifer existem dois tipos de purgatório; como o diabo atormenta as almas, 241

IX – Aquele que honra os santos é louvado por eles e deles recebe confiança na morte, 242

X – As orações, as missas, a palavra de Deus, a vida de pessoas pias e o jejum libertam as almas do purgatório, 243

XI – Um erudito morto foi visto como pregador, 245

XII – Como deves te comportar em 14 casos, 245

XIII – Como pessoas religiosas resistem à intimidade com Deus por cegueira; sobre a força sêxtupla da dádiva de Deus, 246

XIV – Às pessoas que se queixam no tormento faltam seis coisas; como devemos suportar doença e humilhação, 248

XV – Sobre o tormento de Henoc, Elias e dos últimos pregadores; sobre a maldade do anticristo, 249

XVI – Como vive a alma de Nosso Senhor na Santíssima Trindade e qual é a sua tarefa; como ela intercede pelo pecador; qual é a tarefa de Nossa Senhora, 253

XVII – Deus vê o pecador como justificado; o que é vontade boa e correta; sobre o fardo que salva, 256

XVIII – Deves sempre contemplar o teu coração, 256

XIX – Sobre a boa vontade que não pode ser praticada, 256

XX – Este livro se deve a uma dádiva tripla: o amor flui, ele é rico e cheio de desejo, ele se torna fraco; quem possui o Reino dos Céus; Deus envia tormento e consolo, 257

XXI – Como os religiosos corrompidos são humilhados; sobre os últimos irmãos, 258

XXII – Sobre sete coisas, cinco das quais são encontradas no céu e duas na terra, 260

XXIII – Como Deus fala com a alma em três lugares, 261

XXIV – Como Cristo mostra suas feridas na doença; quatro coisas batem à porta do céu, 262

XXV – Sobre o amor queimado, 262

XXVI – É bom pensar na morte e viver muito tempo, 263

XXVII – Como deves agradecer e pedir, 263

XXVIII – Quando tua morte se aproximar, despeça-te dez vezes, 264

XXIX – Sobre dez formas de manifestação do fogo divino da perfeição de Deus, 266

XXX – O amor puro possui quatro qualidades, 268

XXXI – Como Deus criou a alma; sobre o prazer e o tormento; como Deus se parece com uma esfera, 268

XXXII – Como podemos nos tornar semelhantes a Deus, a Santa Maria, aos anjos e aos santos, 270

XXXIII – Sobre o capítulo severo ao qual chegou um peregrino que revelou ser um grande senhor, 272

XXXIV – Devemos honrar nove vezes aquele que despreza o mundo, 273

XXXV – Como a alma beata fala ao seu corpo no Juízo Final, 274

XXXVI – O fato de João Batista ter celebrado uma missa para uma menina pobre foi conhecimento espiritual na alma, 274

XXXVII – Doze vezes deves louvar a Deus, apresentar-lhe queixas e pedir, 275

XXXVIII – Ninguém consegue destruir o céu de Deus; o inferno recusa Deus, 278

XXXIX – Sobre o reflexo de Deus, visível em Nossa Senhora, e sobre seu poder, 279

XL – Tentação, o mundo e um fim beato nos põem à prova, 280

XLI – Sobre o reflexo de Deus nas pessoas e nos anjos; cinco coisas impedem de escrever, 280

XLII – Isto escreveu Irmã Matilde num bilhete ao seu irmão B., da Ordem dos Pregadores, 281

XLIII – Este registro fluiu de Deus, 281

Sétima parte, 282

I – Sobre a coroa e a honra que Nosso Senhor Jesus Cristo receberá após o Juízo Final, 282

II – Como uma pessoa rezou pelas almas no Dia de Finados, 287

III – Como é salubre quando uma pessoa sonda seu coração constantemente com palavras humildes, 289

IV – Sobre a vara da disciplina de Nosso Senhor, 291

V – Por que o mosteiro esteve sujeito a provações em determinado tempo, 292

VI – Sobre capítulos; como o ser humano deve contemplar e chorar os seus pecados; sobre dois centavos dourados; sobre a boa vontade e o desejo, 292

VII – Como o ser humano pode se unir a Deus em qualquer hora, 293

VIII – Como um ser humano deve buscar a Deus, 296

IX – Como a alma amante louva Nosso Senhor com todas as criaturas, 297

X – Isso aconteceu num tempo em que havia graves injustiças, 298

XI – Como Nosso Senhor foi vislumbrado na forma de um homem trabalhador, 299

XII – Como um homem de honra nula deve resistir à tentação, 300

XIII – Como Nosso Senhor foi vislumbrado na forma de um peregrino, 300

XIV – Sobre a eleição e a bênção de Deus, 301

XV – Como o ser humano que ama a verdade deve pedir, 302

XVI – Como um ser humano desejou e pediu, 303

XVII – Como o conhecimento fala à consciência, 303

XVIII – Como as sete horas que lembram a tortura de Nosso Senhor são confiadas a Deus, 305

XIX – Sobre a "Ave-Maria", 308

XX – Como devemos confiar a "Ave-Maria" à Nossa Senhora, 310

XXI – Como o ser humano deve sondar o seu coração antes de participar da Ceia do Senhor, 310

XXII – Sobre o louvor ao Pai celestial, 313

XXIII – Como devemos agradecer ao Filho, 313

XXIV – Sobre a enchente de amor, 313

XXV – Sobre a adoração da Santíssima Trindade, 313

XXVI – Como devemos fugir para Deus na tentação, 314

XXVII – Como o religioso deve desviar o seu coração do mundo, 315

XXVIII – Sobre o sofrimento causado por uma guerra, 317

XXIX – Sobre um ensinamento, 318

XXX – Uma oração para a coroação das virgens, 318

XXXI – Sobre um lamento, 319

XXXII – Como as obras de uma pessoa boa refletem as obras do Nosso Senhor, 320

XXXIII – Sobre a bebida espiritual, 321

XXXIV – Sobre a comida espiritual, 322

XXXV – Sobre os sete salmos, 323

XXXVI – Sobre um mosteiro, 325

XXXVII – Sobre a festa eterna da Santíssima Trindade, 328

XXXVIII – Como um religioso deve lamentar e confessar a Deus diariamente os seus pecados, 330

XXXIX – Como os diabos se batem e perseguem, mordem e roem quando uma alma amante que arde em amor divino parte deste mundo, 330

XL – Assim fala a alma amante ao seu Senhor amado, 333

XLI – Como um irmão pregador foi vislumbrado, 333

XLII – Sobre a bebida de mel, 334

XLIII – Sobre o amor simples que foi reconhecido como sábio, 335

XLIV – Sobre cinco pecados e cinco virtudes, 335

XLV – Sobre sete aspectos do desejo amante, 335

XLVI – Como a alma se manifesta em pobreza espiritual, 337

XLVII – Sobre um pecado que é pior do que todos os pecados, 338

XLVIII – Como o amor foi vislumbrado com suas nobres servas, 339

XLIX – Sobre um irmão leigo, 343

L – Sobre a dádiva cheia de tortura de Deus, 344

LI – Uma oração em caso de desleixo, 345

LII – Como a alma amante se curva sob a mão de Deus, 346

LIII – Sobre a prisão de religiosos, 347

LIV – Sobre quatro coisas da fé, 349

LV – Assim um amigo escreve ao seu amigo, 350

LVI – Como Deus visita os seus amigos com o tormento, 351

LVII – Algo sobre o paraíso, 352

LVIII – Sobre São Gabriel, 354

LIX – Como a mensagem chegou a Deus, 355

LX – Como a Criança foi vislumbrada, 355

LXI – Como devemos nos preparar para Deus, 356

LXII – Como as nobres servas servem à sua senhora, a rainha, 357

LXIII – A vontade de Deus rege em tudo o que existe, 361

LXIV – Como Deus serve ao homem, 363

LXV – Como Deus adorna a alma com o tormento, 364

Adendo sobre as sete horas – Da mesma mão e ao mesmo tempo, 367

Fragmento sobre a vida mística de um desconhecido, 369

Série **Clássicos da Espiritualidade**
– *A nuvem do não saber*
  Anônimo do século XIV
– *Tratado da oração e da meditação*
  São Pedro de Alcântara
– *Da oração*
  João Cassiano
– *Noite escura*
  São João da Cruz
– *Relatos de um peregrino russo*
  Anônimo do século XIX
– *O espelho das almas simples e aniquiladas e que permanecem somente na vontade e no desejo do Amor*
  Marguerite Porete
– *Imitação de Cristo*
  Tomás de Kempis
– *De diligendo Deo – "Deus há de ser amado"*
  São Bernardo de Claraval
– *O meio divino – Ensaio de vida interior*
  Pierre Teilhard de Chardin
– *Itinerário da mente para Deus*
  São Boaventura
– *Teu coração deseja mais – Reflexões e orações*
  Edith Stein
– *Cântico dos Cânticos*
  Frei Luís de León
– *Livro da Vida*
  Santa Teresa de Jesus
– *Castelo interior ou Moradas*
  Santa Teresa de Jesus
– *Caminho de perfeição*
  Santa Teresa de Jesus
– *Conselhos espirituais*
  Mestre Eckhart
– *O livro da divina consolação*
  Mestre Eckhart
– *A nobreza da alma humana e outros textos*
  Mestre Eckhart
– *Carta a um religioso*
  Simone Weil
– *De mãos vazias – A espiritualidade de Santa Teresinha do Menino Jesus*
  Conrado de Meester
– *Revelações do amor divino*
  Juliana de Norwich
– *A Igreja e o mundo sem Deus*
  Thomas Merton
– *Filoteia*
  São Francisco de Sales
– *A harpa de São Francisco*
  Felix Timmerman
– *Tratado do amor de Deus*
  São Francisco de Sales
– *Espera de Deus*
  Simone Weil
– *Contemplação num mundo de ação*
  Thomas Merton
– *Pensamentos desordenados sobre o amor de Deus*
  Simone Weil
– *Aos meus irmãozinhos*
  Charles de Foucauld
– *Revelações ou a luz fluente da divindade*
  Matilde de Magdedeburg

CULTURAL

Administração – Antropologia – Biografias
Comunicação – Dinâmicas e Jogos
Ecologia e Meio Ambiente – Educação e Pedagogia
Filosofia – História – Letras e Literatura
Obras de referência – Política – Psicologia
Saúde e Nutrição – Serviço Social e Trabalho
Sociologia

CATEQUÉTICO PASTORAL

Catequese – Pastoral
Ensino religioso

TEOLÓGICO ESPIRITUAL

Biografias – Devocionários – Espiritualidade e Mística
Espiritualidade Mariana – Franciscanismo
Autoconhecimento – Liturgia – Obras de referência
Sagrada Escritura e Livros Apócrifos – Teologia

REVISTAS

Concilium – Estudos Bíblicos
Grande Sinal – REB

PRODUTOS SAZONAIS

Folhinha do Sagrado Coração de Jesus
Calendário de mesa do Sagrado Coração de Jesus
Agenda do Sagrado Coração de Jesus
Almanaque Santo Antônio – Agendinha
Diário Vozes – Meditações para o dia a dia
Encontro diário com Deus
Guia Litúrgico

VOZES NOBILIS

Uma linha editorial especial, com importantes autores, alto valor agregado e qualidade superior.

VOZES DE BOLSO

Obras clássicas de Ciências Humanas em formato de bolso.

CADASTRE-SE
www.vozes.com.br

EDITORA VOZES LTDA.
Rua Frei Luís, 100 – Centro – Cep 25689-900 – Petrópolis, RJ
Tel.: (24) 2233-9000 – Fax: (24) 2231-4676 – E-mail: vendas@vozes.com.br

UNIDADES NO BRASIL: Belo Horizonte, MG – Brasília, DF – Campinas, SP – Cuiabá, MT
Curitiba, PR – Fortaleza, CE – Goiânia, GO – Juiz de Fora, MG
Manaus, AM – Petrópolis, RJ – Porto Alegre, RS – Recife, PE – Rio de Janeiro, RJ
Salvador, BA – São Paulo, SP